Konzern-
rechnungslegung

Grundlagen, Organisation und Praxis
HGB – IAS – US-GAAP
im direkten Vergleich

von

Mag. Dr. Thomas Leissing

herausgegeben vom

WEKA Verlag Wien

WEKA-Verlag Ges.m.b.H., Linzer Straße 430, A-1140 Wien
Tel.: 01/97 000 DW 100 – e-mail: kundenservice@weka.at

Es wird darauf hingewiesen, dass alle Angaben trotz sorgfältigster Bearbeitung ohne Gewähr erfolgen und eine Haftung der Autoren sowie des Verlages ausgeschlossen ist.

Das Werk ist urheberrechtlich geschützt.

Alle Rechte, insbesondere die Rechte der Verarbeitung, der Vervielfältigung, der Übersetzung, des Nachdrucks und die Wiedergabe auf photomechanischem oder ähnlichem Wege sowie der Speicherung in Datenverarbeitungsanlagen bleiben, auch bei nur auszugsweiser Verwertung, dem Verlag vorbehalten.

© by WEKA-Verlag Wien GmbH
Linzer Straße 430, A-1140 Wien
E-Mail: kundenservice@weka.at

WEKA Verlag
Wien – Kissing – Zürich – Paris – Mailand – Amsterdam – New York

1. Auflage März 2000
3-7018-4524-7
Bestellnummer 45024

VORWORT

Österreich hat mit dem Rechnungslegungsgesetz 1990 erstmals eine Konzernbilanzierungspflicht eingeführt. Durch die rasante Entwicklung hat der Konzernabschluss in den letzten zehn Jahren den Einzelabschluss als Informationsinstrument für die Bilanzadressaten eines Konzerns deutlich überflügelt. Die zunehmende Bedeutung der internationalen Rechnungslegung wird den Stellenwert der Konzernbilanzierung erneut anheben. Im Finanz- und Rechnungswesen tätige Personen sind daher gezwungen, sich mit der Thematik „Konzernabschluss" zu beschäftigen und die internationalen Entwicklungen zu verfolgen.

Das vorliegende Buch „Konzernrechnungslegung – Grundlagen, Organisation und Praxis" will dem Leser in kompakter Form einen umfassenden Überblick über die Konzernrechnungslegungsbestimmungen im österreichischen Bilanzrecht vermitteln. Aufgrund der zunehmenden Bedeutung der internationalen Konzernrechnungslegung erfolgt zusätzlich eine detaillierte Gegenüberstellung zwischen öHGB und den IAS (International Accounting Standards) bzw. US-GAAP (US-Generally Accepted Accounting Principles).

Die Vermittlung des Basiswissen wird durch zahlreiche abgeschlossene Rechenbeispiele gefördert. Da im Rahmen der Konzernabschlusserstellung in internationalen Konzernen organisatorische Probleme vielfach konsolidierungstechnische Fragen überlagern, behandelt dieses Buch auch die Organisationsgrundsätze für die Datenbeschaffung, Datenverarbeitung und Projektplanung.

Dieses Buch richtet sich daher sowohl an Einsteiger in den Themenbereich Konzernrechnungslegung aber auch an ausgewiesene Praktiker, die Hilfestellung bei Zweifelsfragen der Konzernbilanzierung suchen bzw. ihr Wissen im Bereich der internationalen Konzernrechnungslegungsbestimmungen erweitern möchten. Die organisatorischen Hinweise und Praxistipps zur Konzernabschlusserstellung versetzen den Konzernbilanzierenden in die Lage, die Arbeitsabläufe seiner Konzernabschlussarbeiten zu optimieren.

Der Autor würde sich freuen, wenn dieses Buch eine positive Aufnahme sowohl bei den Einsteigern der Konzernbilanzierung als auch in der Bilanzierungs- und Prüfungspraxis fände.

Wien, im März 2000

Thomas Leissing

Vorwort

DER AUTOR

Mag. Dr. Thomas Leissing

Studium der Betriebswirtschaft an der Wirtschaftsuniversität Wien

1993–1995	Mitglied der Konzernsteuerabteilung einer großen börsennotierten Industriegruppe, dabei unter anderem mit der Erstellung des Konzernabschlusses befasst
1995	Mitarbeiter einer Wiener Wirtschaftsprüfungskanzlei
seit 1996	Leiter Konzernbilanzierung Wienerberger Baustoffindustrie AG
seit 1998	Leiter Controlling und Rechnungswesen Wienerberger Gruppe
seit 1999	Mitglied der „Erweiterten Konzernleitung" der Wienerberger Gruppe

Veröffentlichungen in Fachpublikationen zum Thema Konzernbilanzierung und Konzern-Cash-Flow-Rechnung

Vortragstätigkeit zum Thema Konzernbilanzierung, International Accounting (IAS), Konzernbesteuerung, Cash-Flow-Statement, Value Management, Controlling

Der Autor

INHALTSVERZEICHNIS

Vorwort 3

Der Autor 5

Abkürzungsverzeichnis 13

1 **Grundlagen der Konzernrechnungslegung** 15
   1.1 Einleitung 15
   1.2 Zweck der Konzernrechnungslegung 17
   1.3 Einheitstheorie 18
   1.4 Konsolidierungsgrundsätze 20

2 **Pflicht zur Aufstellung eines Konzernabschlusses** 25
   2.1 Einleitung 25
   2.2 Kapitalgesellschaft mit Sitz im Inland als Muttergesellschaft .. 26
   2.3 Mutter-Tochter-Verhältnis 27
       2.3.1 Einheitliche Leitung 27
       2.3.2 Beherrschender Einfluss (Control-Konzept) 28
   2.4 Größenabhängige Befreiung 31
   2.5 Befreiender Konzernabschluss 33
   2.6 Schrittfolge zur Prüfung der Aufstellungspflicht von Konzernabschlüssen und Konzernlageberichten 35

3 **Abgrenzung des Konsolidierungskreises – Arten der Einbeziehung** 37
   3.1 Stufenkonzeption des HGB 37
   3.2 Konsolidierungspflicht 39
   3.3 Konsolidierungsverbot 40

3.4	Konsolidierungswahlrecht		40
3.5	Entscheidungsbaum zur Konsolidierungsmethode		42
4	**Vom Einzelabschluss zum Konzernabschluss**		**43**
4.1	Einleitung		43
4.2	Einführungsbeispiel		46
5	**Vorbereitungsmaßnahmen**		**55**
5.1	Einheitliche Bilanzierung und Bewertung		55
	5.1.1	Einheitsgrundsatz – Umbewertungspflicht	55
	5.1.2	Anwendbare Bewertungsmethoden der Muttergesellschaft als Grundlage für die einheitliche Bilanzierung und Bewertung	57
	5.1.3	Einheitlichkeit der Bewertung	59
	5.1.4	Bilanzierungs- und Bewertungswahlrechte aus den Einzelabschlüssen	60
	5.1.5	Ausnahmen von der einheitlichen Bewertung	61
	5.1.6	Einheitliche Bewertung und Kapitalkonsolidierung	65
	5.1.7	Periodengerechte Ergebnisabgrenzung im Rahmen der Erstkonsolidierung	68
5.2	Einheitliche Konzernabschlussgliederung und Abschlussbestandteile		70
	5.2.1	Einheitliches Gliederungsschema für die Bilanz und GuV und Gliederungsgrundsätze	70
	5.2.2	Besonderheiten in der „Konzern"-Abschlussgliederung	71
	5.2.3	Konzernabschlussbestandteile	73
5.3	Währungsumrechnung		74
	5.3.1	Währungsumrechnungsmethoden	75
	5.3.2	Vergleichendes Beispiel zwischen modifizierte Stichtagskursmethode und Zeitbezugsmethode	80
6	**Kapitalkonsolidierung**		**83**
6.1	Asset deal versus Share deal		83

6.2	Erstkonsolidierung	85
6.2.1	Aufzurechnende Anteile	86
6.2.2	Umfang des zu verrechnenden Eigenkapitals	92
6.2.3	Zeitpunkt der Verrechnung des Eigenkapitals	98
6.2.4	Ursachen und Behandlung von Unterschiedsbeträgen	104
6.2.4.1	Berücksichtigung stiller Reserven und Lasten im Rahmen der Erstkonsolidierung	106
6.2.4.2	Firmenwert	119
6.2.4.3	Verbleibender passiver Unterschiedsbetrag	120
6.2.4.4	Saldierung von verbleibenden aktiven und passiven (Rest)Unterschiedsbeträgen	124
6.2.5	Kapitalkonsolidierung bei Beteiligungen unter 100%	125
6.2.6	Kapitalkonsolidierung im mehrstufigen Konzern	131
6.3	Folgekonsolidierung	137
6.3.1	Folgebewertung des Firmenwertes	139
6.3.2	Verrechnung des passiven (Rest)Unterschiedsbetrages im Rahmen der Folgekonsolidierung	142
6.4	Endkonsolidierung	145
6.4.1	Begriff und Wesen der Endkonsolidierung	145
6.4.2	Endkonsolidierung und Konzernerfolg	146
6.4.3	Endkonsolidierungszeitpunkt	148
6.4.4	Behandlung eines im Zuge der Erstkonsolidierung gegen Rücklagen verrechneten Firmenwertes	149
6.4.5	Behandlung eines im Zuge der Erstkonsolidierung gegen Rücklagen verrechneten passiven Unterschiedsbetrages	150
6.4.6	Ausweisfragen im Zuge der Endkonsolidierung	150
7	**Quotenkonsolidierung**	**153**
7.1	Einleitung	153
7.2	Bestimmungsgründe von Gemeinschaftsunternehmen	154
7.3	Grundsätzliche Vorgehensweise bei der Quotenkonsolidierung	156

7.4 Auswirkungen und Problembereiche der
    Quotenkonsolidierung 157
8 **Equity-Bewertung** **161**
    8.1 Einleitung 161
    8.2 Merkmale eines assoziierten Unternehmens 162
    8.3 Verfahren der Equity-Bewertung 163
        8.3.1 Equity-Beteiligungs-Bewertung 163
        8.3.2 Einheitliche Bewertung 168
        8.3.3 Letzter verfügbarer Jahresabschluss als Grundlage der
              Equity-Bewertung 168
        8.3.4 Zwischenergebniseliminierung 169
        8.3.5 Negatives Eigenkapital des assoziierten
              Unternehmens 171
    8.4 Auswirkungen und Problembereiche der Equity-Bewertung ... 172
9 **Zwischenergebniseliminierung** **173**
    9.1 Einleitung 173
    9.2 Anwendungsfälle zur Zwischenergebniseliminierung 174
    9.3 Ermittlung der Konzernanschaffungs- oder Konzern-
        herstellungskosten 176
    9.4 Technik der Zwischenergebniseliminierung 178
    9.5 Ausnahmen von der Zwischenergebniseliminierung 181
        9.5.1 Unverhältnismäßig hoher Aufwand bei Lieferung zu
              Marktbedingungen 181
        9.5.2 Untergeordnete Bedeutung der Zwischenergebnis-
              eliminierung 182
    9.6 Praxis der Zwischenergebniseliminierung 183
10 **Schuldenkonsolidierung** **185**
    10.1 Gegenstand und Umfang der Schuldenkonsolidierung 185
    10.2 Technik der Schuldenkonsolidierung 187

10.3 Aufrechnungsdifferenzen 188
10.4 Praxis der Schuldenkonsolidierung 190
    10.4.1 EDV-technische Vorgangsweise 191
    10.4.2 Minimierung von Saldendifferenzen 192

11 Aufwands- und Ertragskonsolidierung **195**

11.1 Einleitung 195
11.2 Gegenstand und Umfang der Aufwands- und Ertragskonsolidierung 196
11.3 Aufrechnungsdifferenzen 199
11.4 Beteiligungsertragseliminierung 200
11.5 Praxis der Aufwands- und Ertragskonsolidierung 202

12 Abgrenzung latenter Steuern **205**

12.1 Grundkonzeption der Steuerabgrenzung 205
12.2 Ursachen latenter Steuern im Konzern 206
12.3 Latente Steuern im Konzernabschluss 208
    12.3.1 Latente Steuerabgrenzung aus dem Einzelabschluss .. 209
    12.3.2 Latente Steuerabgrenzung in der Handelsbilanz II 210
    12.3.3 Latente Steuerabgrenzung aus Konsolidierungsmaßnahmen 211

13 Prüfung und Offenlegung **215**

13.1 Konzernabschlussprüfungspflicht 215
13.2 Offenlegung und Veröffentlichung 215
    13.2.1 Firmenbucheinreichung 217
    13.2.2 Veröffentlichung (Abdruck in der Wiener Zeitung) 218

14 Internationale Konzernrechnungslegung **221**

14.1 IAS- oder US-GAAP-Abschluss als befreiender Konzernabschluss 222
14.2 Konzernbilanzierung nach HGB, IAS und US-GAAP 223

Inhaltsverzeichnis

14.3 Erstmaliger IAS- oder US-GAAP-Abschluss 231

    14.3.1 Zeithorizont für die Umstellung 231

    14.3.2 Notwendige Projektschritte 232

15 Organisationsgrundsätze zur Konzernabschlusserstellung 235

    15.1 Einleitung 235

    15.2 Bilanzierungs- und Konsolidierungshandbuch 238

    15.3 Grundsätze der Datenbereitstellung 242

    15.4 EDV-Umsetzung 244

16 Gesetzliche Grundlagen 247

    16.1 Auszug aus dem Handelsgesetzbuch 247

Anhang 303

    Liste der IAS 303

Stichwortverzeichnis 307

ABKÜRZUNGSVERZEICHNIS

aA	anderer Ansicht
ABGB	Allgemeines bürgerliches Gesetzbuch
Abs.	Absatz
AG	Aktiengesellschaft
AktG	Aktiengesetz
ARA	Aktive Rechnungsabgrenzung
Art	Artikel
ATS	Österreichischer Schilling
BAO	Bundesabgabenordnung
BewG	Bewertungsgesetz
BGBl	Bundesgesetzblatt
bspw	beispielsweise
bzgl	bezüglich
bzw	beziehungsweise
dh	das heißt
dHGB	Deutsches Handelsgesetzbuch
EB	Erläuternde Bemerkungen
ESt	Einkommensteuer
EStG	Einkommensteuergesetz
EU	Europäische Union
EU-GesRÄG	EU-Gesellschaftsrechtsänderungsgesetz
EUR	Euro
EWR	Europäischer Wirtschaftsraum
FIFO	first in first out
gem	gemäß
GOB	Grundsätze ordnungsgemäßer Buchführung
GRL	Gewinnermittlungsrichtlinien
GuV	Gewinn und Verlust
hA	herrschende Ansicht
HB	Handelsbilanz
HGB	Handelsgesetzbuch
HIFO	Highest in first out
hL	herrschende Lehre
IAS	International Accounting Standards
idF	in der Fassung
idR	in der Regel

iS	im Sinne
KEG	Kommanditerwerbsgesellschaft
KG	Kommanditgesellschaft
KIKO	Konzern in Konzern out
KILO	Konzern in last out
LIFO	last in first out
lit	littera
m.E.	meines Erachtens
OEG	Offene Erwerbsgesellschaft
OHG	Offene Handelsgesellschaft
öHGB	Österreichische Handelsgesetzbuch
PRA	Passive Rechnungsabgrenzung
RL	Richtlinie
RLG	Rechnungslegungsgesetz
Rz	Randzahl/Randziffer
Tz	Textziffer
US-GAAP	US-Generally-Accepted-Accounting-Principles
uU	unter Umständen
vgl	vergleiche
Z	Ziffer
zB	zum Beispiel

1 Grundlagen der Konzernrechnungslegung

1.1 Einleitung

Nach herrschender Meinung ist der Zweck, für die der Einzelabschluss eines Unternehmens aufgestellt wird,

- die Bereitstellung von Informationen über die Vermögens-, Finanz- und Ertragslage der Unternehmung;
- die Ermittlung des an die Unternehmenseigner ausschüttbaren Gewinnes;
- und in Deutschland und Österreich die Ermittlung des zu versteuernden Ergebnisses.

Der Einzelabschluss kann diese Zwecke nur dann optimal erfüllen, wenn der Abschlussersteller außerhalb des gewöhnlichen Geschäftsbetriebes möglichst wenige bzw keine Möglichkeiten hat, Einfluss auf die Darstellung der Vermögens-, Finanz- und Ertragslage auszuüben. Beeinflussungsmöglichkeiten und Verzerrungen sind insbesondere dann gegeben, wenn ein Unternehmen Mutterunternehmen eines Konzerns ist. Die Vermögens-, Finanz- und Ertragslage eines Mutterunternehmens ist vollständig mit der Vermögens-, Finanz- und Ertragslage der Tochtergesellschaften verbunden. Im Extremfall einer Holdinggesellschaft hat die Muttergesellschaft defacto keine eigene wirtschaftliche Bedeutung, sondern ist nur Trägergesellschaft für diverse Tochtergesellschaften.

Da der Einzelabschluss der Muttergesellschaft aber vorwiegend nur Auskunft über die Vermögens-, Finanz- und Ertragslage der Muttergesellschaft gibt, und in den Einzelabschlüssen der Tochtergesellschaften ebenfalls nur Teilausschnitte der gesamten Vermögens-, Finanz- und Ertragslage der Muttergesellschaft samt ihrer Tochtergesellschaften gezeigt werden, sind die Einzelabschlüsse nur bedingt geeignet, die Bilanzadressaten der Muttergesellschaft mit den notwendigen Informationen zu versorgen.

1 Grundlagen der Konzernrechnungslegung
1.1 Einleitung

Diese Problematik hat letztlich zu der Idee geführt, eine Gruppe von Unternehmen, die von der Konzernleitung wie ein Einheitsunternehmen geleitet wird oder zumindest geleitet werden kann, als eine Einheit zu betrachten und für den Konzern insgesamt einen Jahresabschluss (Konzernabschluss) aufzustellen. Ein Konzern wird dabei definiert als eine Unternehmensgruppe mit zwar rechtlich selbständigen Unternehmen, die aber wirtschaftlich voneinander abhängig sind. Ein Konzern ist demnach eine Verbindung von rechtlich selbständigen Unternehmen zu einer wirtschaftlichen Einheit.

Der Konzernabschluss ist die Zusammenfassung sämtlicher Einzelabschlüsse der einzelnen Konzernunternehmungen nach Eliminierung von konzerninternen Sachverhalten. Der Konzernabschluss umfasst gem § 250 Abs. 1 HGB die Konzernbilanz, die Konzern-Gewinn- und Verlustrechung und den Konzernanhang. Zusätzlich muss ein Konzernlagebericht aufgestellt werden. International (IAS und US-GAAP) vorgeschrieben und in Österreich zunehmend üblich ist auch die Erstellung eines Konzern-Cash-Flow-Statements.

In Österreich wurden erstmals mit dem Rechnungslegungsgesetz 1990 (RLG) gesetzliche Bestimmungen über die Rechnungslegung im Konzern erlassen. Demnach muss ein Mutterunternehmen, das zumindest bei einem Tochterunternehmen eine einheitliche Leitung oder einen beherrschenden Einfluss ausüben kann, erstmals für Geschäftsjahre nach dem 31.12.1993 einen Konzernabschluss aufstellen. Mit den österreichischen Konzernrechnungslegungsbestimmungen wurde die 7. EU-Richtlinie in nationales Recht transformiert. Dies geschah in Deutschland schon 1985 mit dem Bilanzrichtliniengesetz.

Im angloamerikanischen Raum hat die Konzernrechnungslegung eine lange Tradition. Bereits in den 20er-Jahren wurde in den USA der konsolidierte Jahresabschluss als geeignetes Mittel der externen Rechnungslegung anerkannt (EGGER/SAMER, Der Konzernabschluss, S. 8).

1.2 Zweck der Konzernrechnungslegung

Wie aus dem oben gesagten bereits ersichtlich, ist der Hauptzweck des Konzernabschlusses Informationen über die Vermögens-, Finanz- und Ertragslage eines Konzerns als wirtschaftliche Einheit bereitzustellen. Der Konzernabschluss soll die Informationen in der Weise bereitstellen, wie ihn der einzelne Jahresabschluss für eine wirtschaftlich und rechtlich selbständige Unternehmung liefern würde.

Der Konzernabschluss wird unter der fiktiven Prämisse erstellt, als sei der Konzern eine rechtliche Einheit. Die einzelnen Konzerntochtergesellschaften werden für Zwecke der Konzernrechnungslegung als bloße Filialbetriebe betrachtet.

Durch diese Prämisse kann der Konzernabschluss als „Einzelabschluss" für eine gesamte Unternehmensgruppe folgende Aufgaben erfüllen:

- Bereitstellung von Informationen über den Konzern als wirtschaftliche Einheit;
- Vermittlung der wirtschaftliche Lage des Konzerns als wäre er in Filialen und nicht in Tochtergesellschaften gegliedert.
- Bereitstellung von Information über Gesamtvermögen (Aktiva), Gesamtverbindlichkeiten (Schulden) und Gesamtumsatz der Unternehmens-Gruppe;
- Vermittlung von Informationen über das gesamte Haftkapital des Konzerns;
- Ermittlung von Umsatzrentabilität und Gewinn/Aktie für den gesamten Konzern;
- Bewertung des Managements hinsichtlich der gesetzten Konzernziele;
- Einschätzung der gesamten operativen Kapazitäten der gesamten Unternehmens-Gruppe;

Im Gegensatz zum Einzelabschluss hat der Konzernabschluss in Österreich keine Ausschüttungsbemessungsfunktion und keine Besteuerungsfunktion.

Alleinige Aufgabe des Konzernabschlusses ist die Bereitstellung von Informationen an die Konzernbilanzadressaten (Unternehmensführung, Gesellschafter/Aktionäre, Fremdkapitalgeber, Mitarbeiter, Lieferanten, Kunden, etc.). Die ausschließliche Informationsfunktion ermöglicht dem Konzernbilanzierenden den Konzernabschluss ohne konkurrierende bilanzpolitische Zielsetzungen (zB wenig Ausschütungsbemessung, wenig Besteuerungsbemessung, aber hoher Gewinnausweis) aufzustellen.

Neben der Informationsfunktion bildet der Konzernabschluss aber bereits in vielen Konzernen auch materiell die Basis für die Bemessung der Ausschüttung der Muttergesellschaft. Formal knüpft die Ausschüttung jedoch immer am Bilanzgewinn der Muttergesellschaft an. Der Konzernabschluss gibt aber Auskunft, über das Jahresergebnis des Konzerns als wirtschaftliche Einheit und damit über die wirtschaftliche Ausschüttungsfähigkeit.

Aufgaben von Einzel- und Konzernabschluss

	Einzelabschluss	Konzernabschluss
Informationsfunktion	ja	ja
Steuerbemessungsfunktion	ja	nein
Ausschüttungs-bemessungsfunktion	ja	nein

1.3 Einheitstheorie

Für die Erstellung des Konzernabschlusses sind gem § 250 Abs. 2 und 3 HGB vier übergeordnete Grundsätze maßgebend:

- Der Konzernabschluss ist klar und übersichtlich aufzustellen.

- Der Konzernabschluss ist unter Beachtung der Grundsätze ordnungsmäßiger Buchführung aufzustellen.

- Der Konzernabschluss muss ein möglichst getreues Bild der Vermögens-, Finanz- und Ertragslage vermitteln.

- Die Vermögens-, Finanz- und Ertragslage der einbezogenen Unternehmen ist im Konzernabschluss so darzustellen, als ob diese Unternehmen insgesamt ein einziges Unternehmen wären.

Die ersten drei der oben angeführten Grundsätze leiten sich aus der Einzelrechnungslegung ab und sind lediglich eine Übernahme der einzelbilanziellen Grundsätze für den Konzernabschluss. Der vierte Grundsatz beinhaltet die „Einheitsfiktion". Durch die Einheitsfiktion soll die rechtliche Einheit des Konzerns fiktiv unterstellt werden. Der Konzernabschluss hat daher den Konzern nicht als Gruppe von rechtlich selbständigen Unternehmungen abzubilden, sondern fiktiv zu unterstellen, als seien die einzelnen Tochtergesellschaften unselbständige Filialbetriebe. Dieser Fiktion sind sämtliche Bestimmungen bzw Aufstellungsschritte bei der Konzernabschlusserstellung unterzuordnen. Der Einheitsfiktion (Einheitsgrundsatz) kommt im Konzernabschluss daher die Funktion einer Generalnorm gleich. Der Konzernabschluss soll im Ergebnis so aussehen, wie der Einzelabschluss aussehen würde, wenn der Konzern tatsächlich eine Einheitsunternehmung wäre. Der Konzernabschluss entspricht demnach einem „Einzelabschluss" für den gesamten Konzern. Folgerichtig sind auf den Konzernabschluss gem § 251 Abs. 1 HGB – soweit seine Eigenart keine Abweichung bedingt – weitgehend die Gliederungs-, Ansatz- und Bewertungsvorschriften für den Einzelabschluss anzuwenden. Innerhalb der Konzernrechnungslegungsbestimmungen geschieht dies durch Verweis auf die einzelbilanziellen Regelungen.

Die eigentlichen Regelungen zum Konzernabschluss enthalten daher nur solche Bestimmungen, die nicht schon in der Einzelrechnungslegung geregelt sind. Der Konzernabschluss ist die Zusammenfassung sämtlicher einbezogener Einzelabschlüsse unter Ausschaltung von konzerninternen Sachverhalten. Die Konzernrechnungslegungsbestimmungen regeln daher überwiegend, welche Einzelabschlüsse zusammenzufassen sind (Konsolidierungskreis) und welche Sachverhalte, wie zu eliminieren sind (Konsolidierungsmethoden). Diese Vorschriften lassen sich wiederum aus dem Einheitsgrundsatz ableiten. So muss die Zusammenfassung der Einzelabschlüsse und die Eliminierung von konzerninternen Sachverhalten zu dem Ergebnis führen, daß der Konzernabschluss die Vermögens-, Finanz- und Ertragslage so vermittelt, als sei der Konzern ein einziges Unternehmen. Sämtliche Konsolidierungsbestimmungen im österreichischen HGB lassen sich demnach aus dem Einheitsgrundsatz des § 250 Abs. 3 HGB ableiten.

1.4 Konsolidierungsgrundsätze

Neben dem oben ausführlich erläuterten Einheitsgrundsatz sind bei der Aufstellung des Konzernabschlusses noch zahlreiche weitere Grundsätze zu beachten. Diese Grundsätze sind teilweise ausdrücklich im HGB kodifiziert bzw ergeben sich aus den Einzelbestimmungen zur Konsolidierung. Ordnungsmäßige Konzernabschlüsse setzen aber auch ordnungsmäßige Einzelabschlüsse voraus, dh dass die einzelbilanziellen Grundsätze (GOBs) auch im Konzernabschluss zu beachten sind.

Grundsatz der Klarheit und Übersichtlichkeit

Nach § 250 Abs. 2 HGB ist der Konzernabschluss klar und übersichtlich aufzustellen.

Grundsatz des „true and fair view" (Generalnorm)

Nach § 250 Abs. 2 HGB hat der Konzernabschluss ein möglichst getreues Bild der Vermögens-, Finanz- und Ertragslage des Konzerns zu vermitteln. Wie auch im Rahmen der Einzelrechnungslegung kommt dieser Generalnorm aber keine über den Einzelbestimmungen stehende Bedeutung zu (overriding principle). Wenn die Erfüllung des „true and fair view" aus besonderen Umständen nicht gelingt, da beispielsweise die Anwendung einer HGB-Einzelbestimmung dem „true and fair view"-Grundsatz entgegensteht, sind im Konzernanhang die erforderlichen zusätzlichen Angaben zu machen.

Grundsatz der Stetigkeit der Konsolidierungsmethoden

Nach § 250 Abs. 3 HGB sind „die auf den vorhergehenden Konzernabschluss angewandten Zusammenfassungs-(Konsolidierungs)methoden beizubehalten". Abweichungen sind in Ausnahmefällen zulässig. Falls jedoch von den auf den vorhergehenden Konzernabschluss angewandten Konsolidierungsmethoden abgewichen wird, ist im Konzernanhang neben der Angabe und Begründung der Abweichung auch die Angabe der Auswirkung der Abweichung auf die Vermögens-, Finanz- und Ertragslage erforderlich. Nach herrschender Meinung ist die Konsolidierungsmethodenstetigkeit nicht nur zeitlich, dh von einem zum nächsten Konzernabschlussstichtag zu beachten, sondern es müssen auch gleiche Sachverhalte nach den gleichen Konsolidierungsmethoden verarbeitet werden (sachliche Stetigkeit).

Da § 251 Abs. 1 HGB pauschal auf die einzelbilanziellen Bilanzierungs- und Bewertungsmethoden verweist, sind die Bilanzierungs- und Bewertungsmethoden auch im Konzernabschluss stetig anzuwenden.

Grundsatz der Einheitlichkeit des Konsolidierungsstichtages

Nach § 252 Abs. 1 HGB ist der Konzernabschluss auf den Stichtag des Jahresabschlusses des Mutterunternehmens oder auf den hievon abweichenden Stichtag der Jahresabschlüsse der bedeutendsten oder der Mehrzahl der in den Konzernabschluss einbezogenen Unternehmen aufzustellen. Die Abweichung vom Abschlussstichtag des Mutterunternehmens ist im Konzernanhang anzugeben und zu begründen.

Die Einzelabschlüsse der Tochtergesellschaften sind grundsätzlich auf den Konzernabschlussstichtag aufzustellen. Von diesem Grundsatz kann abgewichen werden, wenn der Einzelabschluss nicht um mehr als drei Monate vor dem Stichtag des Konzernabschlusses liegt.

Grundsatz der Maßgeblichkeit des Bilanzierungs- und Bewertungsrahmens des Mutterunternehmens

Nach § 260 Abs. 1 HGB muss für die einzubeziehenden Einzelabschlüsse der Bilanzierungs- und Bewertungsrahmen des Mutterunternehmens beachtet werden. Dabei sind die konzerneinheitlichen Bilanzierungs und Bewertungsregeln durch die im Einzelabschluss des Mutterunternehmens anwendbaren Methoden fixiert. Weichen die im Einzelabschluss eines einzubeziehenden Unternehmens angewandten Bilanzierungs- und/oder Bewertungsmethoden von den nach dem Recht des Mutterunternehmens anwendbaren ab, dann muss vor der Einbeziehung in den Konzernabschluss eine Umwertung erfolgen. Zu beachten ist jedoch, dass die Bewertungsmethoden in jedem Fall konzernweit einheitlich zu definieren und auszuüben sind. Die einheitlich definierten Bilanzierungs- und Bewertungsmethoden können dabei von den im Einzelabschluss der Mutterunternehmung angewandten Bilanzierungs- und Bewertungsmethoden abweichen. Im Konzernabschluss kann daher unabhängig von der Bewertung in den Einzelabschlüssen bewertet werden.

Grundsatz der Vollständigkeit des Konzernabschlusses

Nach § 253 Abs. 2 HGB sind die „Vermögensgegenstände, unversteuerten Rücklagen, Rückstellungen, Verbindlichkeiten und Rechnungsabgrenzungsposten sowie die Erträge und Aufwendungen der in den Konzernabschluss einbezogenen Unternehmen" unabhängig von ihrer Berücksichtigung in den Jahresabschlüssen dieser Unternehmen vollständig aufzunehmen. Ist eine Einbeziehungspflicht gem § 244 HGB gegeben, sind die Vermögensgegenstände, Schulden und GuV-Positionen unabhängig von der Beteiligungsquote zu 100% in den Konzernabschluss zu übernehmen.

Grundsatz der Wesentlichkeit

Auf Konsolidierungsvorgänge, die für die Vermittlung des möglichst getreuen Bildes der Vermögens-, Finanz- und Ertragslage des Konzerns nur von untergeordneter Bedeutung sind, kann verzichtet werden. Der Wesentlichkeitsgrundsatz ist im österreichischen Konzernbilanzrecht nicht als übergeordneter Grundsatz definiert, sondern bei zahlreichen Einzelbestimmungen separat angeführt. So kann bspw gem § 249 Abs. 2 HGB auf die Einbeziehung einer Tochtergesellschaft in den Konzernabschluss verzichtet werden, wenn es für die Darstellung des möglichst getreuen Bildes der Vermögens-, Finanz- und Ertragslage von untergeordneter Bedeutung ist.

Grundsatz der Wirtschaftlichkeit

Auf Konsolidierungsvorgänge, die zu unverhältnismäßig hohen Kosten und Verzögerungen führen, kann verzichtet werden. Wie der Wesentlichkeitsgrundsatz ist der Wirtschaftlichkeitsgrundsatz nicht als übergeordneter Grundsatz definiert. Zahlreiche Einzelbestimmungen müssen nicht beachtet werden, wenn diese zu unverhältnismäßig hohen Kosten oder zeitlichen Verzögerungen führen. Beispielsweise kann gem § 249 Abs. 1 Z 2 HGB auf die Einbeziehung einer Tochtergesellschaft verzichtet werden, wenn die erforderlichen Angaben nicht ohne unverhältnismäßige Verzögerungen oder ohne unverhältnismäßig hohe Kosten zu erhalten sind.

Die Kosten und Verzögerungen sind dabei immer im Verhältnis zum Informationsbedürfnis der Bilanzadressaten zu setzen.

1 Grundlagen der Konzernrechnungslegung
1.4 Konsolidierungsgrundsätze

2 Pflicht zur Aufstellung eines Konzernabschlusses

2.1 Einleitung

Als Konzern gelten nach § 244 Abs. 1 HGB „Unternehmen unter der einheitlichen Leitung einer Kapitalgesellschaft (Mutterunternehmen) mit Sitz im Inland ..., wenn dem Mutterunternehmen eine Beteiligung gem § 228 HGB an dem oder den anderen unter der einheitlichen Leitung stehenden Unternehmen (Tochterunternehmen) gehört ...". Zusätzlich wird nach § 244 Abs. 2 HGB noch ein Konzernverhältnis durch einen beherrschenden Einfluss eines Mutterunternehmens auf ein Tochterunternehmen begründet.

Das Konzernbilanzrecht knüpft somit die Konzernrechnungslegungspflicht an das Vorhandensein zumindest eines Mutter-Tochter-Verhältnisses. Liegt somit zumindest ein Mutter-Tochter-Verhältnis iS des § 244 Abs. 1 oder 2 HGB vor, besteht grundsätzlich die Verpflichtung der Muttergesellschaft einen Konzernabschluss aufzustellen. Neben dem Mutter-Tochter-Verhältnis müssen aber noch zusätzliche Bestimmungsgründe vorliegen, um einen verpflichtenden Konzernabschluss aufstellen zu müssen. Zusammengefasst ist eine Konzernabschlusspflicht bei vorliegen folgender Bestimmungsgründe gegeben:

- Mutterunternehmen in der Form einer Kapitalgesellschaft
- Mutterunternehmen mit Sitz im Inland
- Zumindest ein Mutter-Tochter-Verhältnis (einheitliche Leitung oder beherrschender Einfluss)
- Beteiligung gem § 228 HGB von zumindest 20% bei einheitlicher Leitung
- Überschreiten der Größenmerkmale gem § 246 HGB

Liegt nur einer der fünf oben genannten Bestimmungsgründe nicht vor, müssen die gesetzlichen Vertreter der Mutterunternehmen keinen gesetzlich verpflichtenden Konzernabschluss aufstellen.

Als Tochterunternehmen ist jedes Unternehmen qualifiziert, unabhängig von seiner Rechtsform oder seinem Sitz (auch ausländische Gesellschaften). Dem österreichischen Konzernbilanzrecht liegt das Weltabschlussprinzip zugrunde, dh dass weltweit sämtliche Tochtergesellschaften in den Konzernabschluss einzubeziehen sind, unabhängig ob die Tochterunternehmen ihren Sitz und ihre Tätigkeit im Ausland ausüben. Die Pflicht zur Konzernrechnungslegung bestimmt gleichzeitig den Umfang der einzubeziehenden Tochtergesellschaften.

2.2 Kapitalgesellschaft mit Sitz im Inland als Muttergesellschaft

An der Konzernspitze muss ein inländisches Unternehmen in der Rechtsform einer Kapitalgesellschaft stehen. Ausländische Unternehmen mit einer oder mehreren Tochtergesellschaften im Inland sind demnach nicht zur Konzernrechnungslegung nach österreichischen Bestimmungen verpflichtet. Unter Umständen wird aber der ausländische Staat eine Konzernabschlussverpflichtung vorsehen, in der auch die österreichischen Tochterunternehmen einzubeziehen sind. Für die Aufstellungspflicht nach österreichischem Recht ist somit nicht Voraussetzung, dass zumindest ein Tochterunternehmen den Sitz im Inland hat. Alleiniges geographisches Bestimmungsmerkmal ist die inländische Muttergesellschaft.

In Österreich sind nur Kapitalgesellschaften konzernrechnungslegungspflichtig. Durch Personengesellschaften (bspw. OHG, KG, OEG, KEG) als Muttergesellschaft kann eine Konzernabschlusspflicht vermieden werden. Nach § 244 Abs. 3 HGB gelten aber Personengesellschaften, bei denen kein persönlich haftender Gesellschafter eine natürliche Person ist, als Kapitalgesellschaften (zB GmbH&CoKG). Natürliche Personen als Konzernspitze, dh eine natürliche Person hält Beteiligungen an anderen Unternehmen mit einer einheitlichen Leitung oder einem beherrschendem Einfluss, sind ebenfalls nicht konsolidierungspflichtig.

Aus dem Privatstiftungsrecht ergibt sich eine Konzernrechnungslegungspflicht auch für Privatstiftungen.

2.3 Mutter-Tochter-Verhältnis

Die Verpflichtung zur Konzernrechnungslegung nach österreichischem HGB ist an das Vorhandensein eines Mutter-Tochter-Verhältnisses gem § 244 Abs. 1 u 2 HGB gebunden. Das Mutter-Tochter-Verhältnis kann sich dabei auf zwei unterschiedliche Konzeptionen begründen:

- Nach § 244 Abs. 1 HGB ist das Mutter-Tochter-Verhältnis dadurch charakterisiert, dass eine Kapitalgesellschaft eine einheitliche Leitung auf ein anderes Unternehmen ausübt.

- Nach § 244 Abs. 2 HGB wird die Konzernrechnungslegungspflicht und damit das Mutter-Tochter-Verhältnis unabhängig vom Vorliegen einer einheitlichen Leitung bereits durch die Existenz einer rechtlichen Beherrschungsmöglichkeit begründet.

2.3.1 Einheitliche Leitung

Die einheitliche Leitung wird im HGB nicht näher definiert. Es handelt sich dabei um einen unbestimmten Rechtsbegriff. Der Begriff der „einheitlichen Leitung" besagt, dass die Tochterunternehmen ihre Einzelinteressen unter das Gesamtinteresse des Konzerns unterordnen müssen – auch wenn dieses Gesamtinteresse unter Umständen dem Einzelinteresse zuwiderläuft. Das Tochterunternehmen ist in ihren wesentlichen Funktionen (Geschäfts- und Finanzpolitik) vom Willen der Muttergesellschaft abhängig. Dieses Abhängigkeitsverhältnis muss tatsächlich ausgeübt werden.

Die reine Möglichkeit einheitlich zu leiten, reicht dabei nicht aus, dh die einheitliche Leitung muss auch tatsächlich ausgeübt werden. Die Art und Weise der Ausübung definiert der Gesetzgeber nicht. Grundsätzlich ist das Vorliegen eines definitiven Weisungsrechtes oder eine Mehrheit der Stimmrechte oder eine Beherrschung nicht erforderlich. Die einheitliche Leitung kann bspw in der Erteilung von grundsätzlichen Richtlinien oder Weisungen über die definierte Unternehmenspolitik bestehen. Die einheitliche Leitung ist umso eher anzunehmen, je mehr der jeweilige Konzernbereich (Tochtergesellschaft) sein unternehmerisches Eigenleben aufgibt. Bestimmend ist hierbei nicht die Form der Gestaltung, sondern die tatsächliche Verhaltensweise und das Gesamtbild der wirtschaftlichen Verhältnisse.

Keine einheitliche Leitung im oben angeführten Sinne ist dann anzunehmen, wenn sich die Funktion der Konzernmuttergesellschaft nur auf die Übernahme von reinen Überwachungs- und Kontrollaufgaben (Finanzholding) beschränkt, dh wenn die Muttergesellschaft kein aktives wirtschaftliches Eigeninteresse entwickelt.

In der Konsolidierungspraxis wird die Mehrheit am Kapital der Tochtergesellschaft durch die im Gesellschaftsrecht kodifizierten Kontroll- und Leitungsrechte idR zu einer einheitlichen Leitung führen.

Kommt es auf Basis der einheitlichen Leitung zu einem Mutter-Tochter-Verhältnis und damit zu einer Konsolidierungspflicht, muss an dem Tochterverhältnis auch eine Beteiligung iS des § 228 HGB mit einem zumindest 20%igen Kapitalanteil vorliegen (§ 244 Abs. 6 HGB). Wird die einheitliche Leitung bspw durch einen Syndikatsvertrag begründet, besteht aber keine Beteiligung von zumindest 20%, kommt es zu keinem Mutter-Tochter-Verhältnis iS des § 244 Abs. 1 HGB. In diesem Fall wird es aber idR zu einer Konsolidierungspflicht aufgrund eines beherrschenden Einflusses nach § 244 Abs. 2 HGB kommen, wo die Beteiligungsvoraussetzung nicht notwendig ist.

2.3.2 Beherrschender Einfluss (Control-Konzept)

Unabhängig, ob die einheitliche Leitung ausgeübt wird, ist eine inländische Kapitalgesellschaft (Muttergesellschaft) stets zur Aufstellung eines Konzernabschlusses verpflichtet, wenn ihr bei einem Tochterunternehmen bestimmte Beherrschungsmöglichkeiten nach § 244 Abs. 2 HGB zustehen. Das Konzept des beherrschenden Einflusses leitet sich aus der internationalen Rechnungslegung ab, wo idR alleinig die Beherrschung (Control) als Merkmal für ein Mutter-Tochter-Verhältnis definiert ist.

Das Control-Konzept knüpft an die rechtliche Möglichkeit an, das Tochterunternehmen zu beherrschen. Von dieser Beherrschungsmöglichkeit geht

§ 244 Abs. 2 HGB dann (und nur dann) aus, wenn dem Mutterunternehmen eines der folgenden Rechte zusteht:

Mehrheit der Stimmrechte

Diese Möglichkeit muss rechtlich gesichert sein und darf sich nicht auf rein faktische Verhältnisse stützen (zB reicht die Mehrheit bei der Hauptversammlung aufgrund unterbesetzter Quoten nicht aus). Es kommt nicht auf die Kapital- sondern die Stimmrechtsmehrheit an, obwohl diese idR deckungsgleich sind. Stimmrechte aus eigenen Anteilen sind bei der Stimmrechtsmehrheitsberechnung auszuscheiden (§ 244 Abs. 5 HGB). Die Mehrheit der Stimmrechte muss nicht dazu führen, dass sämtliche Entscheidungen von der Muttergesellschaft getroffen werden können. Auch wenn bestimmte Entscheidungen einer Gesellschaft nur mit 2/3-Mehrheit beschlossen werden können, reicht die Stimmrechtsmehrheit (>50%) aus (BAETGE, Konzernbilanzen, S. 87).

Bestellungs- und Abberufungsrecht

Das Recht zur Besetzung der Mehrheit der Mitglieder eines Verwaltungs-, Leitungs- oder Aufsichtsorgans ergibt sich idR bereits durch die Stimmrechtsmehrheit. Unabhängig davon kann einem Unternehmen ein Besetzungsrecht für die Mehrheit der Mitglieder der Gesellschaftsorgane aber auch aufgrund von Entsendungsrechten oder von Vereinbarungen mit anderen Gesellschaftern zustehen.

Beherrschungsrecht

Dieses Recht ergibt sich üblicherweise aufgrund eines Beherrschungsvertrages oder aufgrund entsprechender Satzungsbestimmungen. Ein Beherrschungsvertrag ist ein Vertrag, durch den ein Unternehmen seine Leitung einem anderen Unternehmen unterstellt.

Stimmrechtsbindungsvertrag

Aufgrund eines Vertrages mit einem oder mehreren anderen Gesellschaftern des Tochterunternehmens kann dem Mutterunternehmen die Beherrschungsmöglichkeit eingeräumt werden (Syndikatsvertrag).

Hinsichtlich aller angesprochenen Rechte gilt der Grundsatz, dass sämtliche Rechte, über die ein Mutterunternehmen direkt oder indirekt verfügen kann, in die Betrachtungsweise einzubeziehen sind. Durch die Zurechnung von Rechten, die einem Tochterunternehmen zustehen, werden in mehrstufigen Konzernen auch mittelbare Mutter-Tochter-Verhältnisse begründet.

Somit sind dem Mutterunternehmen als weitere Rechte hinzuzurechnen:

- die Rechte, die einem anderen Tochterunternehmen zustehen

- die Rechte, die einer Person zustehen, die für Rechnung des Mutterunternehmens oder eines anderen Tochterunternehmens handelt (Treuhandschaft)

- die Rechte, die dem Mutterunternehmen oder einem anderen Tochterunternehmen aufgrund einer Vereinbarung mit anderen Gesellschaftern des betreffenden Unternehmens zustehen.

Beispiele 1:

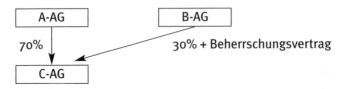

Trotz der lediglich 30%igen Beteiligung der B-AG an der C-AG besteht aufgrund des Beherrschungsvertrages gem § 244 Abs. 2 HGB ein konsolidierungspflichtiges Mutter-Tochter-Verhältnis. Die A-AG hat durch den Beherrschungsvertrag von B-AG mit C-AG keine Stimmrechtsmehrheit mehr und damit weder eine einheitliche Leitung oder einen beherrschenden Einfluss. A-AG muss keinen Konzernabschluss aufstellen.

Beispiel 2:

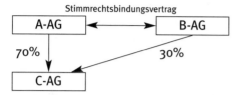

Auch in diesem Beispiel kann A-AG trotz einer 70%igen Beteiligung keine einheitliche Leitung oder einen beherrschenden Einfluss auf C-AG ausüben. Da A-AG und B-AG in jedem Fall gemeinsam Entscheidungen treffen (Stimmrechtsbindungsvertrag) liegt weder bei A-AG noch bei der B-AG eine Konzernabschlusspflicht vor. Die C-AG wird von der A-AG und der B-AG gemeinschaftlich geführt.

Beispiel 3:

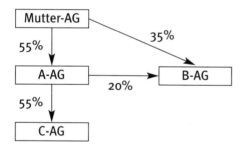

Mutter-AG besitzt 55% der Stimmrechte an A-AG, sodass A-AG unmittelbares Tochterunternehmen der Mutter-AG ist. Aufgrund des § 244 Abs. 4 HGB gelten die Stimmrechte, die die A-AG an B-AG und C-AG zustehen, als Rechte der Mutter-AG. Somit hält die Mutter-AG sowohl an der B-AG (35% + indirekt 20%) als auch an der C-AG (indirekt 55%) die Stimmrechtsmehrheit. Die Mutter-AG muss einen Konzernabschluss aufstellen, in den sämtliche Tochtergesellschaften (A-AG, B-AG, C-AG) einbezogen werden.

2.4 Größenabhängige Befreiung

Ein Mutterunternehmen ist grundsätzlich von der Verpflichtung zur Aufstellung eines Konzernabschlusses befreit, wenn an zwei aufeinanderfolgenden Abschlussstichtagen mindestens zwei der drei folgenden Größenkriterien

2 Pflicht zur Aufstellung eines Konzernabschlusses
2.4 Größenabhängige Befreiung

nicht überschritten werden, wobei als Grundlage entweder die summierten Jahresabschlüsse des Mutterunternehmens und der Tochterunternehmen des Konzerns (Bruttomethode) oder aber auch ein (vorläufiger) konsolidierter Abschluss dieser Unternehmen (Nettomethode) gewählt werden kann (§ 246 HGB).

Kriterium	Bruttomethode	Nettomethode
Umsatzerlöse	900 Mio. ATS	750 Mio. ATS
Bilanzsumme	450 Mio. ATS	375 Mio. ATS
durchschnittl. Arbeitnehmerzahl	500	500

Die Aufstellungspflicht tritt dann ein, wenn die Größenkriterien an den Abschlussstichtagen von zwei aufeinanderfolgenden Geschäftsjahren überschritten werden. Im folgenden Geschäftsjahr ist dann erstmalig ein Konzernabschluss aufzustellen.

Für Muttergesellschaften, deren Aktien an einer Börse eines EU- oder EWR-Mitgliedsstaates notieren, sind die größenabhängigen Befreiungen nicht anzuwenden.

Die 4. EU-RL sieht in Art. 27 Größengrenzen vor, die deutlich unter den österreichischen Grenzwerten liegen. Innerhalb der EU-RL gestattet ein Länderwahlrecht in Form einer Übergangsvorschrift, dass diese EU-Grenzwerte bis zum 31.12.1999 mit den 2,5fachen Werten überschritten werden können. Die Anpassung der höheren österreichischen Grenzwerte an die niedrigeren EU-Grenzwerte kann durch eine Verordnung gem § 246 Abs. 4 HGB vorgenommen werden (JANSCHEK, Konzernrechnungslegung, S. 47).

Aus diesem Grund ist zu erwarten, dass die derzeitigen Grenzwerte des § 246 HGB auf das niedrigere EU-Niveau abgesenkt werden:

EU-Grenzwerte für Konzernabschlusspflicht		
Kriterium	Bruttomethode	Nettomethode
Umsatzerlöse	22 Mio. EUR	20 Mio. EUR
Bilanzsumme	11 Mio. EUR	10 Mio. EUR
durchschnittl. Arbeitnehmerzahl	500	500

2.5 Befreiender Konzernabschluss

Die Systematik des § 244 HGB führt dazu, dass in einem mehrstufigen Unternehmensverbund (Mutter-Tochter-Enkel-Gesellschaft) grundsätzlich jede inländische Kapitalgesellschaft zur Aufstellung eines Konzernabschlusses und Konzernlageberichts für ihren jeweiligen (Teil-)Konzernbereich verpflichtet ist. Neben der Aufstellung eines (Gesamt-) Konzernabschlusses würde es damit zusätzlich zur Aufstellung von (Teil-)Konzernabschlüssen auf unteren Ebenen eines mehrstufigen Konzerns kommen (Konzern aus Tochter- und Enkelgesellschaft).

Dieser Aufwand erscheint nicht gerechtfertigt, wenn ohnehin ein Gesamtkonzernabschluss für das oberste Mutterunternehmen zu erstellen ist. § 245 HGB befreit demnach inländische Muttergesellschaften von der Konzernrechnungslegungspflicht, wenn diese Muttergesellschaft samt ihren Tochtergesellschaften (in- und ausländischen) in einen übergeordneten Konzernabschluss einbezogen wird. Nach hA muss die Einbeziehung in den übergeordneten Konzernabschluss dabei im Rahmen der Vollkonsolidierung erfolgen.

Der übergeordnete Konzernabschluss muss folgende Bedingungen erfüllen:

- In den übergeordneten (Gesamt)Konzernabschluss müssen alle Tochtergesellschaften der Muttergesellschaft einbezogen werden

- Das übergeordnete Mutterunternehmen, dessen Konzernabschluss befreiende Wirkung hat, hat seinen Sitz in einem EU-Mitgliedsstaat und erstellt den Konzernabschluss auf Basis der 4. und 7. EU-RL oder

- Das übergeordnete Mutterunternehmen hat keinen Sitz in einem EU-Mitgliedsstaat, erstellt aber einen Konzernabschluss entsprechend den Anforderungen der EU-RL.

Das Mutterunternehmen, das von der befreienden Wirkung eines übergeordneten Konzernabschlusses Gebrauch macht, muss Name und Sitz des übergeordneten Mutterunternehmens im Einzelanhang angeben und einen Hinweis über die Befreiung von der Aufstellungspflicht durch den befreienden Konzernabschluss anführen. Der übergeordnete Konzernabschluss samt Konzernlagebericht ist in deutscher Sprache beim Firmenbuchgericht zu hinterlegen, wenn das oberste Mutterunternehmen nicht in Österreich seinen Sitz hat.

Gem § 245a HGB kann nunmehr auch ein internationaler Konzernabschluss, der vom österreichischen Mutterunternehmen aufgestellt wird, von der Verpflichtung einen Konzernabschluss nach den österreichischen Konzernrechnungslegungsgrundsätzen aufzustellen, befreien.

Dieser internationale Konzernabschluss hat dabei folgende Kriterien zu erfüllen:

- Konzernabschluss nach IAS (International Accounting Standards) oder US-GAAP (US-Generally-Accepted-Accounting-Principles)
- Konzernabschluss muss einem Konzernabschluss nach 4. und 7. EU-RL gleichwertig sein
- Der internationale Konzernabschluss muss die wesentlichen Unterschiede zwischen dem öHGB und den internationalen Normen erläutern
- Hinweis auf die angewandten Bilanzierungs- und Bewertungsgrundsätze

2.6 Schrittfolge zur Prüfung der Aufstellungspflicht von Konzernabschlüssen und Konzernlageberichten

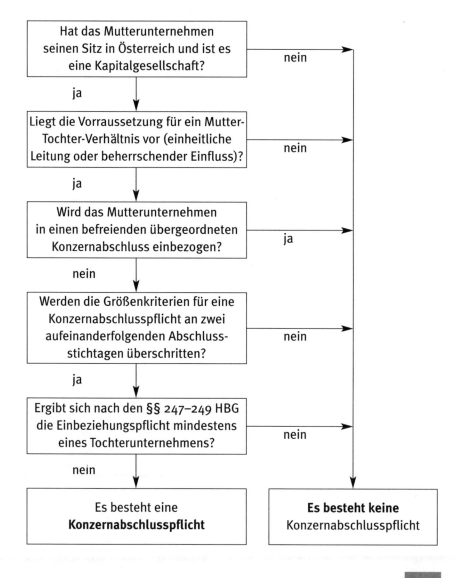

2 Pflicht zur Aufstellung eines Konzernabschlusses
2.6 Schrittfolge zur Prüfung der Aufstellungspflicht von Konzernabschlüssen und Konzernlageberichten

3 Abgrenzung des Konsolidierungskreises – Arten der Einbeziehung

3.1 Stufenkonzeption des HGB

Nachdem die grundsätzliche Aufstellungspflicht für einen Konzernabschluss geklärt ist, muss die Frage beantwortet werden, welche Tochterunternehmen (Beteiligungen) in den Konzernabschluss einzubeziehen sind, und wie die Einbeziehung zu erfolgen hat. Dabei folgt das öHGB einem Stufenkonzept in der Weise, dass je nach Intensität der Einflussnahme der Muttergesellschaft auf die Tochtergesellschaft die Einbeziehung nach abgestuften Arten erfolgen muss (BAETGE, Konzernabschlüsse, S. 105).

Verbundene Unternehmen

Unternehmen, auf die das Konzernmutterunternehmen einen beherrschenden Einfluss oder eine einheitliche Leitung ausüben kann, sind verbundene Unternehmen und müssen im Rahmen der Vollkonsolidierung übernommen werden. Vollkonsolidierung bedeutet, dass sämtliche Bilanz- und GuV-Positionen des verbundenen Unternehmens in den Konzernabschluss übernommen werden. Die 100%ige Übernahme der Abschlussposten des Tochterunternehmens ist grundsätzlich unabhängig von der Beteiligungsquote. Nach Aufaddition der Abschlusswerte der Tochtergesellschaften mit jenen der Konzernmuttergesellschaft werden konzerninterne Sachverhalte eliminiert (konsolidiert). Der beherrschende Einfluss und die einheitliche Leitung sind auch die Bestimmungsgründe für die Konzernabschlusspflicht. Zur Vollkonsolidierung kommt es idR für Beteiligungen zwischen 50% und 100%. Durch Konsolidierungsverbote oder -wahlrechte kann es in Einzelfällen auch zu einer Nichteinbeziehung kommen (vgl. weiter unten).

Gemeinschaftsunternehmen

Unternehmen, die gemeinschaftlich mit einem anderen Unternehmen geführt werden, sind Gemeinschaftsunternehmen und können entweder auf

Basis der Quotenkonsolidierung oder der Equity-Bewertung einbezogen werden. Von gemeinschaftlicher Führung spricht man idR dann, wenn zwei oder mehr Gesellschaftergruppe im gleichen Verhältnis an einem Tochterunternehmen beteiligt sind (zB 50:50 oder 25:25:25:25). Die Quotenkonsolidierung entspricht einer anteiligen Vollkonsolidierung, dh es werden zwar grundsätzlich die Bilanz- und GuV-Positionen der Tochtergesellschaft übernommen, jedoch erfolgt nicht eine 100%ige Übernahme wie im Rahmen der Vollkonsolidierung, sondern eine anteilige Aufsummierung entsprechend der Beteiligungsquote (zB Übernahme von 50% der Abschlusswerte des Gemeinschaftsunternehmens). Neben der Quotenkonsolidierung kommt für Gemeinschaftsunternehmen auch die Equity-Bewertung in Betracht.

Assoziierte Unternehmen

Übt das Mutterunternehmen einen maßgeblichen Einfluss auf das Tochterunternehmen aus, so ist diese Beteiligung im Rahmen der Equity-Bewertung im Konzernabschluss anzusetzen. Ein maßgeblicher Einfluss wird idR bei einer Beteiligung zwischen 20% und 50% ausgeübt. Die Equity-Bewertung ist keine Konsolidierungsmethode, dh es kommt zu keiner Übernahme von Bilanz- oder GuV-Positionen der Tochtergesellschaft. Die Equity-Methode bewertet den Bilanzansatz am assoziierten Unternehmen entsprechend dem anteiligen Eigenkapital des Tochterunternehmens.

Beteiligungen ohne Einflussmöglichkeit

Kann das Mutterunternehmen auf eine Beteiligung weder einen beherrschenden noch einen maßgeblichen Einfluss ausüben bzw wird die Beteiligung auch nicht mit einem anderen Unternehmen gemeinschaftlich geführt, so ist diese Beteiligung mit den einzelbilanziellen Anschaffungskosten in den Konzernabschluss zu übernehmen. Die bilanzielle Behandlung dieser Beteiligungen unterscheidet sich somit nicht vom Einzelabschluss. Die normale Anschaffungskostenbewertung ist idR auf Beteiligung unter 20% anzuwenden.

Der Kreis der vollkonsolidierten verbundenen Unternehmen wird als Konsolidierungskreis im engeren Sinn und der Kreis von verbundenen Unternehmen, gemeinschaftlich geführten Unternehmen und assoziierten Unternehmen als Konsolidierungskreis im weiteren Sinne bezeichnet.

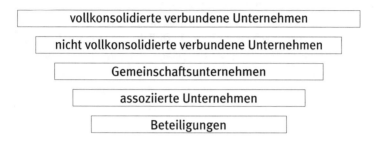

Die Trichterform soll dabei verdeutlichen, dass

- auf jeder höheren Stufe die Intensität der Einflussnahme zunimmt und
- gleichzeitig die Voraussetzungen der Einbeziehung restriktiver (dh umfassender) werden (KÜTING/WEBER, Der Konzernabschluss, S. 92).

3.2 Konsolidierungspflicht

Eine Konzernmuttergesellschaft hat in den Konzernabschluss grundsätzlich alle mittel- und unmittelbaren verbundenen Unternehmen einzubeziehen. Dabei ist es nicht entscheidend, ob die Tochtergesellschaft ihren Sitz im In- oder Ausland hat (§ 247 Abs. 1 HGB). Alleinige Voraussetzung für die Einbeziehung in den Konzernabschluss ist das Bestehen eines Mutter-Tochter-Verhältnisses aufgrund einer einheitlichen Leitung oder eines beherrschenden Einflusses. Auch die Rechtsform der Tochtergesellschaften ist für die Frage der Einbeziehungspflicht unbedeutend.

3.3 Konsolidierungsverbot

Nach den Vorschriften des § 248 HGB besteht ein Konsolidierungsverbot, wenn sich die Tätigkeit einer Tochterunternehmung von der Tätigkeit der anderen einbezogenen Unternehmung derart unterscheidet, dass die Einbeziehung in den Konzernabschluss mit der Verpflichtung, ein möglichst getreues Bild der Vermögens-, Finanz- und Ertragslage des Konzerns zu vermitteln, unvereinbar ist. Die praktische Bedeutung dieses Konsolidierungsverbotes ist gering. Das Konsolidierungsverbot ist alleine deshalb nicht anzuwenden, weil dieses Tochterunternehmen einem anderen Wirtschaftszweig angehört. An die Definition der unterschiedlichen Tätigkeit sind hohe Anforderungen zu stellen. Gründe für die Anwendung des Konsolidierungsverbotes können daraus resultieren, dass das Tochterunternehmen nach anderen Rechtsvorschriften geführt wird (zB Einbeziehung eines Versicherungsunternehmens oder einer außerbetrieblichen Pensionskassa in einen Industriekonzern) (BUSSE V. COLBE ORDELHEIDE, Konzernabschlüsse, S. 89). Ist das Tochterunternehmen mit der abweichenden Tätigkeit jedoch integrierter Bestandteil des Konzerns (zB Leasingbank eines Autoproduzenten) kann das Konsolidierungsverbot nicht zur Anwendung kommen (EGGER/SAMER, Der Konzernabschluss, S. 57).

Die Anwendung des Konsolidierungsverbotes ist im Konzernanhang anzugeben und zu begründen.

3.4 Konsolidierungswahlrecht

Neben dem Konsolidierungsverbot sieht § 249 HGB in bestimmten Fällen ein Wahlrecht zur Einbeziehung von verbundenen Unternehmen im Rahmen der Vollkonsolidierung vor. Demnach braucht ein verbundenes Unternehmen nicht in den Konzernabschluss einbezogen werden, wenn

- erhebliche und andauernde Beschränkungen die Ausübung der Rechte des Mutterunternehmens in Bezug auf das Vermögen oder die Geschäftsführung dieses Unternehmens nachhaltig beeinträchtigen: Das ist bspw dann der Fall, wenn das Tochterunternehmen Konkurs beantragt, da ab diesem Zeitpunkt das Mutterunternehmen durch den Masseverwalter in seiner Gesellschafterstellung beeinträchtigt ist. Bei ausländischen Tochtergesellschaften kann durch einen politischen Umsturz ebenfalls der Zugriff der Muttergesellschaft auf das Tochterunternehmen beeinträchtigt sein.

- die für die Aufstellung des Konzernabschlusses erforderlichen Angaben nicht ohne unverhältnismäßige Verzögerungen oder ohne unverhältnismäßig hohe Kosten zu erhalten sind. Dabei ist jedoch auf die Größe des Unternehmens (in Hinblick auf den Gesamtkonzern) Rücksicht zu nehmen. Zur Anwendung dieses Wahlrechtes muss ein starkes Missverhältnis zwischen Kosten/Verzögerungen und Aussagewert des Konzernabschlusses bestehen. Ein häufiger Anwendungsfall in der Konsolidierungspraxis ist die vorübergehende Nichteinbeziehung eines neu hinzugekommenen Tochterunternehmens, dessen Buchführung noch nicht auf die Anforderungen und Informationspflichten des Konzerns umgestellt werden konnte.

- es für die Darstellung des möglichst getreuen Bildes der Vermögens-, Finanz- und Ertragslage des Konzerns von untergeordneter Bedeutung ist. Dieses in der Konsolidierungspraxis sehr bedeutsame Konsolidierungswahlrecht kommt immer dann zur Anwendung, wenn sich das Bilanz- und GuV-Bild durch die Einbeziehung bzw. Nicht-Einbeziehung nicht wesentlich verändern. Als Wesentlichkeitskriterium kann dabei aus der internationalen Rechnungslegung der Grundsatz übernommen werden, dass die Einbeziehung dann wesentlich ist, wenn der externe Bilanzleser sonst zu einer anderen Entscheidung kommen würde. Diese sehr praxisorientierte Bestimmung ermöglicht es, unwesentliche Konzerngesellschaften nicht in den Konzernabschluss zu übernehmen, und damit Zeit und Kosten im Rahmen der Konzernrechnungslegung einzusparen.

Wird von einem der Einbeziehungswahlrechte Gebrauch gemacht, ist darüber im Konzernanhang zu berichten.

3.5 Entscheidungsbaum zur Konsolidierungsmethode

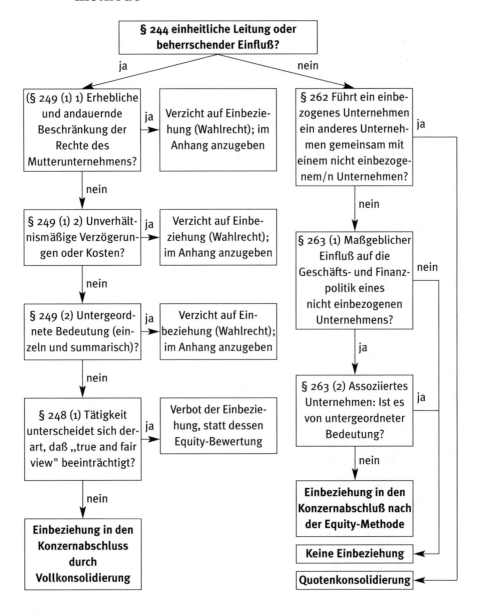

4 Vom Einzelabschluss zum Konzernabschluss

4.1 Einleitung

Gem § 250 Abs. 3 HGB hat der Konzernabschluss die Vermögens-, Finanz- und Ertragslage der einbezogenen Unternehmen so darzustellen hat, als ob diese Unternehmen insgesamt ein einziges Unternehmen wären. Der Einheitsgrundsatz ist die zentrale Bestimmung der Konzernrechnungslegung, aus der sämtlichen anderen Konzernabschlussbestimmungen abgeleitet sind.

Nach dem Einheitsgrundsatz muss für einen bestimmten zusammengefassten Kreis von Unternehmen eine Vermögens- und Erfolgsrechnung aufgestellt werden. Die rechtlich selbständigen Tochtergesellschaften werden dabei fiktiv als unselbständige „Filialbetriebe" betrachtet. Für dieses „fiktive" Einzelunternehmen mit Filialbetrieben ist ein einziger zusammengefasster (Konzern)Abschluss aufzustellen.

Grundsätzlich könnte der Konzernabschluss auf zwei Arten erstellt werden:

- Die Muttergesellschaft richtet neben der Einzelbuchhaltung eine Konzernbuchhaltung ein. Dabei wird jeder Beleg jeder Tochtergesellschaft (fiktiv Filiale) neben der lokalen Einzelbuchhaltung ein zweites Mal bei der Muttergesellschaft in der Konzernbuchführung erfasst.

- Die lokalen Einzelabschlüsse der Tochtergesellschaften werden addiert und Konzernbeziehungen bzw. Doppelzählungen zwischen den Einzelabschlüssen eliminiert (konsolidiert).

Konzernabschlüsse werden idR aus der Zusammenfassung der Einzelbilanzen mit anschließender Konsolidierung in den Bereichen Eigenkapital, Beteiligungen, Konzernforderungen und Konzernschulden, Konzernzwischenergebnissen und Konzernumsätzen erstellt. Konzernbuchhaltungen sind in der Konzernrechnungslegungspraxis defacto nicht anzutreffen, da eine Doppelerfassung jedes Beleges zu aufwendig wäre.

4 Vom Einzelabschluss zum Konzernabschluss
4.1 Einleitung

Ausgangspunkt für die Konzernabschlusserstellung ist der Summenabschluss. Die in den Konzernabschluss einzubeziehenden Einzelabschlüsse der Tochtergesellschaften werden nach einheitlichen Bilanzierungs- und Bewertungsmethoden aufgestellt, bei ausländischen Tochtergesellschaften in die Konzernwährung (zB EURO) umgerechnet und im Rahmen des Summenabschlusses aufaddiert.

Im Summenabschluss sind zahlreiche konzerninternen Beziehungen, Doppelzählungen und Geschäftsvorfälle enthalten, die aus einheitstheoretischer Sicht zu eliminieren sind. Ein einziges Unternehmen (fiktive rechtliche Einheit des Konzerns) kann keine Beziehungen bzw. Geschäftsbeziehungen mit sich selbst haben. So sind bspw im Summenabschluss die Beteiligungen der Muttergesellschaft an der Tochtergesellschaft enthalten bzw Umsätze ausgewiesen, die die Muttergesellschaft mit der Tochtergesellschaft erwirtschaftet hat. Diese Verbindungen sind aus der Sichtweise eines einzigen Unternehmens nicht möglich und sind deshalb zu eliminieren.

Dabei wird zwischen folgenden konzerninternen Sachverhalten unterschieden:

Gesellschaftsrechtliche Verbindung (Beteiligung und Eigenkapital)

Gegenstand der Kapitalkonsolidierung ist die Aufrechnung der Buchwerte von Anteilen an einem Unternehmen (Beteiligungen) des Konsolidierungskreises gegen das anteilige bilanzielle Eigenkapital der Tochtergesellschaft. Ein völliges Übereinstimmen des Buchwertes der Beteiligung mit dem bilanziellen Eigenkapital der Untergesellschaft ist nur selten gegeben. Meist wird es unterschiedlich hohe Ansätze geben, die zur Aktivierung bzw. Passivierung von Unterschiedsbeträgen führen (Firmenwert und passive Unterschiedsbeträge).

Schuldrechtliche Verbindung (Konzernforderungen und Schulden)

Im Rahmen der Schuldenkonsolidierung werden Forderungen und Verbindlichkeiten gegenüber einbezogenen verbundenen Unternehmen eliminiert.

Die Aufrechnung von Konzernforderungen und Konzernverbindlichkeiten ist idR erfolgsneutral, da sich Konzernforderungen und Konzernverbindlichkeiten in ihrer Höhe meist entsprechen. Sind Forderungen und Verbindlichkeiten innerhalb des Konzerns nicht abgestimmt und sind die konzerninternen Forderungen und Verbindlichkeiten daher nicht deckungsgleich, sind etwaige Aufrechnungsdifferenzen idR erfolgswirksam zu eliminieren.

Konzerninterner Leistungsverkehr

Kommt es innerhalb eines Konzerns zu Geschäftsbeziehungen in der Weise, dass ein Konzernunternehmen für ein anderes Konzernunternehmen Leistungen erbringt, und sich im Summenabschluss daher konzerninterne Aufwendungen und Erträge (zB sonstige Erträge – Mieterträge und sonstige Aufwendungen – Mietaufwendungen) gegenüberstehen, müssen im Rahmen der Aufwands- und Ertragskonsolidierung diese konzerninternen Erfolgspositionen eliminiert werden.

Konzerninterne Ergebnisrealisierung

Unter Zwischenergebnissen versteht man Gewinne oder Verluste, die von dem Konsolidierungskreis angehörenden Konzerngesellschaften durch Geschäfte mit anderen dem Konsolidierungskreis angehörenden Konzerngesellschaften erzielt werden. Zur Zwischenergebniseliminierung kommt es immer dann, wenn Vermögensgegenstände von einem Konzernunternehmen an ein anderes Konzernunternehmen mit Gewinnaufschlag verkauft werden, und diese Vermögensgegenstände am Konzernabschlussstichtag noch beim empfangenden Tochterunternehmen auf Lager liegen.

Sonstige konzerninterne Doppelzählungen

Einheitstheoretische Eliminierungen sind noch in all jenen Fällen notwendig, die eine Folge der rechtlich selbständigen Tochtergesellschaften sind, im Konzernabschluss aber als Abbild einer fiktiven rechtlichen Einheit zu eliminieren sind. Folgende Sachverhalte sind aus dem Summenabschluss daher zwingend zu eliminieren:

- Konzerninterne Beteiligungserträge
- Konzernumgründungen (Verschmelzungen, Spaltungen etc.)
- Konzerninterne Kapitalmaßnahmen (Kapitalerhöhungen, Gesellschafterzuschüsse)
- Konzerninterne Beteiligungs- oder Forderungsabschreibungen
- Konzerninterne Verlustübernahmen bzw Rückstellungsbildungen für Tochtergesellschaften
- Konzerninterne Sacheinlagen
- Veräußerung von vollkonsolidierten Beteiligungen (Endkonsolidierung)
- etc

```
  Einzelabschluss
+ Einzelabschluss
+ Einzelabschluss
+ Einzelabschluss
= Summenabschluss
− Kapitalkonsolidierung
− Schuldenkonsolidierung
− Aufwands- und Ertragskonsolidierung
− Zwischenerfolgskonsolidierung
− Einheitstheoretische Eliminierungen
= Konzernabschluss
```

4.2 Einführungsbeispiel

Die Baumeister AG ist 100%ige Muttergesellschaft der Hochbau GmbH und 100%ige Muttergesellschaft der Tiefbau GmbH. Die Tiefbau GmbH hält eine 100%ige Beteiligung an der Deponie GmbH.

4 Vom Einzelabschluss zum Konzernabschluss
4.2 Einführungsbeispiel

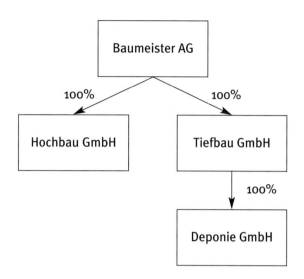

Die gemäß § 260 HGB geforderte einheitliche Bewertung ist erfüllt, sodass die Werte der Einzelbilanzen in die Konsolidierung einbezogen, dh aufaddiert werden können. Alle Einzelbilanzen entsprechen hinsichtlich der Bewertung und der Gliederung den Konzernbilanzierungsrichtlinien der Baumeister AG.

Zum 31.12. Jahr 1 zeigen die Einzelabschlüsse folgende Werte

	Baumeister AG	Hochbau GmbH	Tiefbau GmbH	Deponie GmbH
Bebaute Grundstücke	10.200	0	2.000	0
sonstiges Sachanlagevermögen	8.500	3.000	12.000	7.000
Beteiligung an Hochbau GmbH	1.000	0	0	0
Beteiligung an Tiefbau GmbH	5.000	0	0	0
Beteiligung an Deponie GmbH	0	0	2.000	0
Unfertiger Bau (abzgl. erh. Anzahlungen)	22.000	13.000	2.400	1.000
sonstiges Umlaufvermögen	100	10.000	6.470	4.300
Forderungen gegen vbu Unternehmen	4.200	0	30	1.000
Summe Aktiva	**51.000**	**26.000**	**24.900**	**13.300**

4 Vom Einzelabschluss zum Konzernabschluss
4.2 Einführungsbeispiel

	Baumeister AG	Hochbau GmbH	Tiefbau GmbH	Deponie GmbH
Stammkapital	10.000	500	500	1.000
Kapitalrücklagen	3.000	0	2.000	0
Gewinnrücklagen	1.000	0	2.500	400
unversteuerte Rücklagen	1.000	500	0	500
Gewinn-/Verlustvortrag	100	0	0	100
Jahresergebnis Jahr 1	400	−600	100	1.000
Summe Eigenkapital	15.500	400	5.100	3.000
Sonstiges Fremdkapital	35.500	22.570	17.800	10.300
Verbindlichkeiten geg. vbu Unternehmen	0	3.030	2.000	0
Summe Passiva	**51.000**	**26.000**	**24.900**	**13.300**

GuV für 1.1. bis 31.12 Jahr 1

	Baumeister AG	Hochbau GmbH	Tiefbau GmbH	Deponie GmbH
Umsatzerlöse	100.000	60.000	80.000	31.300
davon von verbundenen Unternehmen	8.565	0	300	5.000
Bestandsveränderung	1.000	−500	3.000	0
aktivierte Eigenleistungen				
Materialaufwand/Aufw. f. bezogene Lei.	−62.000	−20.000	−50.000	−10.000
davon von verbundenen Unternehmen	0	−5.300	0	0
sonstiger Aufwand	−39.500	−37.100	−31.900	−21.300
Betriebsergebnis	−500	2.400	1.100	0
Zinsenerträge	3.000	0	1.000	2.000
davon von verbundenen Unternehmen	180	0	0	0
Zinsaufwendungen	−2.100	−3.000	−2.000	−1.000
davon von verbundenen Unternehmen	0	180	0	0
Finanzergebnis	900	−3.000	−1.000	1.000
Jahresüberschuss	**400**	**−600**	**100**	**1.000**
Gewinnvortrag	100	0	0	100
Bilanzgewinn	**500**	**−600**	**100**	**1.100**

Angaben zu den Tochtergesellschaften:

Die Hochbau GmbH ist innerhalb der Baumeister AG-Gruppe zuständig für alle Hochbauaufträge. Diese Gesellschaft wurde Anfang Jahr 1 erworben. Am 31.7. Jahr 0 wurde von der Baumeister AG die Tiefbau GmbH zu 100% von einem österreichischen Konkurrenten um 5000 erworben. Mit Stichtag 30.9. Jahr 1 wurde die Deponie GmbH ebenfalls zu 100% übernommen.

Angaben zur Schuldenkonsolidierung

Die Baumeister AG gewährt im Jahr 1 der Hochbau GmbH ein Gesellschafterdarlehen in der Höhe von 2000. Die Hochbau GmbH entsorgt ihren eigenen Bauschutt in der konzerneigenen Bauschuttdeponie der Deponie GmbH. Zum 31.12. Jahr 1 sind aus diesen Geschäftsbeziehungen noch 1000 offen. Für einen öffentlichen Auftrag zum Bau einer Schule hat die Tiefbau GmbH der Hochbau GmbH Personal beigestellt. Aus dieser Beistellung resultieren noch offene Forderungen von 30. Aus einem im Jahr 1 durchgeführten und abgeschlossenen Bauauftrags schuldet die Tiefbau GmbH der Baumeister AG noch 2200. Da die Tiefbau GmbH mit den Mehrkosten von 200 für diesen Auftrag nicht einverstanden ist, hat die Tiefbau GmbH nur 2000 als Verbindlichkeit gegenüber der Baumeister AG passiviert.

Angaben zur Aufwands- und Ertragskonsolidierung

Aufgrund des oben angeführten Gesellschafterdarlehens verrechnete die Baumeister AG an die Hochbau GmbH Zinsen von 180. Diese Zinsen wurden bereits bezahlt. Die Geschäftsbeziehungen zwischen der Hochbau GmbH und der Deponie GmbH erreichten im Jahr 1 ein Volumen von 5000. Die Personalbeistellung von der Tiefbau GmbH an die Hochbau GmbH erreichte im Jahr 1 ein Volumen von 300. Die Baumeister AG verrechnete im Jahr 1 5% vom Bauumsatz den Tochtergesellschaften als Konzernumlage:

Hochbau GmbH	3.000
Tiefbau GmbH	4.000
Deponie GmbH	1.565
Summe	8.565

Angaben zur Zwischenerfolgseliminierung

Im Jahr 1 wurde die Tiefbau GmbH im Rahmen eines Wohnhausbaues als Subunternehmen von der Hochbau GmbH beauftragt. Der Subunternehmerauftrag ist bereits ordnungsgemäß abgewickelt, fakturiert und bezahlt. Die Tiefbau GmbH verrechnete der Hochbau GmbH für diesen Auftrag 800. Die eigenen Herstellungskosten der Tiefbau betrugen nur 720. Das Wohnhaus wurde in der Hochbau GmbH noch als unfertiger Bau bilanziert.

Die Baumeister AG errichtet derzeit ein neues Verwaltungsgebäude. Als bauausführendes Unternehmen wurde dafür die Tiefbau GmbH beauftragt. Im Jahr 1 leistete die Baumeister AG gemäß Baufortschritt an die Tiefbau GmbH eine Anzahlung von 300. Für diesen Sachverhalt wurde in der Baumeister GmbH folgende Buchung durchgeführt:

sonstiges Sachanlagevermögen (Anlagen in Bau)	300	
an Kassa		300

Die Tiefbau GmbH als bauausführende Gesellschaft hat wie folgt gebucht:

Kassa	300	
an erhaltene Anzahlungen		300

Im Zuge der Bewertung des unfertigen Baues wurde noch folgende Aktivierung für das Verwaltungsgebäude in der Tiefbau GmbH vorgenommen:

Unfertiger Bau	280	
an Bestandsveränderungen		280

Aufgabenstellung (Erstkonsolidierung 1.1. Jahr 1)
Erstellung: Summenabschluss
 Kapitalkonsolidierung
 Schuldenkonsolidierung
 Aufwands- und Ertragskonsolidierung
 Zwischenergebniseliminierung

Lösung

Summenabschluss
siehe Lösungstableau

Kapitalkonsolidierung

Im Rahmen der Kapitalkonsolidierung wird der Beteiligungsansatz der Muttergesellschaft mit dem anteiligen Eigenkapital der Tochtergesellschaft aufgerechnet:

Hochbau GmbH		
Stammkapital	500	
unversteuerte Rücklagen	500	
an Beteiligung Hochbau GmbH		1.000

Tiefbau GmbH		
Stammkapital	500	
Kapitalrücklage	2.000	
Gewinnrücklage	2.500	
an Beteiligung Tiefbau GmbH		5.000

Deponie GmbH		
Stammkapital	1.000	
Gewinnrücklage	400	
unversteuerte Rücklagen	500	
Gewinnvortrag	100	
an Beteiligung Deponie GmbH		2.000

Schuldenkonsolidierung (Darlehen Baumeister AG an Hochbau GmbH)

Verbindlichkeiten gegenüber verbundenen Unternehmen	2000	
an Forderungen gegenüber verbundenen Unternehmen		2000

Geschäftsbeziehung Hochbau GmbH und Deponie GmbH:

Verbindlichkeiten gegenüber verbundenen Unternehmen	1000	
an Forderungen gegenüber verbundenen Unternehmen		1000

Verrechnungen aus Personalbeistellungen:		
Verbindlichkeiten gegenüber verbundenen Unternehmen	30	
an Forderungen gegenüber verbundenen Unternehmen		30

Bauauftrag aus Jahr 1:		
Verbindlichkeiten gegenüber verbundenen Unternehmen	2.000	
sonstiger betriebliche Aufwand	200	
an Forderungen gegenüber verbundenen Unternehmen		2.200

Aufwands und Ertragskonsolidierung

Zinsenverrechnung Baumeister AG und Hochbau GmbH		
Zinsenerträge von verbundenen Unternehmen	180	
an Zinsenaufwendungen an verbundenen Unternehmen		180

Geschäftsbeziehung Hochbau GmbH und Deponie GmbH		
Umsatzerlöse	5.000	
an Aufwendungen für bezogene Leistungen		5.000

Personalbeistellung		
Umsatzerlöse	300	
an Aufwendungen für bezogene Leistungen		300

Konzernumlage		
Umsatzerlöse	8.565	
an sonstiger betrieblicher Aufwand		8.565

Zwischenergebniseliminierung

Zwischengewinn im Wohnhaus		
Bestandsveränderungen	80	
an Unfertiger Bau		80

Verwaltungsgebäude Baumeister AG		
Erhaltene Anzahlungen	300	
an Unfertigen Bau		280
an sonstiges Sachanlagevermögen		20

Bestandsveränderung	280	
an aktivierte Eigenleistungen		280

4 Vom Einzelabschluss zum Konzernabschluss
4.2 Einführungsbeispiel

Konzernbilanz zum 31.12. Jahr 1

	Baumeister AG	Hochbau GmbH	Tiefbau GmbH	Deponie GmbH	Summen abschluss	Kapital	Schulden	Aufwand/Ertrag	Zwischen-ergebnis	Konzern-bilanz
Bebaute Grundstücke	10.200	0	2.000	0	12.200					12.200
sonstiges Sachanlage-vermögen	8.500	3.000	12.000	7.000	30.500				-20	30.480
Beteiligung an Hochbau GmbH	1.000	0	0	0	1.000	-1.000				0
Beteiligung an Tiefbau GmbH	5.000	0	0	0	5.000	-5.000				0
Beteiligung an Deponie GmbH	0	0	2.000	0	2.000	-2.000				0
Unfertiger Bau (abzgl. erh. Anzahlungen)	22.000	13.000	2.400	1.000	38.400				-60	38.340
sonstiges Umlaufvermögen	100	10.000	6.470	4.300	20.870					20.870
Forderungen gegen vbu Unternehmen	4.200	0	30	1.000	5.230		-5.230			0
Summe Aktiva	51.000	26.000	24.900	13.300	115.200	-8.000	-5.230	0	-80	101.890
Stammkapital	10.000	500	500	1.000	12.000	-2.000				10.000
Kapitalrücklagen	3.000	0	2.000	0	5.000	-2.000				3.000
Gewinnrücklagen	1.000	0	2.500	400	3.900	-2.900				1.000
unversteuerte Rücklagen	1.000	500	0	500	2.000	-1.000				1.000
Gewinn-/Verlustvortrag	100	0	0	100	200	-100				100
Jahresergebnis Jahr 1	400	-600	100	1.000	900	0		0	-80	620
Summe Eigenkapital	15.500	400	5.100	3.000	24.000	-8.000		0	-80	15.720
Sonstiges Fremdkapital	35.500	22.570	17.800	10.300	86.170					86.170
Verbindlichkeiten geg. vbu Unternehmen	0	3.030	2.000	0	5.030		-5.030			0
Summe Passiva	51.000	26.000	24.900	13.300	115.200	-8.000	-5.230	0	-80	101.890

4 Vom Einzelabschluss zum Konzernabschluss
4.2 Einführungsbeispiel

Konzern-GuV für 1.1. bis 31.12. Jahr 1

	Baumeister AG	Hochbau GmbH	Tiefbau GmbH	Deponie GmbH	Summenabschluss	Kapital	Schulden	Aufwand-Ertrag	Zwischenergebnis	Konzernbilanz
Umsatzerlöse	100.000	60.000	80.000	31.300	271.300			-13.865		257.435
davon von verbundenen Unternehmen	8.565	0	300	5.000	13.865			-13.865		0
Bestandsveränderung	1.000	-500	3.000	0	3.500				-360	3.140
aktivierte Eigenleistungen					0				280	280
Materialaufwand/Aufw. f. bezogene Leistugen	-62.000	-20.000	-50.000	-10.000	-142.000			5.300		-136.700
davon von verbundenen Unternehmen	0	-5.300	0	0	-5.300			-5.300		-10.600
sonstiger Aufwand	-39.500	-37.100	-31.900	-21.300	-129.800		-200	8.565		-121.435
Betriebsergebnis	-500	2.400	1.100	0	3.000	0	-200	0	-80	2.720
Zinsenerträge	3.000	0	1.000	2.000	6.000			-180		5.820
davon von verbundenen Unternehmen	180	0	0	0	180			-180		0
Zinsenaufwendungen	-2.100	-3.000	-2.000	-1.000	-8.100			180		-7.920
davon von verbundenen Unternehmen	0	-180	0	0	-180			180		0
Finanzergebnis	900	-3.000	-1.000	1.000	-2.100	0		0		-2.100
Jahresüberschuss	400	-600	100	1.000	900	0	-200	0	-80	620
Gewinnvortrag	100	0	0	100	200	-100		0		100
Bilanzgewinn	500	-600	100	1.100	1.100	-100	-200	0	-80	720

5 Vorbereitungsmaßnahmen

5.1 Einheitliche Bilanzierung und Bewertung

Aus dem gesetzlich fixierten „Einheitsgrundsatz" (§ 250 Abs. 3 HGB), nach dem im Konzernabschluss die Vermögens-, Finanz- und Ertragslage der einbezogenen Unternehmen so darzustellen ist, als ob diese Unternehmen insgesamt ein einziges Unternehmen wären, folgt der weitere Grundsatz der Anwendung einheitlicher Ansatz- und Bewertungsmethoden für die in den Konzernabschluss einzubeziehenden Vermögensgegenstände, Verbindlichkeiten, Abgrenzungsposten, Erträge und Aufwendungen des Mutterunternehmens und der vollkonsolidierten Tochterunternehmen sowie der quotenkonsolidierten Gemeinschaftsunternehmen in dem Maße, wie sie für ein einzelnes Unternehmen gelten würden.

Die Bewertung im österreichischen Konzernbilanzrecht lässt sich durch folgende drei Aussagen charakterisieren:

- Dem Einheitsgrundsatz folgend, müssen die Vermögensgegenstände und Schulden einheitlich bewertet werden.

- Als Bilanzierungs- und Bewertungsmethoden sind die nach dem Recht des Mutterunternehmens anwendbaren Bestimmungen heranzuziehen.

- Ansatz- und Bewertungswahlrechte können im Konzernabschluss unabhängig von den Einzelabschlüssen erneut ausgeübt werden.

5.1.1 Einheitsgrundsatz – Umbewertungspflicht

Aus dem Einheitsgrundsatz leitet sich neben der Pflicht, konzerninterne Sachverhalte zu eliminieren, auch die Notwendigkeit ab, sämtliche Vermögensgegenstände und Schulden, die in den Konzernabschluss übernommen werden, so zu bilanzieren und zu bewerten, wie dies im Falle einer einzigen Gesellschaft im Rahmen der Einzelbilanzierung zu erfolgen hätte.

5 Vorbereitungsmaßnahmen
5.1 Einheitliche Bilanzierung und Bewertung

Obwohl in der Einzelrechnungslegung keine ausdrückliche Verpflichtung zur einheitlichen Bilanzierung und Bewertung besteht, vertritt die neuere Literatur die Ansicht, dass aufgrund der Generalklausel und des Willkürverbots art- und funktionsgleiche Vermögensgegenstände und Schulden gleich zu bilanzieren und zu bewerten sind. Neben der zeitlichen Stetigkeit, die in § 201 Abs. 1 Zi 1 HGB sowohl für die Einzelrechnungslegung als auch für die Konzernrechnungslegung kodifiziert ist, muss somit auch eine abgeleitete sachliche Stetigkeit beachtet werden. Alleine aus dem Einheitsgrundsatz und der sachlichen Stetigkeit innerhalb der Einzelrechnungslegung lässt sich demnach die einheitliche Bewertung ableiten.

Da die einzelnen Vermögensgegenstände und Schulden idR nicht aus einer originären Konzernbuchhaltung in den Konzernabschluss übernommen werden, sondern über den Zwischenschritt der individuellen Einzelbilanzen in die Konzernbilanz übertragen werden, und in den gesellschaftsspezifischen Einzelbilanzen oftmals unterschiedlich bilanziert, bewertet und gegliedert wird, muss eine Überleitungsrechnung die einheitliche Erfassung der Vermögensgegenstände und Schulden gewährleisten. Die Neuaufstellung der Einzelabschlüsse ist in besonderer Weise Ausdruck des der Konzernrechnungslegung zugrundeliegenden Einheitsgedankens. Die Überleitungsrechnung bzw Neuaufstellung der einbezogenen Einzelabschlüsse erfolgt idR durch eine Handelsbilanz II (HB II). Als HB II bezeichnet man jene Bilanz (Jahresabschluss), die neben die HB I tritt und nach den konzerneinheitlichen Rechnungslegungsgrundsätzen aufgestellt worden ist.

Die HB II als Anpassungsrechnung erfüllt demnach folgende Aufgaben:

- Eliminierung von Bilanzierungs- und Bewertungsmethoden, die nach dem Recht des Mutterunternehmens nicht anwendbar sind.

- Anpassung der Bilanzierungs- und Bewertungsmethoden an die einheitlichen Grundsätze des Konzerns.

- Anpassung der Abschlussgliederung an die einheitlichen Grundsätze des Konzerns.

- Anpassung der Einzelabschlüsse an konzernspezifische Besonderheiten (bspw Eliminierung von im Konzern erstellten immateriellen Vermögensgegenständen)

Eine Anpassung der zu konsolidierenden Einzelabschlüsse wird idR nicht nur bei ausländischen Tochtergesellschaften notwendig sein. Bestehen bspw bei der erstmaligen Aufstellung des Konzernabschlusses keine konzerneinheitlichen Bilanzierungsrichtlinien, wäre es reiner Zufall, wenn sämtliche einzubeziehenden Tochtergesellschaften ident bilanzieren, dh sämtliche Bilanzierungs- und Bewertungswahlrechte gleichgerichtet ausüben würden. Eine HB II ist daher auch bei inländischen Tochtergesellschaften notwendig, wenn die Ausübung von Bilanzierungs- und Bewertungswahlrechten nicht mit der Ausübung im Konzernabschluss übereinstimmt. Häufig werden Bilanzierungsrichtlinien (Bilanzierungshandbuch) vorgegeben, die eine bestimmte einheitliche Ausübung von Bewertungswahlrechten bereits für die Erstellung der HB I vorschreiben, und damit den Umfang zusätzlicher Anpassungsmaßnahmen erheblich reduzieren. Durch solche Bilanzierungsrichtlinien wird defacto eine Maßgeblichkeit des Konzernabschlusses für die in den Konzernabschluss einzubeziehenden Einzelabschlüsse generiert.

5.1.2 Anwendbare Bewertungsmethoden der Muttergesellschaft als Grundlage für die einheitliche Bilanzierung und Bewertung

Gem § 253 und § 260 HGB sind als Grundlage für die einheitliche Bilanzierung und Bewertung die nach dem Recht der Muttergesellschaft anwendbaren Bestimmungen maßgeblich. In den Konzernabschluss sind sämtliche Vermögensgegenstände und Schulden aufzunehmen, die nach dem Recht des Mutterabschlusses (in Österreich daher das österreichische HGB) bilanzierungspflichtig oder bilanzierungsfähig sind. Im Gegensatz zur Bestimmung des Konzernabschlussstichtages dürfen sich die anzuwendenden Bilanzierungs- und Bewertungsmethoden nicht nach dem Recht der Mehrzahl bzw des größten einbezogenen Tochterunternehmen richten.

Beispiel:
Hält eine österreichische Finanzholding ausschließlich Beteiligungen an ungarischen Tochtergesellschaften, so sind trotzdem die österreichischen Bilanzierungs- und Bewertungsmethoden anzuwenden.

Die konzernbilanziellen Bilanzierungs- und Bewertungsmethoden müssen aber nicht im Einzelabschluss der Muttergesellschaft angewandt werden, sondern lediglich anwendbar sein. Kommen im Konzernabschluss allerdings andere, als im Einzelabschluss der Muttergesellschaft angewandte Bilanzierungs- und Bewertungsmethoden zum Tragen, muss gem § 260 Abs. 1 HGB darüber im Konzernanhang berichtet werden. Bei Finanzholdinggesellschaften werden sich zahlreiche Bilanzierungs- und Bewertungsfragen im Vergleich zum Konzernabschluss gar nicht stellen. Obwohl in diesem Fall, die im Konzernabschluss gewählten Bilanzierungs- und Bewertungsmethoden im Einzelabschluss der Muttergesellschaft nicht zur Anwendung kommen, kann nach hA eine Anhangsangabe unterbleiben.

Beispiel:
Die Muttergesellschaft ist eine reine Finanzholding. Es kommt daher der Sachverhalt bzgl Bilanzierung und Bewertung von Langfristfertigungen nicht zum Tragen. Trotzdem können im Konzernabschluss anteilige Verwaltungs- und Vertriebsgemeinkosten unter den Bestimmungsgründen des § 206 Abs. 3 HGB angesetzt werden, da dies gem den österreichischen Bewertungsbestimmungen der Muttergesellschaft zulässig ist.

In nachfolgenden Fällen wird uU auch eine HB II für die Muttergesellschaft notwendig sein:

- Die einheitlichen Bilanzierungs- und Bewertungsmethoden im Konzernabschluss unterscheiden sich von denen im Einzelabschluss der Muttergesellschaft angewandten Methoden.

- Anpassung des Einzelabschlusses der Muttergesellschaft an konzernspezifische Besonderheiten (bspw Rücknahme der Aktivierung von immateriellen Vermögensgegenständen, welche von einem anderen Konzernunternehmen erstellt wurden).

- Rein steuerlich bedingte Sachverhalte im Einzelabschluss der Muttergesellschaft werden gem § 260 Abs. 3 HGB nicht in den Konzernabschluss übernommen.

5.1.3 Einheitlichkeit der Bewertung

Wie schon ausgeführt wurde, müssen innerhalb des Konzernabschlusses art- und funktionsgleiche Vermögensgegenstände und Schulden einheitlich bewertet werden. Neben der zeitlichen Stetigkeit ist somit eine sachliche (horizontale) Stetigkeit zu beachten. Trotz der zusätzlichen Regelung im Konzernbilanzrecht (§ 260 HGB) stellt das Gesetz an den Konzernabschluss keine strengeren Anforderungen in Bezug auf die einheitliche Bewertung als an den Einzelabschluss.

Die Literaturmeinungen zur sachlichen Stetigkeit im Einzelabschluss sind daher uneingeschränkt auf die einheitliche Bewertung im Konzernabschluss übertragbar. Die Anwendung von einheitlichen Bilanzierungs- und Bewertungsmethoden bewirkt, dass art- und funktionsgleiche Vermögensgegenstände und Schulden grundsätzlich nach den gleichen Methoden zu bewerten sind. Als Bilanzierungs- und Bewertungsmethoden sind dabei sowohl die anwendbaren Rechenverfahren (zB lineare Abschreibung, FIFO-Verfahren), als auch die zugrundezulegenden Rechengrößen (zB wirtschaftliche Nutzungsdauer, beizulegender Wert, Anschaffungskosten) zu verstehen. Die Art- und Funktionsgleichheit richtet sich dabei nicht alleine nach dem Vermögensgegenstand selbst, sondern auch nach dem Ort und der Einsatzart. Die Entscheidung, ob bestimmte Vermögensgegenstände die gleiche Funktion erfüllen und damit gleich zu bewerten sind, liegt im Ermessen des Bilanzierenden.

Mangels gesetzlicher Bestimmung und idR mangels art- und funktionsgleicher Sachverhalte ist auch die Ansicht zu vertreten, dass wie im Einzelabschluss auch im Konzernabschluss die Ansatzwahlrechte nicht einheitlich auszuüben sind (zB Ansatz von Disagio bei Fremdkapitalfinanzierung, Ansatz von Ingangsetzungskosten).

5.1.4 Bilanzierungs- und Bewertungswahlrechte aus den Einzelabschlüssen

In Österreich wurde in den §§ 253 u 260 HGB in Anlehnung an die 7. EU-RL eine eigenständige Bewertung der Vermögensgegenstände und Schulden für Zwecke des Konzernabschlusses ermöglicht. Eine Maßgeblichkeit der Einzelbilanzierung für die Konzernbilanzierung besteht nicht. Die in den Konzernabschluss einzubeziehenden Abschlüsse der Tochtergesellschaften können somit losgelöst von den nationalen Einzelabschlüssen erstellt werden. Aus Vereinfachungsgründen wird man aber idR auf die nationalen Einzelabschlüsse bei der Erstellung der zu konsolidierenden Handelsbilanzen II zurückgreifen.

Die Abkoppelung der zu konsolidierenden Abschlüsse von den handelsrechtlich vorgeschriebenen Einzelabschlüssen ist ein Ausfluss des Einheitsgrundsatzes. Eine Folge der separaten Bilanzierung und Bewertung für Konzernabschlusszwecke ist eine erneute und anders ausgerichtete Ausübung sämtlicher Bilanzierungs- und Bewertungswahlrechte des österreichischen Bilanzrechts im Konzernabschluss. Sowohl in § 253 HGB (Bilanzierungswahlrechte) als auch in § 260 HGB (Bewertungswahlrechte) wurde ausdrücklich geregelt, dass zulässige Bilanzierungs- und Bewertungswahlrechte im Konzernabschluss, unabhängig von ihrer Ausübung in den Einzelabschlüssen, erneut ausgeübt werden können.

Im Konzernabschluss kann nunmehr eine vollkommen eigenständige Konzernbilanzpolitik betrieben werden. Die bilanzpolitischen Maßnahmen des Einzelabschlusses haben somit keine Auswirkungen auf die Konzernbilanzpolitik. Diese Entwicklung ist vor allem aufgrund der unterschiedlichen Aufgaben von Konzern- und Einzelabschluss zu begrüßen. Neben der Informationsfunktion erfüllt der Einzelabschluss auch eine Besteuerungs- und Ausschüttungsbemessungsfunktion. Die konzernbilanzpolitischen Ziele werden sich demnach deutlich von den einzelbilanzpolitischen Zielen unterscheiden, da der Konzernabschluss lediglich eine Informationsfunktion zu erfüllen hat. Durch die Möglichkeit im Konzernabschluss andere, als in den Einzelabschlüssen angewandte Bilanzierungs- und Bewertungsmethoden anzuwenden, stehen dem Konzernbilanzierenden auf HB II-Ebene erneut alle bilanzpolitischen Möglichkeiten aus der Einzelrechnungslegung zur Verfügung.

Sämtliche gewünschten Struktur- und Ergebniseffekte durch den gezielten Einsatz von einzelbilanziellen Wahlrechten und Ermessensspielräumen können im Konzernabschluss von neuem und auch mit einer anderen Wirkungsrichtung erzielt werden.

Die Möglichkeit, auf HB II-Ebene eine eigenständige Konzernbilanzpolitik durch die Wahl der Bilanzierungs- und Bewertungsmethoden zu verfolgen, steht dem Konzernabschlussersteller grundsätzlich nur im Zuge der erstmaligen Aufstellung des Konzernabschlusses offen, da im Zuge der Folgekonsolidierung von den einmal gewählten Bilanzierungs- und Bewertungsgrundsätzen nur bei Vorliegen besonderer Umstände (vgl § 201 Abs. 2 HGB) abgegangen werden darf.

Zu beachten ist allerdings, dass auf Konzernabschlussebene sämtliche einzelbilanziellen Erläuterungspflichten in Bezug auf die Ausübung von einzelbilanziellen Bilanzierungs- und Bewertungswahlrechten ebenfalls zu erfüllen sind.

Der neuerlichen Ausübung von Bilanzierungs- und Bewertungswahlrechten im Rahmen der HB II sind jedoch zwei Schranken gesetzt:

- Einheitliche Bewertung: Die Wahlrechtsausübung auf HB II-Ebene muss sich innerhalb der einheitlichen Bewertungsmethoden des Konzerns bewegen.

- Stetigkeit der Bewertungsmethoden: Eine einmal gewählte Bewertungsmethode ist aufgrund des Stetigkeitsgebotes in § 201 Abs. 1 HGB beizubehalten. Die aus der Einzelrechnungslegung stammende Bewertungsmethodenstetigkeit ist aufgrund der Verweisbestimmung in § 251 Abs. 1 HGB auch innerhalb der Konzernrechnungslegung zu beachten.

5.1.5 Ausnahmen von der einheitlichen Bewertung

Das österreichische Konzernbilanzrecht enthält vier Ausnahmebestimmungen, bei denen von einer einheitlichen Bewertung abgesehen werden darf (muss):

- Sondervorschriften für Banken und Versicherungen
- Wesentlichkeitsgrundsatz
- Ausnahmefälle
- Steuerlich bedingte Sachverhalte

Sondervorschriften für Banken und Versicherungen

Gem § 260 Abs. 2 HGB sind „Wertansätze, die auf Sondervorschriften für Banken oder Versicherungsunternehmen beruhen", beizubehalten. Die Rücknahme von bank- bzw versicherungsspezifischen Bilanzierungsnormen würde die wirtschaftliche Darstellung verzerren. Somit ist das zwingende Gebot zur Beibehaltung von bank bzw. versicherungsspezifischer Bilanzierungsnormen zu begrüßen.

Wesentlichkeitsgrundsatz

Der Wesentlichkeit und Wirtschaftlichkeit der Konzernrechnungslegung folgend, kann eine einheitliche Bewertung entfallen, wenn ihre „Auswirkungen für die Vermittlung eines möglichst getreuen Bildes der Vermögens-, Finanz- und Ertragslage des Konzerns von untergeordneter Bedeutung ist." (§ 260 Abs. 2 HGB)

Die untergeordnete Bedeutung ist wie bei anderen Wesentlichkeits-Grenzen des Konzernbilanzrechtes nicht auf den Einzelfall isoliert anwendbar. Zur Beurteilung der Wesentlichkeit von Bewertungsabweichungen ist zumindest eine überschlägige Ermittlung der Wertansätze nach den konzerneinheitlich angewandten Bewertungsmethoden erforderlich.

Nach Ansicht des Verfassers, kann die Unterlassung der einheitlichen Bewertung aufgrund von untergeordneter Bedeutung uU auch zu einem zulässigen Durchbrechen österreichischer GOBs führen.

Beispiel:
Es ist als zulässig anzusehen, eine vom Umsatzvolumen unwesentliche Tochtergesellschaft, die im nationalen Einzelabschluss die percentage of completion Methode anwendet, ohne Umbewertung zu konsolidieren, wenn der Bestand an Halbfertigfabrikaten konstant auf niedrigem Niveau gehalten wird.

Eine Anhangsangabe bzgl dieser Wahlrechtsausübung sieht § 260 Abs. 2 HGB nicht vor.

Ausnahmefälle

Als weitere Verzichtsmöglichkeit in Bezug auf die einheitliche Bewertung werden in § 260 Abs. 2 HGB besondere Umstände angeführt. Die Literatur nennt als besondere Umstände bspw eine zeitliche bzw organisatorische Unmöglichkeit der Umbewertung einer neuerworbenen Tochtergesellschaft. ADLER/DÜRING/SCHMALTZ führen noch mögliche finanzielle Nachteile (vor allem steuerliche oder devisenrechtliche) als besondere Umstände an, die ein Abgehen von der einheitlichen Bewertung zulässt (ADLER/DÜRING/ SCHMALTZ, § 308, Rz 47). Bei neuerworbenen Tochtergesellschaften kann jedoch uU auch das Konsolidierungswahlrecht des § 249 Abs. 1 Z 1 HGB greifen, wenn die notwendigen Konsolidierungsdaten nicht ohne unverhältnismäßige Verzögerungen oder ohne unverhältnismäßig hohe Kosten zu erhalten sind.

Da die Bestimmung der besonderen Umstände sehr unterschiedlich ausfallen kann, fordert § 260 Abs. 2 HGB die Auswirkung auf die Vermögens-, Finanz- und Ertragslage im Konzernanhang darzustellen.

Steuerlich bedingte Sachverhalte

Als vierte Verzichtsbestimmung sieht das österreichische Konzernbilanzrecht die Möglichkeit vor, bei Wertansätzen, die nur nach Steuerrecht zulässig sind, im handelsrechtlichen Einzelabschluss aber angesetzt werden müssen, um die steuerliche Anerkennung zu erhalten (umgekehrte Maßgeblichkeit), diese steuerlichen Ansätze beizubehalten.

Nach § 253 und 254 HGB zählen auch die unversteuerten Rücklagen zu den zu erfassenden und einheitlich zu bewertenden Bilanzpositionen. Somit zählen unversteuerte Rücklagen grundsätzlich nicht zum verrechnungspflichtigen Eigenkapital der Tochtergesellschaft.

Das österreichische Konzernbilanzrecht enthält abweichend von den oben angeführten Grundsätzen zwei Ausnahmeregelungen:

- Nach § 253 Abs. 3 HGB dürfen unversteuerte Rücklagen nach Abzug der Steuerabgrenzung als Gewinnrücklagen ausgewiesen werden. Diese Ausweisbestimmung hat zur Folge, dass der Eigenkapitalanteil der unversteuerten Rücklagen als Teil des zu verrechnenden Eigenkapitals der Tochtergesellschaft in die Kapitalkonsolidierung einzubeziehen ist.

- § 260 Abs. 3 HGB ermöglicht bei nur nach Steuerrecht zulässigen Wertansätzen für Vermögensgegenstände und Schulden einen Verzicht auf einheitliche Bewertung.

Die österreichische Regelung in § 253 Abs. 3 HGB macht klar, dass die Entscheidung bzgl der Übernahme von unversteuerten Rücklagen in den Konzernabschluss bereits vor der Kapitalkonsolidierung auf HB II - Ebene zu treffen ist, und nicht erst auf Konzernabschlussebene entschieden werden kann. Die Bestimmung des § 260 Abs. 3 HGB bezieht sich somit auf die HB II und nicht auf die Kapitalkonsolidierung. § 260 Abs. 3 wird idR nur bei der Einbeziehung von ausländischen Einzelvorschriften Anwendung finden, da inländische Einzelabschlüsse steuerliche Sachverhalte idR nur in den unversteuerten Rücklagen erfassen und diese unversteuerten Rücklagen nach § 253 Abs. 3 HGB zu behandeln sind.

Bei einer unveränderten Übernahme der steuerlich bedingten Sachverhalte fordert § 260 Abs. 3 HGB, dass der steuerliche Sachverhalt in der Einzelbilanz nur deshalb angesetzt worden ist, da ansonsten eine steuerliche Berücksichtigung nicht möglich gewesen wäre. Vom Wahlrecht des § 260 Abs. 3 HGB kann daher nur Gebrauch gemacht werden, wenn in der nationalen Einzelrechnungslegung für den jeweiligen steuerlichen Sachverhalt eine umgekehrte Maßgeblichkeit besteht.

§ 253 Abs. 3 HGB, der das Wahlrecht für eine Übernahme von unversteuerten Rücklagen in den Konzernabschluss begründet, setzt im Gegensatz zu § 260 Abs. 3 HGB keine umgekehrte Maßgeblichkeit aus der Einzelrechnungslegung voraus. Bei der Übernahme von unversteuerten Rücklagen aus ausländischen Abschlüssen in den Konzernabschluss kann somit geschlossen werden, dass keine umgekehrte Maßgeblichkeit erforderlich ist.

§ 260 Abs. 3 HGB, der bei steuerlich bedingten Sachverhalten einen Verzicht auf einheitliche Bewertung ermöglicht, fordert bei der Übernahme steuerlich bedingter Sachverhalte in den Konzernabschluss eine Anhangsangabe.

Unversteuerte Rücklagen dürfen erst nach Abzug einer Steuerabgrenzung als Gewinnrücklagen ausgewiesen werden. Jener Teil der unversteuerten Rücklagen, welchem kein Eigenkapitalcharakter zukommt, muss unter dem Fremdkapital als Steuerrückstellung passiviert werden. Da § 253 Abs. 3 HGB ausdrücklich von „Steuerabgrenzungen" spricht, ist für die Ermittlung der Steuerabgrenzung § 258 HGB anzuwenden. Bzgl des zeitlichen Ausgleichs ist zwischen den unversteuerten Rücklagen, welche nur zu einer Steuerstundung führen und solchen, die in einer endgültigen Steuerfreiheit enden, zu unterscheiden. Nur für jene unversteuerten Rücklagen, welche sich in den nächsten Perioden ausgleichen, muss eine Steuerabgrenzung berücksichtigt werden. Da die Steuerminderung bei der einbezogenen Tochtergesellschaft zum Tragen kommt, wird man zweckmäßigerweise den Ertragssteuersatz des Tochterunternehmens heranziehen. Steuerliche Verlustvorträge können bei der Berechnung der Steuerabgrenzung für die unversteuerten Rücklagen berücksichtigt werden, dh, dass bei vorhandenen steuerlichen Verlustvorträgen uU keine passive latente Steuer für die umgegliederten unversteuerten Rücklagen angesetzt wird.

Bei der konsolidierungstechnischen Behandlung der Umgliederung von unversteuerten Rücklagen in Gewinnrücklagen und Steuerrückstellungen ist zu beachten, wann die unversteuerte Rücklage gebildet wurde. Unversteuerte Rücklagen, die im Jahr der Umgliederung eingestellt wurden, müssen auch in der Gewinn- und Verlustrechnung umgegliedert werden. Es muss eine Anpassungsbuchung vorgenommen werden, die die Zuweisung zu unversteuerten Rücklagen in eine Zuweisung zu Gewinnrücklagen transformiert. Der Differenzbetrag aus der Steuerabgrenzung muss in diesem Fall als zusätzlicher Steueraufwand ergebniswirksam eingestellt werden und vermindert somit den Jahresüberschuss der Tochtergesellschaft.

5.1.6 Einheitliche Bewertung und Kapitalkonsolidierung

Wie im vorigen Abschnitt ausgeführt wurde, hat die einheitliche Bewertung jedenfalls vor den Kapitalkonsolidierungsbuchungen zu erfolgen. In den Summenabschluss dürfen nur einheitlich bewertete und gegliederte Vermögensgegenstände und Schulden eingehen. Durch die Umbewertung auf die konzerneinheitlich ausgeübten Bewertungsmethoden wird das zu verrechnende Eigenkapital der Tochtergesellschaft verändert. Die einheitliche Bewertung hat somit unmittelbaren Einfluss auf die Kapitalkonsolidierung.

Gem § 260 Abs. 2 HGB und § 254 Abs. 1 HGB müssen die Vermögensgegenstände und Schulden einer einbezogenen Tochtergesellschaft einheitlich bewertet und zu den fiktiven Konzernanschaffungskosten in den Konzernabschluss übernommen werden. Beide Bestimmungen des österreichischen Konzernbilanzrechtes führen demnach zu einer Umbewertung von Vermögensgegenständen und Schulden im Konzernabschluss im Vergleich zum (nationalen) Einzelabschluss. In diesem Zusammenhang ist zu klären,

- wann von „einheitlicher Bewertung" und wann von „Zuordnung von stillen Reserven und Lasten" zu sprechen ist, und

- welche Auswirkungen die unterschiedlichen Grundlagen für die Umbewertung haben.

Die Umbewertung aufgrund der „einheitlichen Bewertung" verfolgt immer das Ziel, die zu konsolidierenden Einzelabschlüsse nach dem Recht des Mutterabschlusses zu bewerten, und sämtliche Bewertungswahlrechte des österreichischen Bilanzrechtes gleichgerichtet auszuüben. Erfolgt eine differenzierte Bewertung aufgrund dieser Tatbestände, so hat die Umbewertung zwingend im Rahmen der HB II und nicht auf Konsolidierungsebene im Zuge der Kapitalkonsolidierung zu erfolgen.

Wie im Rahmen der Einzelrechnungslegung sind somit auch im Konzernabschluss die Vermögensgegenstände und Schulden von erstmals zu konsolidierenden Tochtergesellschaften mit den fiktiven Konzernanschaffungskosten anzusetzen und nicht mit den Buchwerten aus dem (nationalen) Einzelabschluss zu bewerten. Diese in § 254 Abs. 1 HGB enthaltene Bestimmung führt zum Ergebnis, dass stille Reserven und Lasten im Vermögen der Tochtergesellschaft im Rahmen der Erstkonsolidierung aufzudecken sind. Als stille Reserven und Lasten werden dabei die Differenzen zwischen Tageswerten und HBII-Werten verstanden. Die Gründe, warum stille Reserven und Lasten im Tochterabschluss überhaupt enthalten sind, liegen im Grundsatz der Anschaffungskostenobergrenze und in konzernpolitischen Entscheidungen (zB Stilllegungen, Umstrukturierungen etc) bzw konzernspezifischen Besonderheiten (zB im Konzern erstellte immaterielle Vermögensgegenstände). Sind die stillen Reserven oder Lasten demnach durch die Anschaffungskostenobergrenze oder konzernpolitische Entscheidungen bzw konzernspezifische Besonderheiten begründet, so muss die Aufdeckung dieser stillen Reserven und Lasten (Umbewertung) zwingend im Rahmen der Erstkonsolidierung erfolgen.

Da, wie weiter unten ausführlich dargestellt wird, zwischen der einheitlichen Bewertung und der Verrechnung von stillen Reserven und Lasten nicht nur konsolidierungstechnische, sondern auch materielle Unterschiede bestehen, muss die Zuordnung der Umbewertungen eindeutig geklärt sein, und es besteht kein Wahlrecht bspw die Verheinheitlichung von Bilanzansatz und Bewertung im Rahmen der Zuordnung eines Unterschiedsbetrages aus der Kapitalkonsolidierung vorzunehmen.

Umbewertung zwischen (nationalen) Einzel- und Konzernabschluss

auf HB II-Ebene	auf HB II-Ebene oder im Rahmen der Erstkonsolidierung	im Rahmen der Erstkonsolidierung
Umbewertungen aufgrund von Anpassungen an die Ausübung von Bewertungswahlrechten der Muttergesellschaft	Umbewertungen aufgrund von Bilanzierungs(Ansatz)-wahlrechten	Umbewertungen aufgrund der Anschaffungskostenobergrenze beim Tochterunternehmen
oder		**oder**
Umbewertungen aufgrund von zwingenden anderen Bewertungsmethoden im Recht der Muttergesellschaft		konzernpolitische Entscheidungen
		oder
		konzernspezifische Besonderheiten

Ob die stillen Reserven und Lasten im Rahmen der einheitlichen Bewertung (HB II) oder im Zuge der Erstkonsolidierung aufgelöst werden, führt zu unterschiedlichen konzernbilanziellen Ergebnissen:

- Bei der Verrechnung von stillen Reserven und Lasten im Rahmen der Kapitalkonsolidierung dürfen die verrechneten Beträge nicht zu einem höheren Ansatz beim Vermögen der Tochtergesellschaft als die Anschaffungskosten der Beteiligung im Mutterabschluss führen (vgl. § 254 Abs. 1 HGB). Hingegen sind Umbewertungen aufgrund von § 260 Abs. 2 HGB (einheitliche Bewertung) unbeschränkt in voller Höhe vorzunehmen.

- Bewertungsanpassungen aufgrund der „einheitlichen Bewertung" sind unabhängig von der Kapitalkonsolidierungsmethode in vollem Umfang vorzunehmen. Im Gegensatz dazu dürfen bei Anwendung der Anteilsmethode die stillen Reserven und Lasten nur anteilig entsprechend der Beteiligungsquote der Muttergesellschaft aufgelöst werden.

- Gem § 254 Abs. 1 letzter Satz, Abs. 2 letzter Satz und Abs. 3 zweiter Satz HGB sind in Bezug auf die Kapitalkonsolidierung zahlreiche Anhangsangaben anzuführen. Zusätzlich sind nach hA gem § 265 Abs. 1 Z 1 HGB auch die Konsolidierungsmethoden zu erläutern. In Bezug auf die einheitliche Bewertung muss der Konzernbilanzierende lediglich Abweichungen gegenüber dem Vorjahr erläutern bzw die Ausnützung einer Ausnahmebestimmung begründen.

5.1.7 Periodengerechte Ergebnisabgrenzung im Rahmen der Erstkonsolidierung

Ein in der Literatur vielfach unbeachtetes Problem in Bezug auf die Erstkonsolidierung ist die genaue, auf den Erstkonsolidierungsstichtag bezogene Abgrenzung des Ergebnisses der Tochtergesellschaft. Wie im Zuge der Einzelrechnungslegung, sind auch in der Konzernrechnungslegung aufgrund der Einheitsfiktion, Anschaffungsvorgänge immer ergebnisneutral zu verbuchen. Die Erfolgsneutralität von Anschaffungsvorgängen führt zu dem Ergebnis, dass sämtliche Bewertungsanpassungen bzw Umbewertungen aufgrund der Auflösung von stillen Reserven und Lasten gem § 254 Abs. 1 HGB erfolgsneutral das Eigenkapital (Rücklagen) der Tochtergesellschaft erhöhen oder vermindern.

Als anzusprechende Rücklagenpositionen sind die Gewinnrücklagen den Kapitalrücklagen vorzuziehen, da bei einer fiktiven einheitlichen Bewertung in der Vergangenheit das Jahresergebnis angesprochen worden wäre. Grundlage für die Erst- und Folgekonsolidierung bilden die durch die einheitliche Bewertung auf den Erstkonsolidierungsstichtag erhöhten bzw verminderten Gewinnrücklagen.

Fällt der Erstkonsolidierungsstichtag nicht auf den Erwerbszeitpunkt der Beteiligung, so gilt als Stichtag für die periodengerechte Abgrenzung in jedem Fall der Erstkonsolidierungsstichtag. Aufwendungen und Erträge der HB I zwischen Erwerbs- und Erstkonsolidierungsstichtag, als auch Aufwendungen und Erträge aus der Umbewertung im Rahmen der HB II-Erstellung auf den Erstkonsolidierungszeitpunkt sind in jedem Fall erfolgsneutral zu behandeln, dh diese Ergebnisse und Umbewertungen sind Teil des zu verrechnenden Eigenkapitals.

So wie im Rahmen der Kapitalkonsolidierung die Erstkonsolidierungswerte „eingefroren" werden, müssen auch sämtliche HB II-Anpassungen in den Folgeperioden nachgeholt werden. Dieses Nachholen von Anpassungen muss ebenfalls erfolgsneutral erfolgen, da die Anpassungsmaßnahmen die Vorperiode betreffen. Nur jene Anpassungen, die das laufende Jahr betreffen, sind zwingend ergebniswirksam zu behandeln.

Obwohl sämtliche Bewertungsanpassungen (einheitliche Bewertung und Verrechnung von stillen Reserven und Lasten gem § 254 Abs. 1 HGB) im Zuge der Erstkonsolidierung erfolgsneutral zu buchen sind, kommt es spätestens im Rahmen der Endkonsolidierung zu deren ergebnismäßigen Berücksichtigung. Die Endkonsolidierung transformiert den Verkauf der Beteiligung in einen Verkauf von Vermögensgegenständen und Schulden. Da der Saldo der Konzernbuchwerte vom Beteiligungsansatz idR abweicht, kommt es in Höhe dieser Differenz zu einer Konzernergebnisbeeinflussung. Somit werden die ursprünglichen erfolgsneutralen Anpassungen sehr wohl dem pagatorischen Prinzip der Bilanzierung folgend, spätestens im Rahmen der Endkonsolidierung erfolgswirksam.

5.2 Einheitliche Konzernabschlussgliederung und Abschlussbestandteile

5.2.1 Einheitliches Gliederungsschema für die Bilanz und GuV und Gliederungsgrundsätze

Das Konzernbilanzrecht enthält kein eigenes Gliederungsschema für den Konzernabschluss. Nach dem Einheitsgrundsatz ist die Einzelabschlussgliederung gem der §§ 224 und 231 HGB auch für den Konzernabschluss maßgeblich.

Die Festlegung auf ein einheitliches Konzerngliederungsschema ist ebenfalls ein Sachverhalt der Handelsbilanz II – Erstellung. Werden in den Konzernabschluss ausländische Unternehmungen einbezogen, muss die Handelsbilanz II dieser Gesellschaften ebenfalls dem österreichischen Gliederungsschema entsprechen. Die übernommenen Abschlüsse der Tochtergesellschaften müssen demnach bereits alle Mindestpositionen der §§ 224 u 231 HGB beinhalten.

In der Praxis zeigt sich, dass über die Mindestgliederungsvorschriften des HGB oftmals noch zusätzlich Bilanz- oder GuV-Positionen für interne aber uU auch für externe Rechnungslegungszwecke erwünscht sind. Um diese Informationen im fertigen Konzernabschluss zur Verfügung zu haben, muss demnach bereits auf HB II-Ebene ein einheitliches Abschlussgliederungsschema definiert sein, um von jeder einbezogenen Gesellschaft die Informationen im gewünschten Detailierungsgrad verfügbar zu haben.

Die Definition des einheitlichen Gliederungsschemas erfolgt analog den einheitlichen Bilanzierungs- und Bewertungsbestimmungen idR von einer zentralen Konzernbilanzierungsstelle und ist auch Teil eines konzernspezifischen Bilanzierungshandbuches. Das einheitliche Konzernabschlussgliederungsschema muss bereits am Beginn der Konzernabschlussperiode den einzelnen Tochtergesellschaften mitgeteilt werden, da ansonsten uU die notwendigen Gliederungspositionen nicht mit eigenen Konten versorgt werden können. Erfahrungen von großen Konzernen haben gezeigt, dass es vorteilhaft ist, das Konzernabschlussgliederungsschema zunächst sehr detailliert zu gestalten, da eine Reduzierung in späteren Jahren jederzeit möglich ist, eine zusätzliche Verfeinerung der Positionen aber auf Schwierigkeiten stößt, da dann auch Vorjahresbeträge uU nochmals zu analysieren und aufzuteilen sind.

Für die GuV-Gliederung ist konzernweit auch festzulegen, ob nach dem Gesamtkostenverfahren oder nach dem international üblicheren Umsatzkostenverfahren zu berichten ist. Da der Konzernabschluss als Bilanzadressaten immer häufiger internationale Bilanzleser zur Zielgruppe hat, gewinnt das Umsatzkostenverfahren im Konzernabschluss zunehmend an Bedeutung.

Nach dem Gliederungsschema für große Kapitalgesellschaften sind für Konzernabschlüsse auch die Gliederungsgrundsätze des Einzelabschlusses zu beachten:

- das Gebot der Darstellungsstetigkeit
- die Pflicht, den Vorjahresbetrag anzugeben
- die Mitzugehörigkeitsvermerke
- die Leerpostenregelung
- die Möglichkeit zur Erweiterung oder Verringerung der Gliederungsstufen

5.2.2 Besonderheiten in der „Konzern"-Abschlussgliederung

Beim Konzernabschluss ergeben sich folgende Besonderheiten:

- Die einzelnen Konsolidierungsschritte führen zu konzernbilanziellen Ausgleichsposten, deren Ausweis in der Konzernbilanz nicht durch einzelbilanzielle Regelungen bestimmt ist.
- Die Zuordnung der Auswirkungen von erfolgswirksamen Konsolidierungsbuchungen zu den einzelnen GuV-Positionen ist in den Bestimmungen zur Einzelabschlussgliederung ebenfalls nicht geregelt.

- Erfolgswirksame und erfolgsneutrale Konsolidierungsbuchungen führen zu einer Veränderung des Konzerneigenkapitals. Auch für die Zuordnung der Korrekturen zu den einzelnen Eigenkapitalpositionen fehlen entsprechende Einzelabschlussvorschriften.

Für die Konzernbilanz sind im österreichischen HGB folgende Abweichungen explizit vorgeschrieben:

- Unterschiedsbeträge aus der Kapitalkonsolidierung gem § 254 Abs. 3 HGB sind in der Konzernbilanz als Geschäfts- oder Firmenwert bzw als Unterschiedsbetrag aus der Kapitalkonsolidierung gesondert auszuweisen.

- Anteile von Minderheiten am Kapital der Tochtergesellschaft sind gem § 259 als gesonderter Posten innerhalb des Eigenkapitals auszuweisen.

- Gesonderter Ausweis aktiver und passiver latenter Steuern in der Konzernbilanz, sofern nicht der Ausweis im Konzernanhang gewählt wird (§ 258 HGB).

- Beteiligungen an assoziierten Unternehmen sind gesondert auszuweisen (§ 263 HGB).

- Unterschiedsbeträge bei erstmaliger Bewertung nach der Equity-Methode sind in der Konzernbilanz gesondert zu vermerken bzw auszuweisen oder im Konzernanhang anzugeben (§ 264 HGB).

Innerhalb der Konzern-GuV sind folgende Positionen – abweichend zur Einzel-GuV – aufzunehmen:

- Gesonderter Ausweis der Gewinn- und Verlustanteile anderer Gesellschafter (Minderheitenergebnis) (§ 259 HGB).

- Ausweis der Ergebnisse aus Beteiligungen an assoziierten Unternehmen in einem gesonderten Posten (§ 264 HGB).

Die Unterpositionen des Eigenkapitals, zB die Unterscheidung in verschiedene Rücklagen oder zwischen Jahresergebnis und Bilanzgewinn, ist in der Einzelrechnungslegung durch die Ausschüttungsfunktion bestimmt. Da der Konzernabschluss keine Ausschüttungsbemessungsfunktion hat, sind die Posten, die im Einzelabschluss Bezug zur Ausschüttungsbemessungsfunktion haben, im Konzernabschluss teilweise überflüssig bzw inhaltlich zu verändern. So zeigen bspw zahlreiche Konzerne innerhalb des Konzerneigenkapitals keinen Bilanzgewinn, da der Konzernabschluss keine Ausschüttungsbemessungsfunktion besitzt. Das erwirtschaftete Konzernergebnis wird direkt in den Gewinnrücklagen ausgewiesen.

5.2.3 Konzernabschlussbestandteile

Ein Konzernabschluss nach HGB besteht aus folgenden Teilen:

- Konzernbilanz
- Konzern-GuV
- Konzern-Anhang

Die Konzernabschlussbestandteile inkl des verpflichtenden Konzernlageberichts werden als Konzernrechnungslegung bezeichnet.

Da der Konzernanhang wie die Konzernbilanz und die Konzern-GuV aus den einzelgesellschaftlichen Abschlussdaten herzuleiten ist, muss gewährleistet sein, dass im Rahmen der Handelsbilanz II – Anlieferungen sämtliche konzernanhangsrelevanten Daten mitgeliefert werden:

- Anlagenspiegel
- Fristigkeitsspiegel
- Doppelzugehörigkeiten von Abschlusspositionen
- Eventualverbindlichkeiten
- Aufgliederung der Umsatzerlöse
- Durchschnittliche Zahl der Arbeitnehmer
- etc

5.3 Währungsumrechnung

Die Zielsetzung der Währungsumrechnung resultiert aus der Generalklausel des § 250 Abs. 2 HGB und der Einheitstheorie nach § 250 Abs. 3 HGB. Danach hat der Konzernabschluss ein möglichst getreues Bild der Vermögens-, Finanz- und Ertragslage in der Weise zu vermitteln, als ob die einbezogenen Unternehmen insgesamt ein einziges Unternehmen wären. Die Aufgabe der Währungsumrechnung besteht nunmehr darin, die in unterschiedlichen Landeswährungen aufgestellten Handelsbilanzen II von ausländischen (nicht EURO-Ländern) Tochtergesellschaften in die Konzernwährung umzurechnen, um die Aufaddition der Fremdwährungsabschlüsse im Summenabschluss zu ermöglichen.

Das österreichische Konzernbilanzrecht enthält keine gesetzlichen Regelungen zur Währungsumrechnung. Da der Konzernabschluss zwingend in österreichischen Schillingen bzw nunmehr in EURO aufzustellen ist, muss bei abweichenden Währungen von einbezogenen Tochtergesellschaften eine Fremdwährungsumrechnung erfolgen.

Auch die Umrechnung von ausländischen Fremdwährungsabschlüssen hat bestimmten Grundsätzen zu folgen, obwohl im österreichischen Konzernbilanzrecht keine Regelungen bzgl der Währungsumrechnung enthalten sind. Die Grundsätze zur Währungsumrechnung lassen sich aus der Generalnorm als auch aus dem Einheitsgrunsatz ableiten:

- Methodenstetigkeit – Die Währungsumrechnung muss bei gleichen Sachverhalten (zB Tochtergesellschaften eines bestimmten Landes) gleich erfolgen und muss im Zeitablauf konstant vorgenommen werden.

- Methodenerläuterung – Die Währungsumrechnung als Konsolidierungsmethode ist im Konzernanhang zu erläutern.

- Wirtschaftlichkeit – Der nicht kodifizierte übergeordnete Wesentlichkeitsgrundsatz der Konzernrechnungslegung gilt im speziellen für die Währungsumrechnung. Aufwand und Information müssen in einem ausgewogenen Verhältnis stehen.

Im Zuge der Währungsumrechnung sind folgende Sachverhalte zu klären:

- Welche Kurse sind heranzuziehen (Stichtagskurs, Durchschnittskurse, Mittelkurse etc)?
- Welche Bilanzpositionen sind mit welchen Kursen umzurechnen?
- Wie sind auftretende Währungsumrechnungsdifferenzen zu behandeln?

5.3.1 Währungsumrechnungsmethoden

In der Konzernbilanzierungslehre haben sich mehrere unterschiedliche Währungsumrechnungsmethoden herausgebildet, die sich hinsichtlich der verwendeten Kurse, der angewandten Kurse für verschiedene Abschlusspositionen und bzgl der Behandlung von auftretenden Währungsumrechnungsmethoden unterscheiden.

Reine Stichtagskursmethode

Bei der reinen Stichtagskursmethode werden alle Fremdwährungsposten linear zum Stichtagskurs umgerechnet. Dies gilt auch für die Erfolgskonten. Dieser Methode liegt die Annahme zugrunde, dass die ausländischen Tochterunternehmen reine Finanzanlagen sind, für die zum Stichtag das Äquivalent in Inlandswährung zu ermitteln ist. Die Umrechnung gilt dabei als bewertungsneutraler Umrechnungsvorgang. Die Rechnungslegungsvorschriften (wie etwa das Vorsichtsprinzip des öHGB) sind nach der Auffassung der Vertreter dieser Methode dann eingehalten, wenn ihre Beachtung im Fremdwährungsabschluss, dh vor der Umrechnung in die Konzernwährung, gewährleistet ist.

Die Umrechnung zu Stichtagskursen führt allerdings dazu, dass sich alle Bilanzpositionen und somit auch das Eigenkapital, im Zeitablauf entsprechend den Währungskursschwankungen verändern. Die Stichtagsumrechnungsdifferenzen ergeben sich im Falle schwankender Wechselkurse zwar nicht in der einzelnen Bilanz, wohl aber zwischen den Abschlussperioden aufgrund des Bilanzzusammenhangs.

5 Vorbereitungsmaßnahmen
5.3 Währungsumrechnung

Bei fallenden ausländischen Wechselkursen sinkt das anteilige Eigenkapital der Tochtergesellschaft im Konzernabschluss. Diese Stichtagsdifferenz wird erfolgsneutral im Eigenkapital ausgewiesen. Die Stichtagskursmethode ist bei konstanten Wechselkursen unproblematisch anzuwenden (zB früher österreichischer Schilling zu deutscher Mark). Als Umrechnungskurs wird idR der Devisenmittelkurs des Abschlussstichtages herangezogen.

Modifizierte Stichtagskursmethode

Abweichend zur reinen Stichtagskursmethode wird bei der modifizierten Stichtagskursmethode das Eigenkapital der Tochtergesellschaft mit den jeweiligen historischen Kursen umgerechnet. Die GuV – Umwertung erfolgt zum Jahresdurchschnittskurs.

Wie bei der reinen Stichtagskursmethode wird die Stichtagsumrechnungsdifferenz (= Veränderung des Wechselkurses von Stichtag zu Stichtag X Eigenkapital der Tochtergesellschaft) erfolgsneutral im Eigenkapital verrechnet. Da die GuV abweichend zum Jahresergebnis innerhalb des Eigenkapitals mit dem Jahresdurchschnittskurs umgerechnet wird, ergibt sich eine GuV-Differenz zwischen dem Jahresergebnis der GuV und dem Jahresergebnis der Bilanz. Diese Differenz wird in Österreich idR in der GuV verrechnet.

Vorteile	Nachteile
Da das Eigenkapital mit den historischen Buchwerten fortgeführt wird, entstehen keine neuen Differenzen in der Kapitalkonsolidierung;	Währungsschwankungen haben eine direkte Auswirkung auf das Konzerneigenkapital und führen bspw bei schleichender Abwertung der ausländischen Währung zu kontinuierlichen Eigenkapitalverlusten;
Die jährliche Stichtagsumwertungsdifferenz ergibt sich direkt aus der Währungsumrechnungsmethode;	Die Bewertung des Anlagevermögens hängt vom Kursverlauf der ausländischen Währung ab. Es kommt somit tendenziell zu einer Über- oder Unterbewertung des Anlagevermögens.
Die Anwendung von Durchschnittskursen in der GuV berücksichtigt den unterschiedlichen zeitlichen Anfall der einzelnen GuV-Positionen; Einfache Durchführung.	

In einer Analyse von 24 österreichischen Konzernabschlüssen des Jahres 1994 wendeten 10 die modifizierte Stichtagskursmethode, 6 die reine Stichtagskursmethode und die restlichen Konzerne die Stichtagskursmethode mit einer zusätzlichen anderen Methode an (BENES, Quantitative Analyse, S. 79). Die modifizierte Stichtagskursmethode ist das mit Abstand am häufigsten eingesetzte Fremdwährungsumrechnungsverfahren.

Zeitbezugsmethode

Ausgehend von den Problemen der reinen bzw modifzierten Stichtagskursmethode (Eigenkapitalveränderung in Abhängigkeit von der Währungsentwicklung) entwickelte sich die Zeitbezugsmethode. Die Zeitbezugsmethode betrachtet die Fremdwährungsumrechnung als Bewertungsvorgang, der zur Vergleichbarkeit des ausländischen Einzelabschlusses mit inländischen Jahresabschlüssen führt, nachdem die Abschlüsse der ausländischen Tochterunternehmen den für die Konzernmuttergesellschaft geltenden Bilanzierungs- und Bewertungsvorschriften angepaßt wurden. Bei der Zeitbezugsmethode wird eine Umrechnung mit differenzierten Kursen in Abhängigkeit vom Zeitbezug vorgeschlagen, so dass der Umrechnungskurs des Zeitpunktes zu wählen ist, auf den sich der Wertansatz der Bilanz- aber auch GuV-Position bezieht. Aus der Zugrundelegung des Zeitbezugs folgt die Umrechnung der mit Anschaffungswerten bilanzierten Bilanzpositionen mit historischen Kursen. Gleichzeitig sind für die mit Tageswerten bilanzierten Posten Stichtagskurse zu verwenden (zB Bank- und Kassabestände). Nach der Umrechnung müssen alle Vermögensgegenstände anhand eines Niederstwerttests hinsichtlich ihrer Bewertungshöhe überprüft werden. In der GuV werden alle Aufwendungen und Erträge, die den zugrundeliegenden Geschäften zugeordnet werden können, mit dem entsprechenden historischen Kurs umgerechnet.

Die Behandlung der Umrechnungsdifferenzen sollte immer erfolgswirksam erfolgen.

Der Einheitstheorie entsprechend führt nur die Zeitbezugsmethode zum richtigen Ergebnis, da nur bei dieser Methode unterstellt wird, dass die seinerzeitigen Anschaffungs- bzw Entstehungskosten unabhängig von Währungsschwankungen fortgeführt werden. Die Zeitbezugsmethode ist trotzdem in der Praxis nur sehr wenig verbreitet, da diese Methode in reiner Form einen erheblichen und oftmals nicht gerechtfertigten Arbeitsaufwand erfordert. Im

Rahmen dieser Methode muss für jeden Buchungsvorgang ein eigener Kurs mitgeliefert (gespeichert) werden und im Fremdwährungsabschluss (Handelsbilanz II) jede Bilanzposition nach den unterschiedlichen Zugangszeitpunkten der Vermögensgegenstände aufgeteilt und unterschiedlich umgerechnet werden. Innerhalb einer Bilanzposition kommt es somit zur Anwendung unterschiedlicher Kurse.

Vereinzelt wird aus obigen Gründen eine vereinfachte Zeitbezugsmethode für das Anlagevermögen und das Eigenkapital angewandt. Die übrigen Posten der Bilanz werden zu Stichtagskursen, die GuV mit dem Durchschnittskurs umgewertet. Aber auch bei dieser Variante der Zeitbezugsmethode entsteht ein erheblicher Arbeitsaufwand, da das Anlagevermögen defacto für jeden Anlagevermögensgegenstand separat mit dem historischen Kurs umzurechnen ist.

Der Vorteil der Zeitbezugsmethode liegt in der einheitstheoretisch richtigen Bewertung der Vermögensgegenstände mit den fortgeschriebenen Anschaffungskosten. Bei Währungsabwertungen kommt es nicht zu einem buchungstechnischen Schwund an Anlagevermögen und Eigenkapital.

Gegenüberstellung unterschiedlicher Währungsumrechnungsmethoden:

Methode	Bilanz	GuV
Reine Stichtagskursmethode	alles mit Stichtagskurs	Stichtagskurs
Modifizierte Stichtagskursmethode	alles mit Stichtagskurs außer Eigenkapital und Beteiligungen	Durchschnittskurs
Zeitbezugsmethode	alles mit Kursen zum Anschaffungszeitpunkt	Aktionskurs

Methode der funktionalen Währung

In der internationalen Rechnungslegung (IAS, US-GAAP) ist verpflichtend die Funktionale Währungsumrechnungsmethode anzuwenden.

Ausgehend von der Erkenntnis, dass die Auswirkungen von Wechselkursänderungen auf das Mutterunternehmen vom Grad der Abhängigkeit ausländischer Tochterunternehmen bzw von der Intensität der ökonomischen Beziehungen zum Mutterunternehmen bestimmt werden, wird die anzuwendende

Umrechnungsmethode ebenfalls von diesen Faktoren abhängig gemacht. Anhand verschiedener betriebswirtschaftlicher Faktoren (zB Währung der Umsatztätigkeit, Lieferung- und Leistungsverkehr zwischen Mutter- und Tochterunternehmen etc.) werden die einzelnen Tochtergesellschaften in selbständige und unselbständige Tochterunternehmen unterteilt. Selbständige Tochtergesellschaften (das sind Unternehmen, die sich idR lokal finanzieren und deren Umsatztätigkeit in der lokalen Währung erfolgt) sind nach der modifizierten Stichtagskursmethode umzurechnen. Bei unselbständigen Tochtergesellschaften wird die Zeitbezugsmethode angewandt.

Aufgrund der internationalen Bedeutung nimmt die Bedeutung dieser Umrechnungsmethode auch im österreichischen Konzernabschluss zu.

Sonstige Währungsumrechnungsmethoden

In der Literatur werden noch zahlreiche andere Fremdwährungsumrechnungsmethoden angeführt, die idR eine Mischform der oben angeführten Methoden darstellen und in der Praxis kaum Bedeutung haben:

- Fristigkeitsmethode
  Die einzelnen Bilanzpositionen werden abhängig von Ihrer beabsichtigten Verweildauer im Unternehmen unterschiedlich umgerechnet (langfristige Bilanzpositionen mit dem historischen Kurs, kurzfristige Bilanzpositionen mit dem Stichtagskurs). Die GuV wird mit dem Jahresdurchschnittskurs bzw. Abschreibungen mit den historischen Kursen umgerechnet.

- Nominalwert-Sachwert-Methode
  Abschlussposten, deren Wert in Geldeinheiten der ausländischen Währung festgelegt ist (zB Forderungen, Verbindlichkeiten usw.) sind mit Stichtagskursen umzurechnen. Sachwerte (zB Vorräte, Sachanlagen usw.) werden mit den historischen Kursen umgerechnet, weil davon ausgegangen wird, dass beispielsweise bei sinkendem Wechselkurs einer Fremdwährung der währungsbedingte Wertverlust bei Sachanlagen durch entsprechend hohe Inflationsraten in dem entsprechenden Land in voller Höhe kompensiert wird. Die GuV wird mit dem Jahresdurchschnittskurs bzw. Abschreibungen und der Wareneinsatz mit den historischen Kursen umgerechnet.

5.3.2 Vergleichendes Beispiel zwischen modifizierte Stichtagskursmethode und Zeitbezugsmethode

Stichtagskursmethode = Zeitbezugsmethode Jahr 1

	TU in HUF	TU in ATS	M in ATS	Summe	Kap.Kons.	Konzern
Grundvermögen	5.000	500	5.000	5.500		5.500
Beteiligung an TU			200	200	−200	0
Umlaufvermögen	3.000	300	4.800	5.100		5.100
Summe Aktiva	8.000	800	10.000	10.800	−200	10.600
Eigenkapital	2.000	200	3.000	3.200	−200	3.000
Fremdkapital	6.000	600	7.000	7.600		7.600
Summe Passiva	8.000	800	10.000	10.800	−200	10.600

100 HUF = 10 öS

Stichtagskursmethode Jahr 2

	TU in HUF	TU in ATS	M in ATS	Summe	Kap.Kons.	Konzern
Grundvermögen	5.000	400	5.000	5.400		5.400
Beteiligung an TU			200	200	−200	0
Umlaufvermögen	4.000	320	4.800	5.120		5.200
Summe Aktiva	9.000	720	10.000	10.720	−200	10.520
Eigenkapital	2.000	200	3.000	3.200	−200	3.000
Währungsdifferenz		−40		−40		−40
Fremdkapital	7.000	560	7.000	7.560		7.560
Summe Passiva	9.000	720	10.000	10.720	−200	10.520

100 HUF = 8 öS

Zeitbezugsmethode Jahr 2

	TU in HUF	TU in öS	M in öS	Summe	Kap.Kons.	Konzern
Grundvermögen	5.000	500	5.000	5.500		5.500
Beteiligung an TU		200	200	–200	0	
Umlaufvermögen	4.000	320	4.800	5.120		5.120
Summe Aktiva	**9.000**	**820**	**10.000**	**10.820**	**–200**	**10.620**
Eigenkapital	2.000	200	3.000	3.200	–200	3.000
Umrechnungsdiff.		60		60		60
Fremdkapital	7.000	560	7.000	7.560		7.560
Summe Passiva	**9.000**	**820**	**10.000**	**10.820**	**–200**	**10.620**

100 HUF = 8 öS

5 Vorbereitungsmaßnahmen
5.3 Währungsumrechnung

6 Kapitalkonsolidierung

6.1 Asset deal versus Share deal

Unternehmenseinheiten können grundsätzlich durch zwei unterschiedliche rechtliche Methoden erworben werden:

- Die Unternehmenseinheit wird mit Ihrer rechtlichen Struktur erworben. Der Erwerber erwirbt eine Beteiligung und nicht einzelne Vermögensgegenstände und Schulden. Das erworbene Unternehmen bleibt rechtlich bestehen. Der wirtschaftliche und rechtliche Eigentümer der einzelnen Vermögensgegenstände und Schulden (die erworbene Gesellschaft) bleibt unverändert. Nur der Gesellschafter der erworbenen Gesellschaft wurde gewechselt. (share deal)

- Werden im Rahmen eines Unternehmenserwerbs nicht die rechtliche Hülle, sondern die einzelnen Vermögensgegenstände und Schulden erworben, entsteht kein neues Mutter-Tochter-Verhältnis. Die einzelnen Vermögensgegenstände und Schulden werden direkt in das Unternehmen des Erwerbes integriert. (asset deal)

Würde ein Unternehmen sämtliche Unternehmensakquisitionen im Rahmen von assets-deals durchführen, würden keine Mutter-Tochter-Verhältnisse entstehen. Das Einzelunternehmen entspricht dann defacto auch dem Konzernabschluss. Das Unternehmen ist nicht zur Konzernrechnungslegung verpflichtet. Der selbe Effekt würde eintreten, wenn sämtliche Konzernunternehmen formalrechtlich fusioniert würden.

Die Konzernrechnungslegung hat gerade die Aufgabe, den Konzern so abzubilden, als sei er nicht in Tochtergesellschaften gegliedert, sondern als sei er ein einziges Unternehmen. Die Konzernrechnungslegung und im speziellen die Kapitalkonsolidierung wandelt somit die einzelbilanziellen „share-deals" fiktiv in „asset-deals" um. Die Regelungen zur Kapitalkonsolidierung ergeben sich daher auch gem dem Einheitsgrundsatz aus der einzelbilanziellen Erfassung eines Unternehmenserwerbes im Rahmen eines „asset-deals".

6 Kapitalkonsolidierung
6.1 Asset deal versus Share deal

Aus diesem Grund wird im nachfolgenden Beispiel erläutert, wie die einzelbilanzielle Erfassung eines asset-deals vorzunehmen ist:

Beispiel:

Österreich AG			
Anlagevermögen	10.000	Eigenkapital	5.000
Umlaufvermögen	12.000	Fremdkapital	17.000
Summe	**22.000**		**22.000**

Im Anlagevermögen sind stille Reserven von 4.000.
Das Unternehmen wird im Rahmen
- eines share deal
- eines asset deal

um 10.000 erworben.

Lösung share deal

Das Unternehmen wird im Rahmen eines share-deal erworben. Es wird somit nur eine Beteiligung erworben.

Beteiligung	10.000	
an Kassa/Bank		10.000

Lösung asset deal

Das Unternehmen wird im Rahmen eines asset-deal erworben. Es kommt zur Übernahme der einzelnen Vermögensgegenstände und Schulden.

Firmenwert	1.000	
Anlagevermögen	14.000	
Umlaufvermögen	12.000	
an Fremdkapital		17.000
an Kassa/Bank		10.000

Im Rahmen der bilanziellen Erfassung eines asset-deal sind die Buchwerte des Vorgänger-Unternehmens irrelevant. Grundsätzlich sind die einzelnen Vermögensgegenstände und Schulden zu den Anschaffungskosten anzusetzen. Mangels näherer Informationen wird häufig Anschaffungskosten = Buchwert beim Vorgänger unterstellt. Ein verbleibender Differenzbetrag zwischen den Anschaffungskosten der übernommenen Vermögensgegenstände und Schulden ist als Firmenwert (oder passiver Unterschiedsbetrag) zu bilanzieren.

Die Regelungen zur Kapitalkonsolidierung lassen sich aus dem Vorgang eines einzelbilanziellen asset-deals ableiten. Im Rahmen der Kapitalkonsolidierung wird der Beteiligungsansatz mit dem Eigenkapital der Tochtergesellschaft aufgerechnet. Die einzelnen Vermögensgegenstände und Schulden werden wie im Rahmen eines asset deals im Zuge des Summenabschlusses in den Konzernabschluss übernommen. Im Summenabschluss sind die einzelnen Vermögensgegenstände und Schulden allerdings zu den Buchwerten des erworbenen Unternehmens angesetzt. Im Zuge der Kapitalkonsolidierung werden daher die einzelnen Buchwerte auf uU abweichende Zeitwerte (= Anschaffungskosten) auf- bzw abgewertet. Verbleibt danach ein (Rest)Unterschiedsbetrag zwischen Beteiligung und Eigenkapital, ist wie im Rahmen eines asset-deals ein Firmenwert oder ein passiver (Rest)Unterschiedsbetrag anzusetzen.

6.2 Erstkonsolidierung

Gem § 254 Abs. 1 HGB ist im Rahmen der Kapitalkonsolidierung der „Wertansatz der dem Mutterunternehmen gehörenden Anteile an einem in den Konzernabschluss einbezogenen Tochterunternehmen" mit dem anteiligen einheitlich bewerteten Eigenkapital der Tochtergesellschaft aufzurechnen. Sinn und Zweck dieser Aufrechnung ist eine Doppelerfassung von Beteiligung und den entsprechenden Vermögensgegenständen und Schulden zu verhindern. Der im Einzelabschluss dargestellte share deal (Erwerb einer Beteiligung) wird in einen asset deal (Erwerb einzelner Vermögensgegenstände und Schulden) transformiert (WEBER/ZÜNDORF, BB 1990, S. 170).

Wie im Rahmen der Einzelbilanzierung wird auch innerhalb der Konzernbilanzierung ein Erwerbsvorgang grundsätzlich zum Erwerbszeitpunkt mit den Anschaffungskosten erfasst. Bei der Folgebewertung werden die Anschaffungskosten fortgeschrieben. Der Anschaffungsvorgang selbst wird im Rahmen der Folgebewertung nicht neu aufgerollt. Der Erwerb einer Tochtergesellschaft wird im Erwerbszeitpunkt als konzernbilanzieller Anschaffungsvorgang erfasst. Die erstmalige Kapitalkonsolidierung im Erwerbs- bzw. Erstkonsolidierungszeitpunkt wird als Erstkonsolidierung bezeichnet. Die erstmalige Aufrechnung von Beteiligung und Eigenkapital ist durch die Erstkonsolidierung fixiert und bleibt grundsätzlich in den Folgeperioden (Folgekonsolidierung) unverändert. In den Folgeperioden kommt es wie in der Einzelrechnungslegung zu einer Folgebewertung der übernommenen Vermögensgegenstände und Schulden.

6.2.1 Aufzurechnende Anteile

Die Kapitalkonsolidierung eliminiert sämtliche „Anteile" an den einbezogenen verbundenen Unternehmen. § 244 HGB regelt die Konsolidierungspflicht von Beteiligungen an anderen Unternehmen. Demnach muss eine Beteiligung im Sinne des § 228 HGB konsolidiert werden, wenn durch diese Beteiligung eine einheitliche Leitung oder ein beherrschender Einfluss ausgeübt werden kann.

Aus der Regelung in § 244 HGB lassen sich für die aufzurechnenden Anteile daher folgende Charakteristika ableiten:

- Die Anteile müssen eine einheitliche Leitung oder einen beherrschenden Einfluss begründen.

- Die Anteile müssen einer Beteiligung iS des § 228 HGB entsprechen, wenn das Mutter-Tochter-Verhältnis durch die einheitliche Leitung gem § 244 Abs. 1 HGB begründet ist.

- Anteile an Kapitalgesellschaften müssen mindestens 20% des Nennkapitals erreichen, wenn das Mutter-Tochter-Verhältnis durch die einheitliche Leitung gem § 244 Abs. 1 HGB begründet ist.

Die Voraussetzung für eine Beteiligung iS des § 228 HGB mit einer zu mindest 20%igen Beteiligung am Nennkapital ist somit nur bei der einheitlichen Leitung erforderlich. Gem EU-GesRÄG ist bei einer Konsolidierungspflicht gem § 244 Abs. 2 HGB (Control-Tatbestand) keine Beteiligung iS des § 228

HGB Voraussetzung. Formal kommt es auch ohne Beteiligung zu einer Konsolidierungspflicht, wenn bspw durch einen Syndikatsvertrag eine beherrschende Stellung eingenommen wird. In diesem Fall steht im Rahmen der Kapitalkonsolidierung kein verrechenbarer Beteiligungsansatz zur Verfügung. Da die Muttergesellschaft uU überhaupt nicht kapitalmäßig beteiligt ist, muss das gesamte zu verrechnende Eigenkapital der Tochtergesellschaft in den Ausgleichsposten für Minderheitenanteile eingestellt werden.

Da die Grenzen zwischen einheitlicher Leitung und beherrschendem Einfluss sehr fließend verlaufen, ist es nicht verständlich, warum die Mindestbeteiligungsquote im Zuge der einheitlichen Leitung gem EU-GesRÄG weiterhin Voraussetzung ist. Auch im dHGB ist keine mit § 244 Abs. 6 HGB vergleichbare Bestimmung zu finden. Art 1 Abs. 2 7. EU-RL schränkt die Konsolidierungspflicht bei einheitlicher Leitung nicht auf Beteiligungen ab 20% ein. Das Ziel einer vollständigen Harmonisierung des österreichischen Konzernbilanzrechtes mit den EU-Bestimmungen ist durch Art 1 Z 25 EU-GesRÄG nicht erreicht.

Beteiligungen iS des § 228 HGB

Als Beteiligungen definiert § 228 HGB Anteile, „an anderen Unternehmen, die bestimmt sind, dem eigenen Geschäftsbetrieb durch eine dauernde Verbindung zu diesem Unternehmen zu dienen." Als Anteil an einem anderen Unternehmen wird nach hA ein Recht verstanden, das einem Mitgliedschaftsrecht entspricht.

Mitgliedschaftsrechte sind idR durch folgende Parameter bestimmt (BIEG § 271, in: KÜTING/WEBER (HdR), Rz 15ff, WEBER Kapitalkonsolidierung, S. 51f):

- Einfluss und Überwachung der Geschäftsführung (dabei übernimmt die Geschäftsführung die Steuerung und Verantwortung für die Produktion, den Absatz (Vertrieb) und die Finanzierung);
- Teilnahme am Gewinn und Verlust;
- Teilnahme am Liquidationserlös.

20%-Grenze bei Beteiligungen an Kapitalgesellschaften

Anders als das deutsche Konzernbilanzrecht und auch nicht EU-richtlinienkonfom bestimmt § 244 Abs. 6 HGB, dass eine konsolidierungspflichtige Beteiligung an einer Kapitalgesellschaft mindestens den fünften Teil des Nennkapitals erreichen muss.

Eigene Anteile

Eigene Anteile können im Summenabschluss in zwei unterschiedlichen Varianten auftreten:

- Die Muttergesellschaft oder ein anderes einbezogenes Unternehmen hält Anteile an der Konzernmuttergesellschaft

Diese Anteile werden nicht konsolidiert, da sie zu einer Verminderung des Kapitals des Mutterunternehmens, führen würden. § 254 Abs. 4 HGB bestimmt, dass solche eigenen Anteile an der Muttergesellschaft im Umlaufvermögen gesondert darzustellen sind.

- Die Tochtergesellschaft hält eigene Anteile

Eigene Anteile eines zu konsolidierenden Tochterunternehmens können sachverhaltsspezifisch unterschiedlich behandelt werden:

- Langfristig gehaltene eigene Anteile der Tochtergesellschaft werden idR in die Kapitalkonsolidierung einbezogen, da es anderenfalls zu einer Doppelzählung von Vermögensgegenständen kommt.

- Kurzfristig gehaltene eigene Anteile von bzw an Tochtergesellschaften werden nicht im Rahmen der Kapitalkonsolidierung verrechnet, sondern als Korrekturposten zum Konzerneigenkapital im Konzernabschluss ausgewiesen.

In Anlehnung an die deutschen Bestimmungen wird nunmehr im EU-GesRÄG geregelt, dass in Höhe der eigenen Anteile auf der Passivseite eine Rücklage einzustellen ist. Das oben beschriebene Wahlrecht für die Verrechnung der eigenen Anteile wird durch die zwingende Rücklagendotierung defacto beseitigt, da die Einbeziehung bzw Nichteinbeziehung keinen Einfluss auf den Unterschiedsbetrag aus der Kapitalkonsolidierung ausübt (zumindest bei einer 100%igen Beteiligung). Werden zukünftig die aktiven eigenen Anteile einbezogen, so müssen auch die dazupassenden Rücklagenpositionen verrechnet werden.

Dem Mutterunternehmen gehörende Anteile

Im Zuge der Kapitalkonsolidierung werden, die dem Mutterunternehmen gehörenden Anteile mit dem anteiligen Kapital der Tochtergesellschaft verrechnet. Als dem Mutterunternehmen gehörende Anteile werden dabei sämtliche unmittelbaren und mittelbaren Beteiligungen angesehen. Sämtliche Anteile, die den einbezogenen Unternehmen an einem bestimmten anderen einbezogenen Unternehmen gehören, sind in die Kapitalkonsolidierung einzubeziehen, da § 244 Abs. 4 HGB normiert, dass die Rechte, die einer Tochterunternehmung zustehen, als dem Mutterunternehmen zustehende Rechte gelten.

Im mehrstufigen Konzern muss nach der Addition sämtlicher im Summenabschluss eingegangener Beteiligungsansätze an einer Tochtergesellschaft bestimmt werden, welcher Beteiligungsquote diese Anteile insgesamt entsprechen (vgl. dazu auch weiter unten – Kapitalkonsolidierung im mehrstufigen Konzern).

Wichtig erscheint es nochmals festzuhalten, dass für die Bestimmung der Beteiligungsquote nicht die Stimmrechtsanteile sondern alleine die Nennkapitalanteile heranzuziehen sind.

Wirtschaftliches Eigentum

So wie im Rahmen der Einzelrechnungslegung nicht das zivilrechtliche, sondern allein das wirtschaftliche Eigentum als maßgeblich für eine Aktivierung gilt, ist auch zur Bestimmung, ob die Anteile dem Mutterunternehmen zustehen, und damit in die Kapitalkonsolidierung einzubeziehen sind, allein das wirtschaftliche Eigentum ausschlaggebend (ADLER/DÜRING/SCHMALTZ - § 301, Rz 13). In Anlehnung an das Steuerrecht (§ 24 Abs. 1 lit d BAO) wird als wirtschaftlicher Eigentümer derjenige bezeichnet, der über ein Wirtschaftsgut die Herrschaft gleich einem Eigentümer ausübt, dh die Vorteile und Nachteile aus dem Wirtschaftsgut zu tragen hat.

6 Kapitalkonsolidierung
6.2 Erstkonsolidierung

Zweifelsfragen bzgl dem wirtschaftlichen Eigentümer stellen sich in der Praxis häufig bei nachfolgenden Sachverhalten:

- Treuhandschaft
- Kauf- und Verkaufsoptionen
- Pensionsgeschäfte
- Unterjähriger Kauf bzw Verkauf von Zwerganteilen zur Vermeidung einer Mehrheitsbeteiligung über den Abschlussstichtag

Ob dabei das wirtschaftliche Eigentum dem Mutterunternehmen zusteht, wird zusätzlich durch § 244 Abs. 1 und 2 HGB zu bestimmen sein. Kann durch die vom Mutterunternehmen gehaltenen Anteile eine einheitliche Leitung bzw ein beherrschender Einfluss ausgeübt werden, ist idR auch von einem wirtschaftlichen Eigentum an den Anteilen auszugehen.

Sprungkonsolidierung

Die Bedingungen, ob eine direkte oder indirekte Beteiligung konsolidierungspflichtig ist, muss bei jeder Tochtergesellschaft separat bestimmt werden. Ob ein Mutter-Tochter-Verhältnis gem § 244 HGB besteht, muss somit auf jeder Konzernstufe erneut überprüft werden. Die Konsolidierungspflicht einer Enkelgesellschaft ist grundsätzlich vollkommen unabhängig von der Konsolidierungspflicht der Tochtergesellschaft zu beurteilen.

Nachfolgendes Beispiel soll die Problemstellung verdeutlichen:

Beispiel:

Die Muttergesellschaft M1 ist zu 100% an einer südamerikanischen Zwischenholding beteiligt. Die Zwischenholding T1 hält eine 100%ige Beteiligung an einer US-amerikanischen Enkelgesellschaft E1. Aufgrund eines politischen Umsturzes im südamerikanischen Sitzstaat der Zwischenholding mussten sämtliche wirtschaftlichen und rechtlichen Ansprechpartner in das nahegelegene Ausland flüchten. Die Muttergesellschaft M1 sieht von der Konsolidierung der südamerikanischen Zwischenholding gem § 249 Abs. 1 Zi 2 HGB ab, da die für die Aufstellung des Konzernabschlusses erforderlichen Angaben nicht termingerecht beschaffbar sind. Die US-amerikanische Enkelgesellschaft muss gem § 249 Abs. 2 HGB als wesentlich für die Darstellung der Vermögens-, Finanz- und Ertragslage angesehen werden. Die sonstigen Bestimmungsgründe gem

§ 244 HGB sind erfüllt, da die Muttergesellschaft M1 eine indirekte Beteiligung an E1 hält, und ein beherrschender Einfluss ausgeübt werden kann.

Lösung:

Im Beispielfall wird gem § 249 Abs. 1 Zi 2 HGB das Konsolidierungswahlrecht von Tochtergesellschaft T1 ausgenützt. Die Nicht-Konsolidierung von T1 verändert aber nicht die Konsolidierungspflicht von E1. Bei Kapitalkonsolidierungen, bei der eine Enkelgesellschaft ohne Konsolidierung der entsprechenden Tochtergesellschaft in den Konzernabschluss übernommen wird, spricht man von einer sog „Sprungkonsolidierung". Im Rahmen der Kapitalkonsolidierung von E1 fehlt durch die Nichtkonsolidierung von T1 eine zu verrechnende Beteiligung. Dem zu verrechnenden Eigenkapital von E1 kann somit kein Beteiligungsansatz an E1 gegenübergestellt werden.

Im Rahmen der Kapitalkonsolidierung stehen in einem solchen Fall prinzipiell folgende Wege zur Auswahl:

- Der Beteiligungsansatz von M1 an T1 wird als zu verrechnender Beteiligungsansatz von E1 herangezogen bzw wird jener Teil des Beteiligungsansatzes an T1, der der Höhe des Beteiligungsansatzes von T1 an E1 entspricht, als zu verrechnender Beteiligungsansatz eliminiert.

- Dem zu verrechnenden Eigenkapital von E1 wird kein Beteiligungsansatz gegenübergestellt. Im Zuge der Kapitalkonsolidierung wird das Eigenkapital von E1 zur Gänze in den „Ausgleichsposten für Minderheitenanteile" verrechnet. Fraglich erscheint bei dieser Vorgangsweise, wie das Ergebnis der konsolidierten Tochtergesellschaft innerhalb der Gewinn- und Verlustrechnung darzustellen ist. In konsequenter Fortführung dieser Methode, müsste das Jahresergebnis der Tochtergesellschaft als Minderheitenergebnis ausgewiesen werden.

Aufwendungen im Zusammenhang mit der Anschaffung von Beteiligungen

Im Zuge der Erstkonsolidierung werden idR die Anschaffungskosten der Beteiligung mit dem anteiligen zu verrechnenden Kapital der Tochtergesellschaft verrechnet. Als zu verrechnender Wert sind, wenn zwischem dem Erwerbszeitpunkt und dem Erstkonsolidierungsstichtag nicht eine lange Zeitspanne vergeht, die Anschaffungskosten heranzuziehen. Als Anschaffungskosten definiert § 203 Abs. 2 HGB „die Aufwendungen, die geleistet werden, um einen Vermögensgegenstand zu erwerben und ihn in einen betriebsbereiten Zustand zu versetzen, soweit sie dem Vermögensgegenstand einzeln zugeordnet werden können." Neben den originären Anschaffungskosten müssen somit auch alle mit der Anschaffung der Beteiligung in Zusammenhang stehenden Nebenkosten im Rahmen der Kapitalkonsolidierung verrechnet werden.

Problematisch erscheint die Zuordnung von Aufwendungen, die im Zusammenhang mit der Entscheidungsfindung bzgl des Beteiligungserwerbes angefallen sind. Bspw stehen auch Bewertungsgutachten, Beratungskosten und eigene interne Aufwendungen im Zusammenhang mit dem Beteiligungserwerb. Kommt man nach diversen Prüfungen oder Verkaufsverhandlungen zum Ergebnis, dass die Beteiligung doch nicht eingegangen wird, sind diese Aufwendungen zweifelsohne sofort aufwandswirksam zu verrechnen. Wird die Beteiligungsakquisition jedoch durchgeführt, sollte eine Aktivierung sehr wohl möglich sein, da „Aufwendungen, die geleistet werden, um einen Vermögensgegenstand zu erwerben" nach § 203 Abs. 2 HGB Anschaffungskosten darstellen (AA WEBER, Kapitalkonsolidierung, S. 58).

6.2.2 Umfang des zu verrechnenden Eigenkapitals

Im Rahmen der Kapitalkonsolidierung wird der Beteiligungsansatz im Mutterabschluss durch die einzelnen Vermögensgegenstände und Schulden der Tochtergesellschaft ersetzt. Sämtliche Nicht-Eigenkapitalpositionen der Tochtergesellschaft bleiben von diesem Konsolidierungsschritt unberührt, Beteiligungsansatz und zu verrechnendes Eigenkapital werden eliminiert.

Zur Bestimmung des zu verrechnenden Eigenkapitals müssen folgende Fragen beantwortet werden:

- Welcher Stichtag ist für die Eigenkapitalbestimmung relevant?
- Nach welchen Bilanzierungs- und Bewertungsmethoden ist das zu verrechnende Eigenkapital zu ermitteln?
- Welche Kapitalpositionen zählen zum aufzurechnenden Eigenkapital?

Die oben angeführten Fragen in bezug auf das zu verrechnende Eigenkapital müssen einmalig im Rahmen der Erstkonsolidierung beantwortet werden.

Das Eigenkapital einer Gesellschaft verändert sich im Zeitablauf. Gewinne, Verluste, Ausschüttungen, Kapitalerhöhungen und Kapitalherabsetzungen führen zu unterschiedlichen Eigenkapitalhöhen zu verschiedenen Stichtagen. Die Frage, welcher Stichtag als Erstkonsolidierungsstichtag gewählt wird, beeinflusst nicht nur die Kapitalkonsolidierung, sondern auch die Struktur und das Ergebnis des Konzernabschlusses. Bzgl. der gesetzlichen Regelung zur Bestimmung des Erstkonsolidierungszeitpunktes vgl weiter unten.

Neben dem Zeitpunkt der Verrechnung haben sämtliche Ansatz- und Bewertungsbestimmungen einen Einfluss auf die Höhe des zu verrechnenden Eigenkapitals und damit auf die Kapitalkonsolidierung. Vor der Aufrechnung von Beteiligung und Kapital muss deshalb geklärt werden, nach welchen Bestimmungen der zu konsolidierende Einzelabschluss aufzustellen ist, und wie die einzelnen Bilanzierungs- und Bewertungswahlrechte auszuüben sind. Obwohl die Bestimmungen bzgl der Bewertung im HGB nach den Regelungen zur Kapitalkonsolidierung angeführt sind, müssen die Bewertungsbestimmungen vor der erstmaligen Verrechnung von Beteiligung und Kapital berücksichtigt werden (STOBBE, DB 1986, S. 1838).

Erst nach der „einheitlichen Bilanzierung und Bewertung" können die Einzelpositionen des zu verrechnenden Eigenkapitals und damit der Umfang der zu eliminierenden Posten bestimmt werden (bzgl der einheitlichen Bilanzierung und Bewertung im Konzernabschluss siehe weiter oben).

Nach Durchführung der einheitlichen Bewertung, Bilanzierung und Gliederung werden die einzubeziehenden Handelsbilanzen II aufaddiert. Aus dem Summenabschluss wird gem § 254 Abs. 1 Satz 1 HGB der Wertansatz der dem Mutterunternehmen gehörenden Anteilen an einem in den Konzernabschluss einbezogenen Tochterunternehmen mit dem auf diese Anteile entfallenden Betrag des Eigenkapitals des Tochterunternehmens verrechnet.

Eine detaillierte Aufzählung, welche Abschlusspositionen Teil des zu verrechnenden Eigenkapitals sind, ist in § 254 Abs. 1 HGB nicht enthalten.

Die aufzurechnenden Eigenkapitalpositionen lassen sich jedoch auf zwei Wegen ermitteln:

- Gem dem Gliederungsschema in § 224 Abs. 3 HGB werden unter der Überschrift A. Eigenkapital folgende Positionen angeführt:

I. Nennkapital (Grund-, Stammkapital)

II. Kapitalrücklagen:
1. gebundene;
2. nicht gebundene;

III. Gewinnrücklagen:
1. gesetzliche Rücklagen;
2. satzungsmäßige Rücklagen;
3. andere Rücklagen (freie Rücklagen);

IV. Bilanzgewinn (Bilanzverlust).

Da § 254 Abs. 1 HGB von Eigenkapital spricht, ist zu schließen, dass das Eigenkapital gem § 224 Abs. 3 HGB heranzuziehen ist.

- In § 253 Abs. 1 HGB führt der Gesetzgeber umfassend sämtliche Abschlussgruppen an, die aus dem Tochterabschluss in den Konzernabschluss zu übernehmen sind: „An die Stelle der dem Mutterunternehmen gehörenden Anteile an den einbezogenen Tochterunternehmen treten die Vermögensgegenstände, unversteuerte Rücklagen, Rückstellungen, Verbindlichkeiten und Rechnungsabgrenzungsposten der Tochterunternehmen, ..." Bei einer solchen progressiven Ermittlung ergibt sich das zu verrechnende Eigenkapital als Differenzgröße zu den übernommenen Vermögensgegenständen und Schulden der Tochtergesellschaft. Diese progressive Ermittlung wird sich bei ausländischen Tochtergesellschaften anbieten, da die Eigenkapitalgliederung im Ausland uU eine andere ist.

Aus den oben geschilderten Ermittlungsmethoden ergibt sich, dass zwingend das Nennkapital (Grund-, Stammkapital), die Kapitalrücklagen, die Gewinnrücklagen, und der Bilanzgewinn (Bilanzverlust) zum Erstkonsolidierungsstichtag zu verrechnen sind. Trotz dieser eindeutigen Ableitung bleiben für zahlreiche Abschlusspositionen Wahlrechte, Ermessensspielräume bzw Zweifelsfragen offen:

- negatives Eigenkapital;
- unversteuerte Rücklagen;

- ausstehende Einlagen;
- Kapital von Personengesellschaften;

Da die aufzurechnenden Eigenkapitalpositionen durch die einheitliche Bewertung gem § 260 Abs. 1 HGB beeinflußt werden, muss die einheitliche Bewertung zwingend vor der Aufrechnung des Beteiligungsansatzes und dem zu verrechnenden Eigenkapital erfolgen.

Die Höhe des zu verrechnenden Eigenkapitals ist somit das Ergebnis nachfolgender Rechnung

	Eigenkapital laut Bilanz der Tochtergesellschaft (HB I)
±	Effekt aus der Anpassung der HB I an die einheitlichen Ansatzvorschriften der Muttergesellschaft
±	Effekt aus der Anpassung der Wertansätze der Tochtergesellschaft entsprechend dem Grundsatz der einheitlichen Bewertung (§ 260 Abs. 1 HGB)
+	Ausweis der unversteuerten Rücklagen gem § 205 HGB nach Abzug der Steuerabgrenzung als Gewinnrücklagen (§ 253 Abs. 3 HGB) (fakultativ; Erhöhung des bilanziellen Eigenkapitals und der Rückstellungen)
=	korrigiertes zu verrechnendes Eigenkapital (HB II) der Tochtergesellschaft (= Grundlage für die Kapitalkonsolidierung)

Aus den obigen Ausführungen und den nachfolgenden Erläuterungen zu den möglichen Wahlrechten und Ermessensspielräumen kann eine Einteilung der zu verrechnenden Eigenkapitalpositionen wie folgt vorgenommen werden:

Zu verrechnende Eigenkapitalpositionen		
zwingend in der Kapitalkonsolidierung zu verrechnen	**defacto Wahlrechte (abgeleitet aus anderen Konzernrechnungslegungsbestimmungen)**	**im Einzelfall zu prüfen**
– Nennkapital – Kapitalrücklagen – Gewinnrücklagen – Gewinnvortrag – Jahresergebnis bis zum Erwerbsstichtag – Nicht durch Eigenkapital gedeckter Fehlbetrag	– unversteuerte Rücklagen – Jahresergebnis zwischen Erwerbs- und Erstkonsolidierungsstichtag – eigene Anteile	– ausstehende Einlage – Partiarisches Darlehen – stille Beteiligungen – Genussrechtskapital – Kapital von Personen – Garantiedividenden bzw. Dividenden an Veräußerer

Negatives Eigenkapital

Ist bei einer Tochtergesellschaft das bilanzielle Eigenkapital durch Verluste aufgezehrt, so muss in einem Inlandsabschluss der Eigenkapitalblock als „negatives Eigenkapital" bezeichnet werden. Trotz dieser Bezeichnungsänderung bleiben die Unterpositionen (Nennkapital, Gewinn- und Kapitalrücklagen und idR Bilanzverlust) erhalten und sind auch zwingend im Rahmen der Erstkonsolidierung zu verrechnen. Weist das Tochterunternehmen ein „negatives Eigenkapital" aus, so ergibt sich im Rahmen der Kapitalkonsolidierung immer ein aktivischer Unterschiedsbetrag durch Addition des Fehlbetrags und des Beteiligungsbuchwerts. Dieser aktivische Unterschiedsbetrag ist, soweit er dem negativen Eigenkapital entspricht, idR erfolgsneutral mit den Rücklagen zu verrechnen, da eine aufwandswirksame Abschreibung eine Doppelzählung von Verlusten bewirken würde. Weist die Muttergesellschaft eine Haftungsvorsorge für die Tochtergesellschaft aus, so kann der aktive Unterschiedsbetrag auch mit dieser Haftungsvorsorge verrechnet werden.

Unversteuerte Rücklagen

Mangels Zugehörigkeit zum Eigenkapital werden unversteuerte Rücklagen grundsätzlich nicht im Rahmen der Kapitalkonsolidierung verrechnet. § 224 Abs. 3 HGB weist die unversteuerten Rücklagen als eigene Gruppe zwischen Eigen- und Fremdkapital aus. Beinhaltet die HB II einer Tochtergesellschaft demnach unversteuerte Rücklagen, so müssen diese unversteuerten Rücklagen zwingend in den Konzernabschluss übernommen werden.

Ein Wahlrecht bzgl der Übernahme von unversteuerten Rücklagen in den Konzernabschluss enthält § 253 Abs. 3 HGB, der eine Umgliederung von unversteuerten Rücklagen zu den Gewinnrücklagen unter Berücksichtigung von latenten Steuern ermöglicht. Werden die unversteuerten Rücklagen schon in der HB II unter Berücksichtigung der Steuerlatenz als Gewinnrücklagen ausgewiesen, kommt es zu einer Verrechnung des Eigenkapitalanteils im Rahmen der Kapitalkonsolidierung. Über den Grundsatz der einheitlichen Bewertung wird dem Konzernbilanzierenden defacto ein Wahlrecht bzgl der Einbeziehung von unversteuerten Rücklagen in die Kapitalkonsolidierung gewährt.

Ausstehende Einlage

Kommt es im Zuge der Gründung oder bei Kapitalerhöhungen nicht zur vollständigen Kapitaleinzahlung, bilanziert die Tochtergesellschaft eine „ausstehende Einlage". Nach dem Charakter der aussstehenden Einlage ist zwischen einer eingeforderten und nicht eingeforderten ausstehenden Einlage zu unterscheiden, wobei die eingeforderte ausstehende Einlage nicht offen vom Nennkapital abgesetzt wird, sondern idR als Forderung auszuweisen ist.

Bzgl der Behandlung der ausstehenden Einlage im Rahmen der Kapitalkonsolidierung ist ebenfalls zwischen einer eingeforderten und nicht eingeforderten Einlage zu unterscheiden. Zusätzlich zur Einforderung ist auch die Bilanzierung der ausstehenden Einlage im Mutterabschluss zu berücksichtigen. Neben dem Forderungsausweis im Tochterabschluss werden eingeforderte ausstehende Einlagen im Mutterabschluss idR als Verbindlichkeit gegenüber dem Tochterunternehmen bilanziert. Die eingeforderte ausstehende Einlage ist somit spiegelbildlich als Verbindlichkeit und Forderung im Mutter- und Tochterabschluss zu bilanzieren.

Nicht eingeforderte ausstehende Einlagen werden als Korrekturposten zum Nennkapital offen von diesem abgesetzt. Bilanziert die Muttergesellschaft wie im Falle einer eingeforderten ausstehenden Einlage eine Verbindlichkeit, sollte wiederum eine Eliminierung im Rahmen der Schuldenkonsolidierung in Betracht kommen. Wird im Mutterabschluss hingegen nur die unmittelbare Einlage im Beteiligungsansatz berücksichtigt, so kann mangels Verbindlichkeit keine Schuldenkonsolidierungsbuchung Platz greifen. Die einheitstheoretisch richtige Vorgangsweise kann nur darin bestehen, die nicht eingeforderte, ausstehende Einlage der Tochtergesellschaft in die Kapitalkonsolidierung einzubeziehen.

Ausstehende Einlagen gegenüber Minderheitengesellschaftern können mangels einbezogener Verbindlichkeit des Minderheitengesellschafters niemals im Zuge der Schuldenkonsolidierung verrechnet werden. Grundsätzlich bietet sich die Übernahme der ausstehenden Einlage gegenüber Drittgesellschaftern in den Konzernabschluss oder die Verrechnung der ausstehenden Einlage mit dem Minderheitenanteil an.

Zu eliminierendes Eigenkapital bei Personengesellschaften

Die Bilanzgliederung bei Personengesellschaften entspricht im Eigenkapitalbereich nicht jener von Kapitalgesellschaften. Bei Personengesellschaften wird im Bereich des Eigenkapitals idR ein fixes Einlagenkonto und ein variables Gesellschafterverrechnungskonto geführt. In der Einzelabschlussgliederung ist der fixe Einlagebetrag oftmals als Eigenkapital dargestellt, und das variable Verrechnungskonto wird als Verbindlichkeit bzw Forderung gegenüber dem Gesellschafter gezeigt.

Welche Positionen bei Personengesellschaften in die Erstkonsolidierung einfließen, richtet sich nach der Zuordnung der Verrechnungskonten zum Eigen- oder Fremdkapital und der Bilanzierung im Mutterabschluss. Jene Positionen, welche spiegelbildlich als Forderungen und Verbindlichkeiten im Tochter- und Mutterabschluss aufscheinen, werden im Rahmen der Schuldenkonsolidierung eliminiert.

Die Frage, welche Positionen im Rahmen der Kapitalkonsolidierung verrechnet werden, und welcher Unterschiedsbetrag daraus resultiert, ist bei Personengesellschaften jedoch vielfach von untergeordneter Bedeutung, da die Personengesellschaften in den seltensten Fällen direkt in Form einer Beteiligungsakquisition zum Konzernverbund stoßen, sondern idR durch Eigengründung das Mutter-Tochter-Verhältnis begründet wird und bei Eigengründung der Beteiligungsansatz dem zu verrechnenden Eigenkapital entsprechen muss. Bei der Akquisition von Personengesellschaften kommt es oftmals nicht zum Erwerb von direkten Anteilen an der Personengesellschaft sondern zum Erwerb von Anteilen an einer zwischengeschalteten Kapitalgesellschaft. Die Frage des zu verrechnenden Eigenkapitals und des zu verrechnenden Unterschiedsbetrages stellt sich in diesem Fall dann meist nur auf der übergeordneten Stufe der Zwischenholding.

6.2.3 Zeitpunkt der Verrechnung des Eigenkapitals

Im Rahmen der Kapitalkonsolidierung kommt es zur Aufrechnung des Beteiligungsansatzes mit dem zu verrechnenden Eigenkapital der Tochtergesellschaft. Der Zeitpunkt der erstmaligen Aufrechnung von Beteiligung und Kapital fixiert die aufzurechnenden Werte. Da sich sowohl das zu verrechnende Eigenkapital als auch uU der Beteiligungsansatz im Zeitablauf verändern, kommt dem Zeitpunkt der erstmaligen Verrechnung große Bedeutung zu.

Der Erwerbsfiktion und dem Einheitsgrundsatz folgend, muss grundsätzlich als Verrechnungszeitpunkt der Erwerbszeitpunkt herangezogen werden, da auch im Einzelabschluss ein Vermögensgegenstand zu seinen Anschaffungskosten im Erwerbszeitpunkt zu bilanzieren ist.

Neben dem Erwerbszeitpunkt ermöglicht § 254 Abs. 2 HGB aus Vereinfachungsgründen noch die Verrechnung zu zwei weiteren Zeitpunkten:

- Zeitpunkt der erstmaligen Einbeziehung;

- bei Sukzessiverwerb: Zeitpunkt, zu dem das Unternehmen Tochterunternehmen geworden ist.

Durch die Bestimmung des § 254 Abs. 2 HGB hat der österreichische Gesetzgeber sämtliche Wahlrechte der 7. EU-RL in nationales österreichisches Recht transformiert.

Das zu verrechnende Eigenkapital der Tochtergesellschaft verändert sich im Zeitablauf vor allem durch das erwirtschaftete Ergebnis. Positive Ergebnisbeiträge vor dem Erstkonsolidierungsstichtag erhöhen das zu verrechnende Eigenkapital, negative Ergebnisbeiträge vermindern das Eigenkapital der Tochtergesellschaft. Erwirtschaftete Ergebnisse nach dem Erstkonsolidierungszeitpunkt werden der Erwerbsmethode folgend, nicht in das zu verrechnende Eigenkapital einbezogen, sondern in das Konzernergebnis übernommen. Kapitalerhöhungen bzw Kapitalherabsetzungen vor dem Erstkonsolidierungsstichtag beeinflussen ebenfalls das zu verrechnende Eigenkapital und damit den Unterschiedsbetrag aus der Kapitalkonsolidierung. Ausschüttungen vor der erstmaligen Konsolidierung führen zu einem verminderten Eigenkapital bei der Tochtergesellschaft, aber uU auch zu einem verminderten Beteiligungsansatz der Muttergesellschaft, da die Ausschüttung eines erworbenen Ergebnisses idR eine außerplanmäßige Abschreibung notwendig macht. Eine Ausschüttung unmittelbar nach der Erstkonsolidierung ist in jedem Fall zu eliminieren, da dem Einheitsgrundsatz folgend, die Ausschüttung eines erworbenen Ergebnisses kein ergebniswirksamer Vorgang ist, sondern lediglich einen Zahlungsmitteltransfer darstellt.

Erwerbszeitpunkt

Wird als Erstkonsolidierungsstichtag der Zeitpunkt des Erwerbes der Anteile fixiert, erfolgt die Aufrechnung des Beteiligungsansatzes mit dem zu verrechnenden HB II-Eigenkapital der Tochtergesellschaft im Erwerbszeitpunkt. Weicht der Erwerbszeitpunkt vom Konzernabschlussstichtag ab, und wird als Erstkonsolidierungszeitpunkt der Erwerbszeitpunkt gewählt, muss uU ein Zwischenabschluss auf den Erwerbszeitpunkt erstellt werden. Dieser Zwischenabschluss ermöglicht eine genaue Trennung in „erworbenes" und im Konzern erwirtschaftetes Ergebnis. Das seit dem Erwerbszeitpunkt erwirtschaftete Ergebnis der Tochtergesellschaft fließt bereits vollständig in das Konzernergebnis ein.

Um die uU sehr aufwendige Aufstellung eines Zwischenabschlusses zu vermeiden, wird in der Literatur auch die Möglichkeit diskutiert, vom ersten Abschluss der Tochtergesellschaft nach dem Erwerbszeitpunkt eine statistische Rückrechnung der Gewinn- und Verlustrechnung auf den Erwerbszeitpunkt vorzunehmen (DUSEMOND, DB 1994, S.1740; SCHULTE, DB 1994, S. 155). Dabei würde bspw bei Erwerb einer Tochtergesellschaft zum 1.7 des Abschlussjahres je die Hälfte des Jahresergebnisses Teil des zu verrechnenden Eigenkapitals darstellen, bzw bereits in das Konzernergebnis einfließen. Diese Möglichkeit wird nur bei einem gleichmäßigen unterjährigen Ergebnisverlauf der Tochtergesellschaft möglich sein.

Auch bei einer erstmaligen Pflicht zur Konzernrechnungslegung kann der ursprüngliche, uU schon Jahre zurückliegende, Erwerbszeitpunkt als Zeitpunkt der erstmaligen Verrechnung gewählt werden. EGGER/SAMER sehen ein weiteres Wahlrecht darin, den Zeitpunkt der Verrechnung auf das Ende des Erwerbsjahres oder auf das Ende des Geschäftsjahres, in dem das Unternehmen Tochterunternehmen wurde, zu legen (EGGER/SAMER, Der Jahresabschluss – Band II, S. 113). Die zeitanteilige Verrechnung der Unterschiedsbeträge zwischen Erwerbszeitpunkt und erstmaliger Aufstellung des Konzernabschlusses werden in diesem Fall erfolgsneutral gegen die Gewinnrücklagen oder den Gewinnvortrag gebucht.

Zeitpunkt der erstmaligen Einbeziehung

§ 254 Abs. 2 HGB schafft mit der Möglichkeit die Erstkonsolidierung auf den Stichtag der erstmaligen Einbeziehung zu legen, eine Vereinfachungsregelung, die die Aufstellung eines Zwischenabschlusses vermeiden soll. Als Erstkonsolidierungszeitpunkt den Zeitpunkt der erstmaligen Einbeziehung zu wählen, steht nach hA auch bei unterjährigen Beteiligungszugängen oder Wegfall einer Konsolidierungsbefreiung bzw eines Einbeziehungsverbotes nach der erstmaligen Erstellung eines Konzernabschlusses zur Verfügung.

Der Zeitpunkt der erstmaligen Einbeziehung ergibt sich nach § 244 HGB zu jenem Konzernabschlussstichtag, an dem ein Mutter-Tochter-Verhältnis erstmals begründet ist. Falls kein Konsolidierungswahlrecht nach § 249 HGB oder Konsolidierungsverbot nach § 248 HGB zum Tragen kommt, wird dies idR der auf den Erwerb der Beteiligung folgende Bilanzstichtag sein. In diesem Fall ist der Zeitpunkt der erstmaligen Einbeziehung demnach das Ende des Erwerbsjahres. Der Erwerb wird fiktiv auf das Jahresende verschoben. Das Jahresergebnis der Tochtergesellschaft wird als „erworbenes" Jahresergebnis in die Kapitalkonsolidierung mit einbezogen. Im Falle eines positiven Jahresergebnisses vermindert sich dadurch ein etwaiger aktiver Unterschiedsbetrag. Die Bestimmung von stillen Reserven und Lasten hat ebenfalls zum Jahresende zu erfolgen, was uU zu einem erheblichen Mehraufwand führt, da idR Bewertungsgutachten auf den Erwerbszeitpunkt erstellt werden. Durch eine Erstkonsolidierung auf den Stichtag der erstmaligen Einbeziehung wird vermieden, dass das im Erwerbsjahr von der Tochtergesellschaft erwirtschaftete Ergebnis bereits Teil des Konzernergebnisses ist.

Den Beginn des Erwerbsjahres als Erstkonsolidierungsstichtag für eine Neubeteiligung zu fixieren, ist nicht mit § 254 Abs. 2 HGB vereinbar, da zu diesem Zeitpunkt noch kein Mutter-Tochter-Verhältnis besteht. Fallen die Gründe für ein Einbeziehungswahlrecht (§ 249 HGB) oder Einbeziehungsverbot (§ 248 HGB) weg, ist grundsätzlich gleich zu verfahren wie beim Erwerb von Tochtergesellschaften. Erlischt bspw die Unwesentlichkeit des Tochterunternehmens am Konzernabschlussstichtag, muss das Tochterunternehmen zum Konzernabschlussstichtag erstkonsolidiert werden. Das im Stadium der Unwesentlichkeit erwirtschaftete Ergebnis ist Teil des zu verrechnenden Eigenkapitals und fließt demnach nicht in das Konzernjahresergebnis ein. Liegt der

Zeitpunkt für den Wegfall des Konsolidierungswahlrechts oder Verbots zwischen zwei Konzernabschlussstichtagen, kann der unterjährige Stichtag oder der folgende Konzernabschlussstichtag als Erstkonsolidierungsstichtag definiert werden.

Zeitpunkt, an dem das Unternehmen ein Tochterunternehmen wurde

Als zweite Erleichterung gegenüber dem Erwerbszeitpunkt bestimmt § 254 Abs. 2 HGB den Zeitpunkt, an dem ein Unternehmen Tochterunternehmen wurde. Würde man der Erwerbsfiktion der Kapitalkonsolidierung uneingeschränkt folgen, müßte bei sukzessivem Beteiligungserwerb jede Beteiligungsaufstockung auf den Erwerbsstichtag erstkonsolidiert werden. Der Gesetzgeber schränkt die Erwerbsfiktion dadurch ein, als der Erstkonsolidierungsstichtag in diesem Fall auch auf den Erwerbszeitpunkt jener Anteilstranche gelegt werden kann, die ein Mutter-Tochter-Verhältnis begründet. Zulässig sollte es in diesem Fall auch sein, als Erstkonsolidierungsstichtag den Konzernabschlussstichtag zu wählen, der dem Erwerbszeitpunkt der Anteilstranche folgt, welche das Mutter-Tochter-Verhältnis begründet. Bei einer anderen Auslegung müsste bei sukzessivem Anteilserwerb zwingend zumindest der letzte Anteilserwerb zum Erwerbsstichtag erstkonsolidiert werden, und damit eventuell ein Zwischenabschluss aufgestellt werden.

Die Möglichkeit, den Erstkonsolidierungsstichtag bei schrittweisem Beteiligungserwerb auf den Erwerbszeitpunkt der Anteilstranche zu legen, der das Mutter-Tochter-Verhältnis begründet, kann bei einem Beteiligungserwerbsvorgang, der sich über mehrere Geschäftsjahre erstreckt, materiell zu einem sehr unterschiedlichen Erstkonsolidierungsergebnis führen. Das zu verrechnende Eigenkapital wird über die Jahre durch Gewinne und Verluste nachhaltig verändert. Die Ergebnissituation der Vergangenheit bestimmt somit den Unterschiedsbetrag aus der Erstkonsolidierung.

Übernahme von GuV-Werten bei unterjähriger Erstkonsolidierung

In der Literatur umstritten ist die Frage, ob das Wahlrecht für den Erstkonsolidierungsstichtag in § 254 Abs. 2 HGB nur für die Kapitalkonsolidierung und somit nur für den Bilanzausweis Gültigkeit hat, oder ob die unterschiedlichen Erstkonsolidierungsstichtage auch für die Gewinn- und Verlustrechnung maßgeblich sind.

So könnte bspw als Erstkonsolidierungsstichtag der Zeitpunkt der erstmaligen Einbeziehung gewählt werden, die Ertrags- und Aufwandspositionen aber bereits ab dem Erwerbszeitpunkt übernommen werden. Eine GuV-Übernahme ab dem Erwerbszeitpunkt kann aufgrund einer statistischen Rückrechnung aus dem, dem Erwerbszeitpunkt folgenden Abschluss der Tochtergesellschaft vorgenommen werden. Um einen Zwischenabschluss gänzlich zu vermeiden, könnten auch die Ertrags- und Aufwandspositionen für das gesamte Erwerbsjahr übernommen werden, aber der Erstkonsolidierungsstichtag erst mit dem Ende der Abschlussperiode fixiert werden. Weicht die Behandlung in der Gewinn- und Verlustrechnung vom Erstkonsolidierungsstichtag ab, muss innerhalb der Gewinn- und Verlustrechnung ein Ausgleichsposten eingefügt werden, der das im Rahmen der Kapitalkonsolidierung verrechnete Ergebnis auch aus der Konzern-GuV eliminiert.

Die Wahl des Erstkonsolidierungszeitpunktes ist grundsätzlich neutral in bezug auf die Höhe des Konzerneigenkapitals. Wird bspw das Ergebnis der Tochtergesellschaft im Erwerbsjahr als Teil des zu verrechnenden Eigenkapitals angesehen, vermindert sich ein aktiver Unterschiedsbetrag oder erhöht sich ein passiver Unterschiedsbetrag. Das Eigenkapital wird somit unter der Prämisse der erfolgsneutralen Verrechnung eines verbleibenden Unterschiedsbetrages um das verrechnete Ergebnis höher ausgewiesen. Würde das Ergebnis der Tochtergesellschaft im Erwerbsjahr nicht in die Kapitalkonsolidierung einbezogen, würde dadurch ein aktiver Unterschiedsbetrag erhöht oder ein passiver Unterschiedsbetrag vermindert, und damit das Eigenkapital ohne Jahresergebnis um das Jahresergebnis niedriger ausgewiesen. Da das Jahresergebnis der neuen Tochtergesellschaft aber nun im Konzernergebnis enthalten ist, wird das gesamte Konzerneigenkapital wieder in gleicher Höhe ausgewiesen.

6.2.4 Ursachen und Behandlung von Unterschiedsbeträgen

Im Zuge der Kapitalkonsolidierung wird der Beteiligungsbuchwert in der Bilanz der Muttergesellschaft mit dem anteiligen, einheitlich bewerteten Eigenkapital der Tochtergesellschaft aufgerechnet. Sind Beteiligungsbuchwert und zu verrechnendes Eigenkapital nicht deckungsgleich, verbleibt nach der Aufrechnung ein aktiver oder passiver Unterschiedsbetrag.

Ein aktiver Unterschiedsbetrag resultiert immer dann, wenn der Beteiligungsansatz im Mutterabschluss das anteilige HB II-Eigenkapital der Tochtergesellschaft übersteigt. Ein Beteiligungsansatz über dem anteiligen HB II-Eigenkapital der Tochtergesellschaft signalisiert, dass der Erwerber der neuen Tochtergesellschaft bereit war, über das anteilige HB II-Eigenkapital einen zusätzlichen Kaufpreis zu bezahlen. Warum aber sollte ein Erwerber bereit sein, mehr als das anteilige HB II-Eigenkapital der Tochtergesellschaft zu bezahlen? Die Vermutung ist naheliegend, dass die Vermögensgegenstände unterbewertet bzw. die Verbindlichkeiten überbewertet sind. Mit anderen Worten enthält der HB II-Jahresabschluss der neuerworbenen Tochtergesellschaft im Vermögen bzw in den Schulden stille Reserven. Das österreichische Bilanzrecht fördert durch den Vorsichtsgrundsatz (Anschaffungskostenobergrenze, Verlustantizipation, Niederstwertprinzip) die Legung von stillen Reserven. In einem über dem anteiligen HB II-Eigenkapital liegenden Kaufpreis werden deshalb vielfach stille Reserven im Vermögen der Tochtergesellschaft abgegolten.

Wäre das neue Tochterunternehmen nich in Form eines Anteilserwerbes, sondern durch einen „asset-deal" erworben worden, müsste der Erwerber die einzelnen Vermögensgegenstände mit seinen Anschaffungskosten (= alter Buchwert zuzüglich abgegoltener stiller Reserven bzw abgeschlagener stiller Lasten) aktivieren. Da im Rahmen der Konzernrechnungslegung der zivilrechtliche Anteilskauf in einen fiktiven „asset-deal" transformiert wird, fordert § 254 Abs. 1 HGB zu Recht, den aktiven Unterschiedsbetrag aus der Kapitalkonsolidierung in einem ersten Schritt mit (bezahlten) stillen Reserven zu verrechnen. Wie im Rahmen der österreichischen Einzelrechnungslegung ist dabei jedoch die Anschaffungskostenobergrenze zu beachten.

Zusätzlich zur Abgeltung von stillen Reserven im Vermögen der Tochtergesellschaft wird der Erwerber vielfach einen zusätzlichen Kaufpreis für die Anteile bezahlen, um einen etwaigen Geschäfts(Firmen)wert, der die künftigen Ertragserwartungen abbildet, abzudecken. Diese Erwartungen beruhen vielfach auf der Qualität der Belegschaft und des Managements, dem Kundenstamm, dem Ruf des Unternehmens und der damit verbundenen Kreditwürdigkeit, Standortvorteilen, der Produktqualität, dem Know-how, so z. B. Produktionsverfahren, der inneren und äußeren Organisation oder einer günstigen Stellung am Markt. Der Firmenwert aus der Kapitalkonsolidierung entspricht inhaltlich dem Firmenwert aus der Einzelrechnungslegung (DEUTSCH Kapitalkonsolidierung, S. 128). § 254 Abs. 3 HGB bestimmt, dass ein nach der Verrechnung von stillen Reserven und Lasten verbleibender aktiver (Rest)Unterschiedsbetrag einem Geschäfts(Firmen)wert zuzuordnen ist.

Im Gegensatz zum aktiven Unterschiedsbetrag verbleibt nach der Aufrechnung von Beteiligungsansatz und Kapital der Tochtergesellschaft ein passiver Unterschiedsbetrag, wenn das anteilige HB II-Kapital der Tochtergesellschaft den Beteiligungsansatz der Muttergesellschaft übersteigt. Der Erwerber wird für eine Beteiligung immer dann weniger bezahlen als das anteilige HB II-Kapital ausgewiesen ist, wenn der Erwerber stille Lasten im Vermögen oder in den Schulden der neuzuerwerbenden Tochtergesellschaft vermutet. Die Bedeutung von stillen Lasten in einer Übernahmebilanz sind jedoch eher gering, da durch das Vorsichtsprinzip des österreichischen Bilanzrechtes stille Lasten bereits in Form von außerplanmäßigen Abschreibungen und Rückstellungsdotierungen berücksichtigt sein müssten. Wie schon bei einem aktiven Unterschiedsbetrag normiert § 254 Abs. 1 HGB, dass stille Lasten im Vermögen der Tochtergesellschaft zwingend im Rahmen der Erstkonsolidierung – in unbeschränkter Höhe – zu verrechnen sind.

Verbleibt nach der Verrechnung der stillen Lasten ein passiver (Rest)Unterschiedsbetrag, so ist dieser passive Differenzbetrag auf zukünftige erwartete Verluste, Gewinnthesaurierungen zwischen Erwerbs- und Erstkonsolidierungsstichtag oder tatsächlich auf einen durch Verhandlungsgeschick erzielten „Kaufpreisabschlag" (lucky buy) zurückzuführen. § 254 Abs. 3 HGB bestimmt, dass dieser passive (Rest)Posten als „Unterschiedsbetrag aus der Zusammenfassung von Eigenkapital und Beteiligung" auf der Passivseite auszuweisen ist.

Aktiver Unterschiedsbetrag	Passiver Unterschiedsbetrag
bezahlte stille Reserve	nicht ausreichende Rückstellungen
bezahltes, nicht bilanziertes immaterielles Vermögen	im Kaufpreis berücksichtigte (mindernde) Verlusterwartungen (badwill)
im Kaufpreis berücksichtigte Zukunftschancen (Firmenwert)	Kaufpreis unter der Summe der Liquidationswerte (lucky buy)

6.2.4.1 Berücksichtigung stiller Reserven und Lasten im Rahmen der Erstkonsolidierung

Nach § 254 Abs. 1 HGB ist ein aktiver oder passiver Unterschiedsbetrag in einem ersten Schritt dadurch zu verrechnen, dass die einzelnen Vermögensgegenstände und Schulden nicht mit den übernommenen, einheitlich bewerteten Buchwerten, sondern mit den Werten zum Erstkonsolidierungszeitpunkt anzusetzen sind.

Bei den nachfolgenden Ausführungen wird einheitlich von einem 100%igen Mutter-Tochter-Verhältnis ausgegangen, sodass sich, wie weiter unten noch gezeigt wird, kein Unterschied zwischen Buchwert- und Neubewertungsmethode ergibt. Zum Problemkreis des Wertansatzes der Vermögensgegenstände und Schulden der Tochtergesellschaft im Rahmen der Erstkonsolidierung gehören folgende Sachverhalte:

- Definition der entsprechenden beizulegenden Werte

- Bestimmung von stillen Reserven und Lasten

- Grenzen der beizulegenden Werte

- Zuordnungsreihenfolge von stillen Reserven und Lasten

- Zuordnungsmethoden von stillen Reserven

- Stille Reserven/Lasten und latente Steuern

- Konkurrenz zwischen stillen Reserven/Lasten und einheitlicher Bewertung

- Mögliche Vernachlässigung von stillen Reserven und Lasten

Definition von beizulegendem Wert, stillen Reserven und stillen Lasten

Gemäß § 254 Abs. 1 HGB „ist ein sich ergebender Unterschiedsbetrag den Wertansätzen von in der Konzernbilanz anzusetzenden Vermögensgegenständen und Schulden des jeweiligen Tochterunternehmens insoweit zuzuschreiben oder mit diesen zu verrechnen, als deren Wert höher oder niedriger ist als der bisherige Wertansatz". Als bisheriger Wertansatz wird dabei der Buchwert nach Durchführung der einheitlichen Bewertung verstanden. Das österreichische Konzernbilanzrecht definiert nicht näher, was unter „Wert" für die einzelnen Vermögensgegenstände und Schulden zu verstehen ist. § 254 Abs. 2 HGB führt lediglich aus, dass die Wertansätze zum Zeitpunkt des Erwerbes, der erstmaligen Konsolidierung oder bei Sukzessiverwerb zum Zeitpunkt der Begründung des Mutter-Tochter-Verhältnisses heranzuziehen sind. Somit kommt als Zeitpunkt für die Wertfindung nur der Zeitpunkt der Erstkonsolidierung in Betracht.

Da der angelsächsischen Methode der Kapitalkonsolidierung der Gedanke eines fiktiven Einzelerwerbes aller Vermögensgegenstände und Schulden der Tochtergesellschaft zu Grunde liegt, ist abzuleiten, dass der Gesetzgeber als ansatzpflichtigen Wert den Anschaffungspreis für jeden einzelnen Vermögensgegenstand bzw. Schuldenposten verstanden wissen will. Würden die einzelnen Vermögensgegenstände und Schulden der Tochtergesellschaft nicht im Rahmen eines Beteiligungserwerbes (share deal), sondern eines Erwerbes als Sachgesamtheit (asset deal) erworben, müssten als Wertansätze gem § 203 Abs. 1 HGB die Anschaffungskosten angesetzt werden. Als Anschaffungskosten definiert § 203 Abs. 2 HGB die „Aufwendungen, die geleistet werden, um einen Vermögensgegenstand zu erwerben und ihn in einen betriebsbereiten Zustand zu versetzen, soweit sie dem Vermögensgegenstand einzeln zugeordnet werden können."

Einem aktiven oder passiven Unterschiedsbetrag muss demnach die Differenz zwischen dem einheitlich bewerteten Buchwert und dem jeweiligen fiktiven Anschaffungswert zum Erstkonsolidierungszeitpunkt zugeordnet werden. Die Zuordnung von stillen Reserven und Lasten darf in diesem Zusammenhang nicht mit dem Aufdecken von stillen Reserven und Lasten im Rahmen der Einzelrechnungslegung gleichgesetzt werden. Die Hilfsrechnung

6 Kapitalkonsolidierung
6.2 Erstkonsolidierung

bzgl der Zuordnung von stillen Reserven und Lasten im Rahmen der Kapitalkonsolidierung ist nur deshalb notwendig, weil die, im Rahmen der Erstkonsolidierung zu übernehmenden Vermögensgegenstände und Schulden idR nicht zu den aus Konzernsicht bezahlten und ansatzpflichtigen Anschaffungskosten bilanziert sind, sondern zu den seinerzeitigen oftmals niedrigeren fortgeschriebenen Anschaffungskosten ausgewiesen werden. Würde bei einer Kapitalgesellschaft im Zuge eines Gesellschafterwechsels auch eine Zwischenbilanz zu Zeitwerten bzw. zeitnahen Anschaffungskosten erstellt werden, könnte im Rahmen der Kapitalkonsolidierung die Zuordnung von stillen Reserven und Lasten unterbleiben.

Im Zuge der Kaufpreisermittlung für eine Beteiligung spielen idR weniger Substanzwerte als vielmehr Ertragswerte eine entscheidende Rolle. Die zukünftige Muttergesellschaft erwirbt aus betriebswirtschaftlicher Sichtweise nicht einzelne Vermögensgegenstände und Schulden, sondern eine Synthese aus Vermögensgegenständen, Schulden, Know How, Mitarbeitern etc. Im Zuge der Unternehmensbewertung wird dabei in vielen Fällen kein Substanzwertverfahren, sondern ein Ertragswertverfahren zum Einsatz kommen. Der Erwerber der Beteiligung weiß somit uU nicht, wie hoch die Anschaffungspreise für die einzelnen Vermögensgegenstände und Schulden sind! Ertragswertberechnungen aus der Unternehmensakquisition bilden keine Grundlage für die Bestimmung der stillen Reserven und Lasten für die einzelnen Vermögensgegenstände und Schulden. Obwohl der Kaufpreis somit uU unabhängig von der Substanz der Beteiligung ermittelt wurde, muss für Zwecke der Kapitalkonsolidierung der Kaufpreis der Beteiligung in fiktive Kaufpreise für die einzelnen Vermögensgegenstände und Schulden transformiert werden.

Bei einer solchen fiktiven Anschaffungskostenermittlung wird dem Bilanzierenden ein großer Spielraum zur Verfügung stehen, da genaue Bewertungsgutachten oder vergleichbare Marktpreise nur in den seltensten Fällen zur Verfügung stehen. Die Bestimmung der fiktiven Einzelanschaffungskosten liegt somit im Ermessen des Konzernbilanzerstellers. Das Problem der Festlegung von Einzelanschaffungskosten stellt sich grundsätzlich gleich dar wie im Rahmen eines „asset deals" in der Einzelrechnungslegung.

§ 254 HGB enthält keine Erläuterungspflicht in bezug auf die Ermittlung der fiktiven Anschaffungskosten bzw eine Anhangspflicht bei welchen Vermögensgegenständen und Schulden stille Reserven und Lasten verrechnet wurden.

Grenzen für die Zuordnung von stillen Reserven und Lasten

Im Rahmen der Kapitalkonsolidierung werden die übernommenen Vermögensgegenstände und Schulden nicht mit den Buchwerten sondern mit den fiktiven Anschaffungskosten angesetzt. Um von den übernommenen Buchwerten der Tochtergesellschaft zu den fiktiven Anschaffungskosten zu gelangen, müssen erworbene stille Reserven und Lasten den einzelnen Vermögensgegenständen und Schulden zugeordnet werden.

§ 254 Abs. 1 HGB schränkt die Zuordnung der stillen Reserven auf die „Anschaffungskosten des Mutterunternehmens für die Anteile an dem einbezogenen Tochterunternehmen" ein.

Die in § 254 Abs. 1 HGB kodifizierte Anschaffungskostenobergrenze bezieht sich sowohl auf jeden einzelnen Vermögensgegenstand, als auch auf die Summe aller Vermögensgegenstände. Der einzelne übernommene Vermögensgegenstand darf maximal mit den fiktiven Einzelanschaffungskosten angesetzt werden. Die fiktiven Einzelanschaffungskosten dürfen dabei nicht isoliert für jedes Gut ermittelt werden, sondern müssen eingebettet im Konex der erworbenen Tochtergesellschaft gesehen werden. Ein Ansatz über den fiktiven Einzelanschaffungswerten ist unzulässig, vielmehr ist bei einem Kaufpreis für die Beteiligung, der über der Summe der Einzelanschaffungskosten liegt, ein Geschäfts- oder Firmenwert auszuweisen. Liegt die Summe der fiktiven Einzelanschaffungskosten über den Anschaffungskosten der Beteiligung, dürfen die Anschaffungskosten der Beteiligung ebenfalls nicht überschritten werden. In diesem Fall kommt es zu dem weiter unten diskutierten Zuordnungsproblem der stillen Reserven. Wie weiter unten noch näher ausgeführt wird, ergibt sich aus der Anschaffungskostenobergrenze die Notwendigkeit, stille Lasten vor den stillen Reserven zuzuordnen (ORDELHEIDE, DB 1986, S. 497, REIGE, BB 1987, S. 1217).

6 Kapitalkonsolidierung
6.2 Erstkonsolidierung

Die grundsätzliche Notwendigkeit, sowohl stille Reserven, als auch stille Lasten zuzuordnen, führt aufgrund der Anschaffungskostenobergrenze bei aktiven und passiven Unterschiedsbeträgen zu unterschiedlichen Ergebnissen.

Verbleibt nach Aufrechnung von Beteiligung und Kapital ein aktiver Unterschiedsbetrag, müssen in einem ersten Schritt stille Lasten zugeordnet werden. Durch die Zuordnung der stillen Lasten vergrößert sich der aktive Unterschiedsbetrag. Dieser vergrößerte Unterschiedsbetrag steht nun in einem zweiten Schritt für die Verrechnung von stillen Reserven zur Verfügung. Für die Verrechnung von stillen Reserven steht somit nicht nur der ursprüngliche aktive Unterschiedsbetrag, sondern zusätzlich die zugeordneten stillen Lasten zur Verfügung. Durch die Anschaffungskostenobergrenze ergibt sich, dass ein einmal entstandener aktiver Unterschiedsbetrag durch die Zuordnung von stillen Reserven und Lasten niemals in einen passiven Unterschiedsbetrag überführt werden kann.

Obwohl § 254 Abs. 1 HGB im Rahmen der Buchwertmethode von einem zu verrechnenden Unterschiedsbetrag spricht, muß auch bei (uU zufälliger) Deckungsgleichheit von Beteiligungsansatz und zu verrechnendem Eigenkapital untersucht werden, ob stille Reserven und Lasten zu verrechnen sind. Diese Fragestellung ist immer dann zu überprüfen, wenn stille Lasten vorhanden sind, welche anschließend wieder einen Raum zur Verrechnung von stillen Reserven bieten.

Stille Lasten sind, sowohl bei einem aktiven, als auch bei einem passiven Unterschiedsbetrag in jedem Fall unbegrenzt zuordenbar!

Übersteigt das zu verrechnende Eigenkapital der Tochtergesellschaft den Beteiligungsansatz im Abschluss der Muttergesellschaft, resultiert daraus ein passiver Unterschiedsbetrag. Gleich wie bei einem aktiven Unterschiedsbetrag, sind in einem ersten Schritt stille Lasten und erst daran anschließend stille Reserven aufzudecken. Wie schon ausgeführt wurde, bestehen bzgl der Zuordnung der stillen Lasten keine Grenzen. Durch diese Tatsache kann ein passiver Unterschiedsbetrag durch die Zuordnung der stillen Lasten in einen aktiven Unterschiedsbetrag überführt werden, wenn die stillen Lasten den passiven Unterschiedsbetrag übersteigen. Durch die Anschaffungskostenobergrenze können bei einem passiven Unterschiedsbetrag nur dann stille Reserven verrechnet werden, wenn stille Lasten vorhanden sind. Im Falle eines passiven Unterschiedsbetrages können stille Reserven somit immer nur in Höhe der zugeordneten stillen Lasten verrechnet werden.

Wird durch die Zuordnung der stillen Lasten ein passiver Unterschiedsbetrag in einen aktiven Unterschiedsbetrag transformiert, steht für die Verrechnung von stillen Reserven nicht nur der aktive Unterschiedsbetrag sondern zuzüglich das volle Ausmaß der stillen Lasten zur Verfügung.

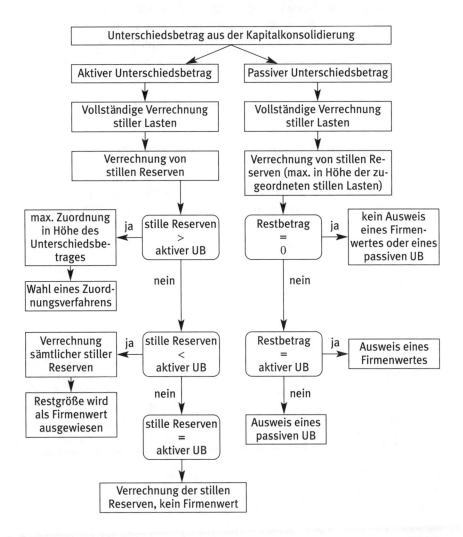

Zuordnungsmethoden von stillen Reserven und Lasten

Wie die vorige Grafik zeigt, kann sich die Konstellation ergeben, bei der mehr zuordenbare stille Reserven vorhanden sind, als an Unterschiedsbetrag nach Zuordnung der stillen Lasten zur Verfügung steht. Diese Situation kann sich sowohl bei einem passiven, als auch bei einem aktiven Unterschiedsbetrag nach Zuordnung der stillen Lasten ergeben. Wie schon ausgeführt wurde, werden die zuordenbaren stillen Reserven durch die Anschaffungskosten der Beteiligung, als auch durch die zugeordneten stillen Lasten begrenzt. Die nachfolgend beschriebenen Zordnungsmethoden kommen, nicht nur bei einem aktiven Unterschiedsbetrag zum Einsatz, sondern finden in folgenden Situationen Anwendung:

- Der verbleibende aktive Unterschiedsbetrag zuzüglich der aufgedeckten stillen Lasten ist kleiner, als die zuordenbaren stillen Reserven.

- Bei einem passiven Unterschiedsbetrag übersteigen die stillen Reserven die bereits zugeordneten stillen Lasten.

Es muß nochmals darauf hingewiesen werden, dass die Zuordnungsmethoden für stille Reserven immer erst nach der Aufdeckung der stillen Lasten zur Anwendung kommen, da die zugeordneten stillen Lasten das Ausmaß der zuordenbaren stillen Reserven vergrößert!

Die einzelnen Zuordnungsmethoden werden anhand folgender Beispielzahlen erläutert:

Beispiel:

Die Muttergesellschaft M ist zu 100% mit einem Beteiligungsansatz von 15.000 an der Tochtergesellschaft T beteiligt. T hat ein nach einheitlicher Bewertung zu verrechnendes Eigenkapital von 8.000. Im Abschluss von T sind die Forderungen um 100 zu hoch bewertet, da im Ausmaß von 100 durch neue Erkenntnisse im Erstkonsolidierungszeitpunkt Forderungsausfälle drohen. Im Vermögen von T sind folgende stillen Reserven enthalten: Grundvermögen 3.000, Gebäude 1.500, Maschinen 2.000, Vorräte 4.000, Rückstellungen 500.

Quotale Zuordnung

Bei der quotalen Zuordnung werden die stillen Reserven im Verhältnis zum verrechenbaren Unterschiedsbetrag zugeordnet.

Verhältnis $\dfrac{7.100}{11.000}$ **64,545%**

	100,00%	64,55%
Grundvermögen	3.000	1.936
Gebäude	1.500	968
Maschinen	2.000	1.291
Vorräte	4.000	2.582
Rückstellungen	500	323
	11.000	7.100

Dieses Verfahren ist nach hA zu bevorzugen, obwohl es uU zu einem erheblichen Konsolidierungsaufwand führt, und dem Wesentlichkeitsgrundsatz der Konsolidierung in Einzelfällen nicht Rechnung trägt. Wären bspw die Rückstellungen nur um 50 Einheiten zu hoch dotiert, würden auch anteilig die um 50 Einheiten zu hoch dotierten Rückstellungen berücksichtigt, obwohl die stillen Reserven im Grundvermögen und in den Maschinen von wesentlich höherem Umfang sind. In der Konsolidierungspraxis kann diese Methode dazu führen, dass eine umfangreiche Konsolidierungsbuchhaltung zur Verfolgung der stillen Reserven notwendig ist.

Zuordnung nach der Bedeutung der stillen Reserven
Bei dieser Methode wird der zuordenbare Unterschiedsbetrag in der Reihenfolge des Umfangs der stillen Reserven verrechnet. Die Bedeutung könnte dabei absolut in Höhe der stillen Reserve oder relativ im Verhältnis zum jeweiligen Buchwert definiert werden, wobei der absoluten Bedeutung der Vorrang einzuräumen ist.

Vorräte	4.000	4.000
Grundvermögen	3.000	3.000
Maschinen	2.000	100
Gebäude	1.500	
Rückstellungen	500	
	11.000	7.100

Die Zuordnung nach der Bedeutung der stillen Reserven trägt dem Wesentlichkeitsgrundsatz der Konzernrechnungslegung am besten Rechnung. Da bei diesem Verfahren uU für nur wenige Posten stille Reserven aufgedeckt werden, kann der Konsolidierungsaufwand in Grenzen gehalten werden. Dem true und fair view wird durch die Zuordnung der bedeutendsten stillen Reserven in jedem Fall Rechnung getragen.

Zuordnung nach zunehmender Liquidierbarkeit
Bei dieser Zuordnungsmethode werden zunächst jene stillen Reserven zugeordnet, bei denen die längste Verweildauer im Konzern anzunehmen ist.

Grundvermögen	3.000	3.000
Gebäude	1.500	1.500
Maschinen	2.000	2.000
Rückstellungen	500	500
Vorräte	4.000	100
	11.000	**7.100**

Die Anwendung dieser Methode führt dazu, dass im Vergleich zu anderen Methoden die stillen Reserven am längsten in der Konzernbilanz aktiviert sind, und die Konzern GuV erst später durch die Abschreibungen bzw Buchwertabgänge der stillen Reserven belastet wird. Durch die Anwendung dieser Methode kann sowohl das konzernbilanzpolitische Ziel einer hohen Eigenkapitalquote, als auch die Zielsetzung eines in naher Zukunft hohen Konzernjahresüberschusses erreicht werden. Die Anwendung dieser Methode unterstützt somit eine progressive Bilanzpolitik. Diese Methode erscheint für die praktische Anwendung geeignet, da für Vermögensgegenstände, welche erst in weiter Zukunft aus dem Konzern ausscheiden, uU eher Bewertungsgutachten bzw Zeitwerte vorliegen, als bei sehr schnell zu veräußernden Vermögensgegenständen.

Zuordnung nach abnehmender Liquidierbarkeit
Im Gegensatz zur Zuordnungsmethode der zunehmenden Liquidierbarkeit, werden bei der Methode der abnehmenden Liquidierbarkeit jene stillen Re-

serven bevorzugt verrechnet, welche zeitlich am frühesten in Geld umgewandelt werden. Folgt man wieder dem Gliederungsschema gem § 224 HGB, werden die stillen Reserven zuerst den Forderungen, und Vorräten und erst anschließend dem Anlagevermögen zugeordnet.

Vorräte	4.000	4.000
Rückstellungen	500	500
Maschinen	2.000	2.000
Gebäude	1.500	600
Grundvermögen	3.000	
	11.000	7.100

Diese Zuordnungsreihenfolge wird sich bei jenen bilanzpolitischen Zielsetzungen am besten eignen, bei welchen ein niedriges Konzernergebnis angestrebt wird. Die Anwendung dieser Methode kann aber auch zum Ausdruck bringen, dass der Beteiligungserwerb nicht aus Substanzwertüberlegungen als vielmehr aus Ertragswertgesichtspunkten vorgenommen wurde. Da für die zugeordneten stillen Reserven nur eine geringe Konzernverweildauer verbleibt, entfällt uU schon in der Folgeperiode die Aktivierung von stillen Reserven.

Durch die Zuordnung nach abnehmender Liquidierbarkeit kann häufig eine umfangreiche Konzernanlagenbuchführung vermieden, bzw der Konsolidierungsaufwand erheblich verkleinert werden, da uU schon im Rahmen der Folgekonsolidierung der volle, bzw ein Teil des Unterschiedsbetrages gegen den Gewinnvortrag bzw die Gewinnrücklagen ausgebucht werden kann.

Zuordnung nach der Bestimmtheit der stillen Reserven
Mangels Datenmaterial kann es oftmals schwierig sein, einen Unterschiedsbetrag stillen Reserven in den Vermögensgegenständen und Schulden zuzuordnen. Wurde eine Beteiligung aufgrund eines Ertragswertgutachtens erworben, stehen grundsätzlich keine Informationen bzgl. der Zeitwerte der einzelnen Vermögensgegenstände und Schulden zur Verfügung. Liegen keine konkreten Daten bzgl stiller Reserven vor, kann daraus uU geschlossen werden, dass auch keine stillen Reserven vorhanden sind, und ein Kaufpreis,

der über dem buchmäßigen Eigenkapital der Tochtergesellschaft liegt, rein auf Ertragserwartungen zurückzuführen ist, und folglich nur einem Firmenwert zugeordnet werden kann.

Neben einer Ertragswertermittlung wird es aber vielfach zu einer groben Feststellung von stillen Reserven kommen, dh, dass bspw für Liegenschaftsvermögen, bei denen stille Reserven vermutet werden, Gutachten vorhanden sind, oder der Zeitwert durch Fremdvergleiche festgestellt oder geschätzt werden kann.

Bei der Zuordnungsmethode nach der Bestimmheit der stillen Reserven wird versucht, nur jene stillen Reserven zuzuordnen, die am exaktesten bestimmt werden können. Obwohl bei dieser Zuteilungsmethode dem Bilanzierenden uU ein nicht unerheblicher Ermessensspielraum eingeräumt wird, muß dieses Verfahren als praxisorientiert und als mit der Generalklausel vereinbar eingestuft werden. Durch die gängige Praxis der Ertragswertermittlung im Rahmen von Beteiligungsakquisitionen treten die Zeitwerte der erworbenen Vermögensgegenstände und Schulden in den Hintergrund und werden nur bei wesentlichem Umfang ermittelt bzw dokumentiert. Dieses Verfahren trägt diesem Umstand Rechnung, indem nur bekannte und quantifizierbare stille Reserven zugeordnet werden. Das Vorsichtsprinzip wird dadurch beachtet, dass stille Reserven, welche nicht genau bestimmt sind, nicht aktiviert werden, und ein ev dadurch zu hoch ausgewiesener Firmenwert gem § 204 Abs. 2 HGB abzuschreiben ist.

Da im obigen Beispielfall angenommen wurde, dass die stillen Reserven bspw durch ein Substanzwertgutachten dokumentiert sind, kann mit den vorhandenen Beispieldaten eine Zuordnung nach der Bestimmtheit der stillen Reserven nicht vorgenommen werden.

Eine willkürliche Zuordnung der stillen Reserven ist abzulehnen, da dies einen Verstoß gegen die Klarheit und Übersichtlichkeit, die Generalklausel und das Vorsichtsgebot darstellen würde. Es muß jedoch angemerkt werden, dass durch die Fülle an vorgeschlagenen Methoden dem Bilanzersteller ein sehr effizientes konzernabschlusspolitisches Instrument zur Verfügung steht, da je nach bilanzpolitischer Zielsetzung nahezu immer ein geeignetes Zuordnungsverfahren gefunden werden kann.

Mögliche Vernachlässigung von stillen Reserven und Lasten

Die Konzeption des § 254 HGB und des Einheitsgrundsatzes verlangen ausdrücklich, dass ein aktiver oder passiver Unterschiedsbetrag in einem ersten Schritt durch stille Reserven und Lasten zu verrechnen ist, und erst ein verbleibender Restbetrag als Firmenwert oder passiver Unterschiedsbetrag ausgewiesen werden darf. Trotz der eindeutigen Bestimmung im österreichischen Konzernbilanzrecht soll untersucht werden, ob ein aktiver oder passiver Unterschiedsbetrag in jedem Fall durch stille Reserven oder Lasten zu verrechnen ist.

Gegen die zwingende Verrechnung lassen sich folgende Argumente anführen:

- Beteiligungsakquisitionen werden in den meisten Fällen aufgrund von Ertragswertgutachten durchgeführt. Die einzelnen Substanzwerte für die Vermögensgegenstände und Schulden treten in den Hintergrund. Der Wert des Unternehmens bemißt sich somit nur in der Fähigkeit, zukünftige Gewinne zu erwirtschaften.

- Mangels Datenmaterial ist eine korrekte Zuordnung von stillen Reserven und Lasten oftmals nicht möglich.

- Die Zuordnung von stillen Reserven und Lasten zu verschiedenen Vermögensgegenständen und Schulden bewirkt einen erheblichen Konsolidierungsaufwand.

Aufgrund der oben angeführten Argumente, sprechen sich zahlreiche Autoren (PLATZER (§ 254) in: STRAUBE (Kommentar RLG), Rz 18, WEBER, Kapitalkonsolidierung, S. 112, SCHINDLER Kapitalkonsolidierung, S. 201) unter gewissen Bedingungen gegen eine zwingende Zuordnung von stillen Reserven und Lasten aus. Der Verfasser schließt sich diesen Meinungen in nachfolgenden Fällen an:

- Die stillen Reserven und Lasten sind nur mit erheblichem Arbeitsaufwand und Kosten bestimmbar und im Verhältnis zu den Buchwerten von untergeordneter Bedeutung.

- Die Differenz von Beteiligung und anteilig zu verrechnendem Kapital ist von untergeordneter Bedeutung, und die anteiligen stillen Reserven und Lasten sind im Verhältnis zu den Buchwerten auch vernachlässigbar.
- Zwischen Erwerbs- und Einbeziehungszeitpunkt liegt eine große Zeitspanne.

Bei allen oben angeführten Fällen, kann uE eine aktive oder passive Konsolidierungsdifferenz direkt einem Geschäfts(Firmen)wert oder einem passiven Unterschiedsbetrag zugeordnet werden. Die Frage, ob vorhandene stille Reserven und Lasten zuzuordnen sind, darf jedoch niemals aus konzernbilanzpolitischen Überlegungen beantwortet werden, sondern muß immer dem Wesentlichkeitsgrundsatz unterworfen werden.

In einer deutschsprachigen, empirischen Untersuchung wurde festgestellt, dass viele Konzerne entgegen den ausdrücklichen Bestimmungen des Gesetzes, auf eine Zuordnung bei untergeordneter Bedeutung verzichten (RAMMERT/WILHELM, WPg 1991, S. 103).

Steuerabgrenzung für stille Reserven und Lasten

Im Rahmen der Kapitalkonsolidierung weicht das Konzernergebnis aufgrund von erfolgswirksamen Konsolidierungsbuchungen von der Summe der Einzelergebnisse ab. Erfolgswirksame Konsolidierungsbuchungen resultieren bspw aus der Auflösung von aktiven Unterschiedsbeträgen im Rahmen der Folgekonsolidierung. Die aufgedeckten stillen Reserven werden ergebniswirksam über eine bestimmte Laufzeit abgeschrieben. Diese Abschreibungsbeträge sind durch den Einheitsgrundsatz begründet und würden im Falle einer Konzernbesteuerung die Steuerbelastung vermindern. Hätte nämlich die Muttergesellschaft keinen share-deal sondern einen asset-deal, der innerhalb der Konzernrechnungslegung fiktiv hergestellt wird, durchgeführt, wären die stillen Reserven aufgedeckt worden und steuermindernd abzuschreiben gewesen. Insoferne ist dem Einheitsgrundsatz folgend, im Rahmen der Folgekonsolidierung die Abgrenzung latenter Steuern notwendig, um eine fiktive Konzernbesteuerung zu zeigen.

Zahlreiche Autoren vertreten jedoch die Ansicht, dass für diese erfolgswirksamen Konsolidierungsbuchungen keine latenten Steuern verrechnet werden dürfen, da § 258 HGB für die Abgrenzung von latenten Steuern im Rahmen der Konsolidierung einen voraussichtlichen Ausgleich des zu hohen oder zu niedrigen Steueraufwandes in späteren Geschäftsjahren fordern (BAETGE Konzernbilanzen, S. 440, KÜTING, DB 1983, S. 460, BECKER DB 1991, S. 1741, COENENBER/HILLE DBW 1979, S. 613, IDW, WP-Handbuch, S. 823, PLATZER (§ 254), in: STRAUBE (Kommentar zum RLG), Rn 16). In der oben angeführten Literatur wird die Auffassung vertreten, dass es sich bei den erfolgswirksamen Konsolidierungsbuchungen um quasi-permanente Abweichungen handelt, da nicht absehbar ist, wann sich die Abweichungen voraussichtlich ausgleichen.

6.2.4.2 Firmenwert

Nach § 254 Abs. 3 HGB ist ein nach der Verrechnung von stillen Reserven und Lasten verbleibender aktiver Unterschiedsbetrag als Geschäfts(Firmen)wert auszuweisen. Im Rahmen der Kapitalkonsolidierung ergibt sich bei einem aktiven Unterschiedsbetrag demnach der Firmenwert als Differenzgröße zwischen dem zu verrechnenden Eigenkapital der Tochtergesellschaft inklusive aufzudeckender stiller Reserven und Lasten und dem Beteiligungsansatz der Muttergesellschaft. Das österreichische Konzernbilanzrecht verlangt, dass dieser Restposten als Geschäft(Firmen)wert auszuweisen ist. Insoweit besteht in der Konzernrechnungslegung kein Ansatzwahlrecht, sondern eine Ansatzpflicht.

Aus der Systematik der Konzernrechnungslegung ergibt sich, dass der Firmenwert nicht nach einer konkreten Bewertungsmethode bestimmt wird, sondern allein als Differenzbetrag ermittelt wird. Aufgrund dieser Differenzenrechnung wird auch deutlich, dass der Firmenwert nicht selbständig bewertungsfähig und einzelveräußerungsfähig ist. Somit stellt, den Grundsätzen ordnungsmäßiger Buchführung folgend, der Firmenwert keinen Vermögensgegenstand dar, sondern muß als Bilanzierungshilfe eingestuft werden (MUJKANOVIC, BB 1994, S. 895, MÜLLER-DAHL, BB 1981, S. 277, HOFIANS, Bilanzierungshilfen, S. 120ff).

Das dHGB und auch die dazu erschienene deutschsprachige Literatur sieht im Firmenwert der Kapitalkonsolidierung die gleiche Restgröße, die sich bei einem „asset-deal" im Rahmen der Einzelrechnungslegung ermitteln läßt (WEBER/ZÜNDORF, DB 1989, S. 333). § 261 Abs. 1 HGB unterscheidet zwischen einem verbleibenden aktiven (Rest)Unterschiedsbetrag und einem Unterschiedsbetrag der einem erworbenen Geschäfts(Firmen)wert im Sinne des § 203 HGB entspricht. Diese Unterscheidung ist deshalb von Relevanz, da der österreichische Gesetzgeber nur bei einem Unterschiedsbetrag iS des § 203 HGB eine planmäßige Abschreibung über die voraussichtliche Nutzungsdauer zuläßt.

Nach § 203 Abs. 5 HGB kann innerhalb der Einzelrechnungslegung ein Geschäfts(Firmen)wert nur angesetzt werden, wenn er einem erworbenen, dh derivativen Firmenwert entspricht. Bei Anwendung der Einheitstheorie innerhalb der Konzernrechnungslegung bedeutet das Verbot der Aktivierung eines originären Firmenwertes, dass ein aktiver Unterschiedsbetrag, der zwischen Erwerbszeitpunkt und erstmaliger Einbeziehung entstanden ist (zB durch Verluste, die im Beteiligungsansatz keine Berücksichtigung fanden oder bei ausländischen Gesellschaften durch Währungsabwertung), niemals aktiviert werden darf, und damit auch nicht zu mindestens einem Fünftel abzuschreiben ist.

Als Beispiele für einen bloßen verbleibenden Unterschiedsbetrag, der nicht über die voraussichtliche Nutzungsdauer abgeschrieben werden darf, sind anzuführen (PLATZER, (§ 261), in: STRAUBE (Kommentar RLG), Rn 3):

- nicht aufgedeckte stille Reserven, da betraglich unbedeutend;

- nicht aufgelöste unversteuerte Rücklagen im Rahmen der Kapitalkonsolidierung.

6.2.4.3 Verbleibender passiver Unterschiedsbetrag

Entstehungsursachen eines passiven Unterschiedsbetrages

Sind Beteiligungsansatz und zu verrechnendes Eigenkapital nicht deckungsgleich, verbleibt ein aktiv- oder passivseitiger Unterschiedsbetrag. Immer dann, wenn der Beteiligungsansatz für eine Tochtergesellschaft kleiner ist als das zu verrechnende Eigenkapital, entsteht ein passivseitiger Unterschiedsbetrag.

Entstehungsursachen für einen verbleibenden passiven Unterschiedsbetrag:

- Im Kaufpreis der Beteiligung wurden zukünftige Verluste oder Aufwendungen kaufpreismindernd geltend gemacht. Der zukünftig erwartete Verlust wird somit bereits von der Verkäuferseite vorweggenommen und getragen.

- Zwischen Erwerbszeitpunkt und Erstkonsolidierungszeitpunkt wurden positive Ergebnisse der Tochtergesellschaft thesauriert. Durch Gewinnthesaurierung ist das buchmäßige Eigenkapital im Gegensatz zum Beteiligungsansatz gestiegen.

- Zwischen Erwerbszeitpunkt und Erstkonsolidierungszeitpunkt wird der Beteiligungsansatz der Muttergesellschaft erfolgswirksam abgeschrieben. Wurde der Beteiligungsansatz in höherem Ausmaß wertberichtigt als das zu verrechnende Eigenkapital durch Verluste seit dem Erwerbszeitpunkt geschmälert wurde, folgt im Rahmen der Kapitalkonsolidierung ein passivseitiger Unterschiedsbetrag. Wie bei der Gewinnthesaurierung, ist dieser Unterschiedsbetrag auf die Zeit während der Konzernzugehörigkeit zurückzuführen.

- Aufgrund von gutem Verhandlungsgeschick konnte der Käufer das Unternehmen trotz positiver Ertragserwartungen unter dem buchmäßigen Eigenkapital erwerben (lucky buy). Solche „glücklichen Käufe" werden in der Unternehmenspraxis wohl nur sehr selten anzutreffen sein. Vielmehr wird sich uU die Konstellation ergeben, dass der Käufer die Gesellschaft zwar unter deren Ertragswert erwirbt, aber trotzdem mehr bezahlt, als dem buchmäßigen Eigenkapital entspricht. Einem Kaufpreis unter dem buchmäßigen Eigenkapital wird die Verkaufsseite, in Kenntnis der Jahresabschlusszahlen, ohne besondere Gründe, durch reines Verhandlungsunvermögen nur in den seltensten Fällen zustimmen. Vielmehr wird ein Verkaufspreis unter dem buchmäßigen Eigenkapital auf gewichtige Gründe, wie Ertragsschwäche, Illiquidität, existenzbedrohender Konkurrenzdruck oder bspw Know-How-Rückstand zurückzuführen sein. In einem solchen

Fall kann aus Käufersicht aber nicht von einem „glücklichen Kauf", als vielmehr von einem kalkulierten Geschäft gesprochen werden.

Ausweis eines verbleibenden passiven (Rest)Unterschiedsbetrages im Rahmen der Erstkonsolidierung

§ 254 Abs. 3 HGB fordert, dass ein nach der Auflösung von stillen Reserven und stillen Lasten verbleibender passiver Unterschiedsbetrag als „Unterschiedsbetrag aus Kapitalkonsolidierung" auszuweisen ist. Für den Ausweis dieses Passivpostens kommen grundsätzlich Rückstellungen, Rücklagen oder ein gesonderter Gliederungsposten in Betracht.

Dem Charakter des passiven Unterschiedsbetrages folgend, wird ein Rückstellungsausweis für einen Badwill und ein Eigenkapitalausweis für einen lucky buy gefordert. Mit der Zuordnung des passiven Unterschiedsbetrages im Zuge der Erstkonsolidierung, wird die Behandlung für die Folgekonsolidierung weitestgehend fixiert. Keine Rückschlüsse für eine sachgerechte Zuordnung sollte aber § 261 Abs. 2 HGB zulassen, da § 261 Abs. 2 HGB ausschließlich Regelungen bzgl der Auflösung und damit der Folgekonsolidierung beinhaltet.

Eine Behandlung, die dem pagatorischen Grundsatz der Bilanzierung und dem Einheitsgrundsatz gerecht wird, muß den passiven Unterschiedsbetrag in einem ersten Schritt daraufhin untersuchen, ob der Unterschiedsbetrag einem „erworbenen", oder einem während der Konzernzugehörigkeit entstandenen passiven Unterschiedsbetrag entspricht. Resultiert der passive Unterschiedsbetrag aus Abschreibungen auf den Beteiligungsansatz oder Gewinnthesaurierungen zwischen dem Erwerbszeitpunkt (ev auch Gründungszeitpunkt) und dem Erstkonsolidierungszeitpunkt, ist der passive Unterschiedsbetrag aus der Kapitalkonsolidierung auf keine Aus- oder Einzahlung zurückzuführen und darf deshalb niemals ergebniswirksam verrechnet werden. Alleine in diesem Fall ist eine direkte Einstellung des passiven Differenzbetrages in die Rücklagen zu fordern. Als zu verrechnende Rücklagen kommen wiederum nur die Gewinnrücklagen in Betracht, da der Unterschiedsbetrag nicht aus Gesellschafterzuzahlungen resultiert. Aus einheitstheoretischer Sichtweise sollten solche passiven Unterschiedsbeträge auch nicht dazu geeignet sein, stille Lasten nach § 254 Abs. 1 HGB zu verrechnen, da sonst uU eine ergebniswirksame Verrechnung im Rahmen der Folgekonsolidierung ermöglicht wird.

Resultiert der passive Unterschiedsbetrag aus dem Erwerb einer Beteiligung, ist eine Zuordnung des Differenzbetrages nur dann mit dem pagatorischen Prinzip vereinbar, wenn gewährleistet wird, dass die Anschaffungsauszahlungen zu Aufwendungen und Erträgen transformiert werden. Damit ist ein „erworbener" passiver (Rest)Unterschiedsbetrag grundsätzlich als Rückstellung oder sofort als Ertrag zu erfassen.

Im Falle eines lucky buy wird vielfach die Ansicht vertreten, den passiven Unterschiedsbetrag als Rücklagenposition zu zeigen. Als Rücklagenart wird dabei die Kapitalrücklage bevorzugt, da der passive Unterschiedsbetrag in einem solchen Fall im Rahmen des Akquisitionsvorganges entstanden ist.

Als Badwill wird ein passiver Unterschiedsbetrag bezeichnet, der auf zukünftigen Verlusten oder Aufwendungen beruht. Dem Vorsichtsprinzip folgend, wird in diesem Fall der Ausweis als Rückstellung gefordert.

Der passive (Rest)Unterschiedsbetrag aus der Kapitalkonsolidierung einer Tochtergesellschaft kann zum Teil einem „erworbenen" und zu einem anderen Teil einem während der Konzernzugehörigkeit entstandenen passiven (Rest)Unterschiedsbetrag entsprechen. UU ist es deshalb sachgerecht, den passiven (Rest)Unterschiedsbetrag in Teilbeträge zu unterteilen und differenziert auszuweisen bzw in der Folgekonsolidierung zu verrechnen.

Zusammenfassung der Ausweismöglichkeiten eines passiven Unterschiedsbetrages aus der Erstkonsolidierung:

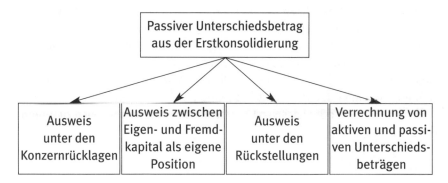

Durch die Zuordnung des passiven (Rest)Unterschiedsbetrages zum Eigenkapital kann zwar grundsätzlich das Konzerneigenkapital schon im Rahmen der Erstkonsolidierung erhöht werden, jedoch wird eine spätere erfolgswirksame Auflösung bzw Verrechnung nicht mehr möglich sein.

§ 254 Abs. 3 HGB fordert eine Erläuterung des passiven (Rest)Unterschiedsbetrages im Anhang, dh, dass im Anhang die Zuordnung und damit verbunden die zukünftige Verrechnung eines passiven (Rest)Unterschiedsbetrages angeführt werden muß.

6.2.4.4 Saldierung von verbleibenden aktiven und passiven (Rest)Unterschiedsbeträgen

Gemäß § 254 Abs. 3 HGB dürfen aktive und passive Unterschiedsbeträge verrechnet, und in einer zusammengefaßten Position gezeigt werden. Nach hA wird diese Verrechnungsmöglichkeit als reines Ausweiswahlrecht definiert.

Problematisch erscheint der Ausweis und die Bezeichnung des saldierten (Rest)Unterschiedsbetrages, da in dieser entweder aktiven oder passiven Konzernbilanzposition sowohl Firmenwerte als auch passive (Rest)Unterschiedsbeträge enthalten sind. Nicht sachgerecht ist demnach die Bezeichnung Geschäfts(Firmen)wert, wenn diese Saldogröße auf der Aktivseite ausgewiesen wird. Sowohl eine aktive als auch eine passive Saldogröße sollte daher als „Unterschiedsbetrag aus der Kapitalkonsolidierung" bezeichnet werden.

Die Saldierungsmöglichkeit des § 254 Abs. 3 HGB ist alleine auf die Verrechnung von einem verbleibenden Geschäfts(Firmen)wert und einem passiven (Rest)Unterschiedsbetrag beschränkt. Die Saldierung von aktiven stillen Reserven mit passiven stillen Lasten ist in keinem Fall zulässig. Sowohl die Erläuterungen im Anhang zur Erstkonsolidierung als auch die weitere Verrechnung im Rahmen der Folgekonsolidierung machen es notwendig, für jeden einzelnen aktiven oder passiven Unterschiedsbetrag separat Buch zu führen.

6.2.5 Kapitalkonsolidierung bei Beteiligungen unter 100%

Die Vollkonsolidierung des § 244 HGB ist dadurch gekennzeichnet, dass sämtliche Vermögensgegenstände und Schulden einer vollkonsolidierten Tochtergesellschaft in den Konzernabschluss übernommen werden. Obwohl bei nicht 100%igen Beteiligungen die Vermögensgegenstände und Schulden nur in einem bestimmten Beteiligungsverhältnis im Eigentum der Muttergesellschaft stehen, kann die mit Mehrheitsrechten ausgestattete Muttergesellschaft auch bei Existenz von Mitgesellschaftern (Minderheitsaktionären) auf die gesamte Untergesellschaft einen beherrschenden Einfluß ausüben. Diese Tatsache wird durch die Einheitstheorie mit Minderheitenausweis zum Ausdruck gebracht, durch die im Konzernabschluss sämtliche Vermögensgegenstände und Schulden gezeigt werden, über die eine Muttergesellschaft in vollem Umfang verfügen kann. Neben dem Einheitsgrundsatz in § 250 Abs. 3 HGB fordert § 253 HGB klarstellend eine vollständige Übernahme der Vermögensgegenstände und Schulden der Tochtergesellschaft. Somit werden bei konsolidierungspflichtigen Tochtergesellschaften unabhängig von der Beteiligungshöhe sämtliche Vermögensgegenstände, Schulden in den Summenabschluss und später in den Konzernabschluss übernommen.

Im Rahmen der Kapitalkonsolidierung wird der Beteiligungsansatz der Muttergesellschaft mit dem anteiligen Eigenkapital der Tochtergesellschaft aufgerechnet. Durch diese Aufrechnung wird somit nur der dem Mutterunternehmen zustehende Eigenkapitalanteil der Tochterunternehmung eliminiert. Nicht dem Mutterunternehmen zustehende Eigenkapitalanteile bleiben im Rahmen der Kapitalkonsolidierung zunächst im Summenabschluss enthalten. Diese, alleine für das Mutterunternehmen geltende Regelung, enthält § 254 HGB. Diese Bestimmung enthält jedoch keinen Hinweis, wie jene anteiligen Eigenkapitalpositionen der Tochtergesellschaft zu behandeln sind, die nicht der Muttergesellschaft, sondern einem Mit(Minderheiten)gesellschafter zuzurechnen sind.

Alleine § 259 HGB regelt, dass, die einem Minderheitengesellschafter zurechenbaren Eigenkapitalanteile der Tochtergesellschaft in einem eigenen Posten im Eigenkapital auszuweisen sind. Im Zuge der Kapitalkonsolidierung für Fremdgesellschafter werden die im Summenabschluss enthaltenen Eigenkapitalanteile des Fremdgesellschafters in einen eigenen Ausgleichsposten für „Anteile anderer Gesellschafter" umgegliedert. Da im Summenabschluss diesem anteiligen Kapital kein Beteiligungsansatz gegenübersteht, erfolgt die Gegenbuchung in einem „Ausgleichsposten", der die Finanzierungskomponente der anteilig dem Minderheitengesellschafter zustehenden Vermögensgegenstände und Schulden repräsentiert.

Die Verrechnung des dem Minderheitengesellschafter anteilig zustehenden Kapitals mit dem „Ausgleichsposten für Minderheitengesellschafter" ist mit der Aufrechnung der Beteiligung der Muttergesellschaft und dem anteiligen Kapital der Tochtergesellschaft vergleichbar. Ähnlich wie im Rahmen der Kapitalkonsolidierung nach § 254 HGB, ergeben sich auch für die Minderheitenverrechnung nach § 259 HGB vergleichbare Konsolidierungsprobleme.

Im Zuge der Minderheitenkonsolidierung sind vor allem folgende Konsolidierungsvorgänge zu klären:

- Ausweis und Bewertungsbestimmungen bzgl des Ausgleichspostens für Minderheitenanteile

- Die Verrechnung von stillen Reserven und Lasten im Rahmen der Minderheitenkonsolidierung

- Kann für den Minderheitengesellschafter ein Firmenwert aufgedeckt werden?

- Ist für den Minderheitengesellschafter ein passiver Unterschiedsbetrag zu berücksichtigen?

Ausweis und Bewertungsbestimmungen des Ausgleichspostens für Minderheitenanteile

Bei einem nicht 100%igen Mutter-Tochter-Verhältnis erfüllen neben der Muttergesellschaft auch Minderheitengesellschafter die Eigentümerfunktion der Tochtergesellschaft. Der Minderheitengesellschafter partizipiert an Gewinnen oder Verlusten der Beteiligungsgesellschaft, hat ein Anrecht auf Anteile am Liquidationserlös und hat beschränkte Führungs- und Kontrollaufgaben zu erfüllen. Wenn nun sowohl die Muttergesellschaft als auch der Minderheitengesellschafter als Eigenkapitalgeber der Tochtergesellschaft zu werten sind, ist es folgerichtig, dass der Ausgleichsposten für Minderheitenanteile dem Einheitsgrundsatz folgend unter dem Eigenkapital auszuweisen ist.

Anders als nach internationalen Richtlinien muß der Ausgleichsposten für Minderheitengesellschafter in konsequenter Beachtung des Einheitsgrundsatzes nach § 259 Abs. 1 HGB unter dem Konzerneigenkapital und nicht im Fremdkapital bzw zwischen Eigen- und Fremdkapital als eigene Bilanzposition gezeigt werden. Fraglich erscheint zumindest jedoch der Ausweis eines negativen Minderheitenanteils. Weist eine konsolidierungspflichtige Tochtergesellschaft im Rahmen der Erstkonsolidierung ein „Negatives Eigenkapital" nach § 225 Abs. 1 HGB aus, oder wird das HBII-Eigenkapital der Tochtergesellschaft während der Konzernzugehörigkeit durch Verluste aufgezehrt, so hat der Minderheitengesellschafter Anteil am negativen Eigenkapital der Tochtergesellschaft. Im Zuge der Minderheitenkonsolidierung verliert der Ausgleichsposten den Charakter einer positiven Eigenkapitalgröße. Obwohl der Ausgleichsposten einen negativen Wert annimmt, wird auch ein negativer Ausgleichsposten unter dem Eigenkapital ausgewiesen, da das Eigenkapital grundsätzlich zusammengefaßt auf der Passivseite der Bilanz zu zeigen ist, und nur ein zusammengefaßter passivseitiger Eigenkapitalausweis dem Einheitsgrundsatz gerecht wird. Der Ausweis eines negativen Minderheitenanteils kann jedoch dadurch vermieden werden, dass der negative Ausgleichsposten einer Gesellschaft mit positiven Ausgleichsposten aus anderen Minderheitenkonsolidierungen saldiert wird.

Anders als beim bilanziellen Minderheitenausweis, verlangt § 259 Abs. 2 HGB bzgl des Anteils am Jahresergebnis den getrennten Ausweis von Minderheitengewinnen und Minderheitenverlusten unter dem „Jahresüberschuss/Jahresfehlbetrag".

Anders als im Rahmen der Kapitalkonsolidierung für den Konzernanteil, erfolgt bei der Minderheitenkonsolidierung nach § 259 HGB keine statische, dh „eingefrorene" Aufrechnung von Beteiligung und anteiligem Kapital in den Folgeperioden. Die betragsmäßige Höhe des Minderheitenanteils ist vom jeweiligen Eigenkapital der Tochtergesellschaft zum Konzernabschlussstichtag abhängig. Der Minderheitenanteil wird als Verhältnis des bilanziellen HB II-Eigenkapitals der Tochtergesellschaft angesetzt. Bei der Minderheitenkonsolidierung gehen die Eigenkapitalveränderungen in den Folgejahren nach der

Erstkonsolidierung somit nicht in die Gewinnrücklagen bzw in den Gewinn-/Verlustvortrag des Konzerns ein, sondern verändern den Ausgleichsposten des Minderheitengesellschafters.

Die erstmalige Verrechnung (Umgliederung) des anteiligen Eigenkapitals des Minderheitengesellschafters erfolgt zum selben Zeitpunkt wie die Erstkonsolidierung für den Konzernanteil. Wird als Erstkonsolidierung für den Konzernanteil bspw der Erwerbszeitpunkt gewählt, so muß auch die erstmalige Minderheitenkonsolidierung auf diesen Stichtag erfolgen.

Mögliche Berücksichtigung von stillen Reserven und Lasten für Minderheitengesellschafter

Im Rahmen der Kapitalkonsolidierung für den Konzernanteil nach § 254 HGB wird das anteilige Kapital mit dem Beteiligungsansatz verrechnet. Eine danach verbleibende Restgröße wird durch das Verrechnen von stillen Reserven und Lasten vermindert bzw mangels ausreichender stiller Reserven und Lasten als Geschäfts(Firmen)wert bzw passiver (Rest)Unterschiedsbetrag ausgewiesen.

Im Rahmen der Minderheitenkonsolidierung besteht gem § 259 ein Wahlrecht anteilig stille Reserven und Lasten für den Minderheitengesellschafter zu verrechnen:

- Keine Aufdeckung von stillen Reserven und Lasten für den Minderheitengesellschafter. Der Minderheitenanteil wird genau in Höhe des anteiligen HBII-Kapitals ausgewiesen (Buchwertmethode).

- Anteilige Auflösung von stillen Reserven und Lasten für den Minderheitengesellschafter (Neubewertungsmethode).

Keine Aufdeckung von stillen Reserven und Lasten

Nach der Kapitalkonsolidierung für den Konzernanteil verbleibt im Summenabschluss das anteilige HBII-Eigenkapital des Minderheitengesellschafters. Nach § 259 Satz 1 HGB ist dieses Eigenkapital unter entsprechender Bezeichnung innerhalb des Eigenkapitals gesondert als Minderheitenkapital auszuweisen. Es kommt somit lediglich zu einer „Umbenennung" bzw zu einem Ausweis unter einem anderen Titel. Die Höhe des Minderheitenanteils bzw des Konzerneigenkapitals wird durch diese Art der Minderheitenkonsolidierung nicht beeinflußt. Da die stillen Reserven und Lasten des Tochterunternehmens nur quotal, dh in Höhe des Konzernanteils und nicht auch für den Minderheitenanteil aufgedeckt werden, wird diese Methode als quotale Aufdeckung stiller Reserven und Lasten bezeichnet.

Bei Anwendung der Buchwertmethode wird der Minderheitenanteil somit genau in Höhe des anteiligen bilanziellen HBII-Eigenkapitals der Tochtergesellschaft ausgewiesen, bei einem negativen Eigenkapital der Tochtergesellschaft also auch als negativer Minderheitenanteil.

Anteilige Auflösung von stillen Reserven und Lasten
Im Rahmen der Neubewertungsmethode werden auch für den Minderheitenanteil anteilig stille Reserven oder stille Lasten aufgedeckt. Bei Ansatz von anteiligen stillen Rerserven für den Minderheitengesellschafter erhöht sich somit das anteilig verrechnete Vermögen und der Minderheitenanteil. Das Vermögen ist nicht getrennt in Minderheitenteil und Konzernteil zu trennen.

Durch die Wahlmöglichkeit in § 259 HGB wird bei Vorhandensein einer nicht 100%igen Beteiligung und stillen Reserven und Lasten dem Konzernbilanzierenden ein erheblicher konzernbilanzpolitischer Aktionsparameter eingeräumt. Werden anteilige stille Reserven aufgedeckt, erhöht sich der Minderheitenanteil und damit das bilanzielle Eigenkapital des Konzernabschlusses. Somit ist die Methode der vollen Aufdeckung ein geeignetes Mittel um die Konzerneigenkapitalquote zu steigern.

Durch den Erwerb einer Mehrheitsbeteiligung bzw durch die Veräußerung einer Minderheitsbeteiligung kann ohne eine Kapitalerhöhung bei der Konzernmuttergesellschaft das Konzerneigenkapital absolut gesteigert werden. Dieser positive Eigenkapitaleffekt kann durch die Neubewertungsmethode verstärkt werden.

Firmenwert und Minderheitengesellschafter

Gem § 254 Abs. 3 HGB ist ein nach der Aufrechnung von Beteiligung und Kapital und der Zuordnung von stillen Reserven und Lasten verbleibender aktiver Restdifferenzbetrag als Geschäfts(Firmen)wert auszuweisen. Ein Geschäfts(Firmen)wert ist nach § 254 Abs. 3 HGB somit immer dann auszuweisen, wenn die Anschaffungskosten für die Anteile über dem anteiligen, um die zugeordneten stillen Reserven und Lasten veränderten, HBII-Eigenkapital der Tochtergesellschaft liegen.

Da § 259 HGB für die Berechnung des Minderheitenanteils ausdrücklich vom anteiligen Eigenkapital der Tochtergesellschaft bzw vom neubewerteten anteiligen Eigenkapital der Tochtergesellschaft spricht, und keinen Bezug zu den fiktiven Anschaffungskosten des Minderheitengesellschafters herstellt, verbleibt kein Spielraum, auch für den Minderheitengesellschafter einen Geschäfts(Firmen)wert aufzudecken.

Passiver Unterschiedsbetrag und Minderheitengesellschafter

Ähnlich wie bei einem Minderheitenfirmenwert stellt sich die Frage, ob ein im Zuge der Kapitalkonsolidierung der Mutteranteile aufgedeckter passiver (Rest)Unterschiedsbetrag auch für den Minderheitengesellschafter anzusetzen ist. Die Problematik soll anhand des nachfolgenden kurzen Beispiels verdeutlicht werden:

Beispiel:
Eine Muttergesellschaft M hält 60% an einer Tochtergesellschaft T. T weist ein Eigenkapital lt. HB II von 100 auf. Stille Reserven und Lasten sind zum Erstkonsolidierungsstichtag nicht vorhanden. M erwarb die 60%ige Beteiligung um 40.

Kapitalkonsolidierung des Konzernanteils:		
Eigenkapital T	60	
an Beteiligung an T		40
an passiver (Rest)Unterschiedsbetrag		20
Minderheitenkonsolidierung:		
Eigenkapital T	40	
an Minderheitenanteil		40

ev. mögliche Hochrechnung des passiven Unterschiedsbetrages		
Minderheitenanteil	13,33 (= 20/60 x 40)	
an passiver (Rest)Unterschiedsbetrag		13,33

Die Hochrechnung des passiven Unterschiedsbetrages auf den Minderheitenanteil würde im Zuge der Erstkonsolidierung zu einem, um den passiven Minderheitenunterschiedsbetrag verminderten Minderheitenanteil führen, und somit das Konzerneigenkapital vermindern. Wird der passive (Rest)Unterschiedsbetrag als Rückstellung bilanziert, so führt der Rückstellungsverbrauch oder die Rückstellungsauflösung im Rahmen der Folgekonsolidierung zu einem höheren Konzernjahresüberschuß.

Wie schon bei der Frage des Minderheitenfirmenwertes muß bei einer wörtlichen Auslegung des § 259 HGB eine Passivierung eines Minderheitenunterschiedsbetrages abgelehnt werden. § 259 HGB spricht ausdrücklich vom anteiligen Eigenkapital der Tochtergesellschaft bzw vom neubewerteten anteiligen Eigenkapital der Tochtergesellschaft. Würde der Minderheitenanteil um einen anteiligen passiven (Rest)Unterschiedsbetrag gekürzt, kommt es uU zu einem Vorstoß gegen § 259 HGB, da der Minderheitenanteil dadurch einem niedrigeren Wert als dem anteiligen, neubewerteten HB II-Eigenkapital entspricht.

6.2.6 Kapitalkonsolidierung im mehrstufigen Konzern

Die bisher getätigten Ausführungen beschränkten sich auf die Konstellation, bei der auf der Stufe der Tochtergesellschaft neben der unmittelbaren Muttergesellschaft noch Fremdgesellschafter beteiligt sind. Zusätzlich zu diesem „direkten" Minderheitengesellschafter kann es jedoch bei einem Mutter-Tochter-Enkel-Verhältnis zu Minderheitengesellschaftern auf der Stufe der Tochtergesellschaft als auch auf der Stufe der Enkelgesellschaft kommen. Bei solch einer Konstellation sind drei bzw mehr Gesellschaftergruppen an der Enkelgesellschaft beteiligt. Die Muttergesellschaft hält eine mittelbare Beteiligung an der Enkelgesellschaft. An der Enkelgesellschaft ist neben der Tochtergesellschaft noch ein direkter Minderheitengesellschafter beteiligt.

6 Kapitalkonsolidierung
6.2 Erstkonsolidierung

Aber auch der direkte Minderheitengesellschafter der Tochterstufe hält anteilig eine indirekte Beteiligung an der Enkelgesellschaft. Diese indirekte Beteiligung des Minderheitengesellschafters auf Stufe der Tochtergesellschaft führt zu indirekten Minderheitenanteilen.

Grundsätzlich stehen für die genaue Berechnung der anteiligen Beteiligungsquote der Muttergesellschaft die additative und die multiplikative Methode zur Verfügung. Bei der additativen Methode wird die Beteiligungsquote ausgehend vom jeweiligen verbundenen Unternehmen, ohne Berücksichtigung der Beteiligungsquote zur jeweiligen Muttergesellschaft berechnet. Gem § 244 Abs. 4 HGB ist die additative Methode im Rahmen der Bestimmung des Konsolidierungskreises bzw einer Konsolidierungspflicht zwingend heranzuziehen.

Für die konkrete Aufrechnung von Beteiligung und anteiligem Kapital ist jedoch die multiplikative Methode anzuwenden, da gem § 254 Abs. 1 HGB nur das anteilige, auf die Mutterunternehmung entfallende Kapital verrechnet werden darf.

Die konsolidierungstechnische Vorgangsweise bei doppelstöckigen Minderheitenbeteiligungen wird anhand des nachfolgenden Beispiels erläutert:

Beispiel:

Die Winter AG ist 75%ige Gesellschafterin der Stöcke GmbH. Die Stöcke GmbH hält wiederum eine 80%ige Beteiligung an der Griffe GmbH.

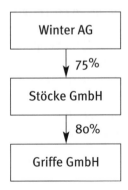

6 Kapitalkonsolidierung
6.2 Erstkonsolidierung

Die Beteiligungsverhältnisse lassen sich demnach wie folgt zusammenfassen:

Stöcke GmbH:	Konzernanteil	75%
	Minderheitenanteil direkt	25%
Griffe GmbH:	Konzernanteil	60% (75 x 80 = 60)
	Minderheitenanteil direkt	20%
	Minderheitenanteil indirekt	20% (25 x 80 = 20)

Die Einzelbilanzen zeigen zum 31.12.2004 (Erstkonsolidierungsstichtag 1.1.2004) folgende Bilanzbilder:

	Winter AG	Stöcke GmbH	Griffe GmbH
sonstiges Sachvermögen	31.000	20.000	23.000
Beteiligung an Stöcke GmbH	32.000	0	0
Beteiligung an Griffe GmbH	0	35.000	0
sonstiges Umlaufvermögen	91.600	33.600	34.400
Summe Aktiva	**154.600**	**88.600**	**57.400**
Stammkapital + Rücklagen	60.000	30.000	30.000
Minderheitenanteil			
Bilanzgewinn	36.600	26.600[1]	17.400[2]
	96.600	56.600	47.400
Sonstiges Fremdkapital	58.000	32.000	10.000
Summe Passiva	**154.600**	**88.600**	**57.400**

1) darin Gewinnvortrag 17.000
2) darin Gewinnvortrag 6.000

Die Kapitalkonsolidierung der Stöcke GmbH ist in einen Konzernanteil und einen Minderheitenanteil zu unterteilen. Da das anteilig zu verrechnende Eigenkapital der Stöcke GmbH (22.500 + 12.750) den Beteiligungsbuchwert übersteigt, wird ein passiver (Rest)Unterschiedsbetrag in die Konzernrücklagen eingestellt.

Konzernanteil (75 %)		
Stammkapital	22.500	
Gewinnvortrag	12.750	
Beteiligung		32.000
Passiver Unterschiedsbetrag		3.250

Passiver Unterschiedsbetrag	3.250	
Rücklagen		3.250

6 Kapitalkonsolidierung
6.2 Erstkonsolidierung

Die restlichen 25%igen Kapitalanteile der Stöcke GmbH werden in den Minderheitenanteil eingestellt, wobei aus Vereinfachungsgründen kein passiver Unterschiedsbetrag für den direkten Minderheitengesellschafter verrechnet wird.

direkter Minderheitenanteil (25%)		
Stammkapital	7.500	
Gewinnvortrag	4.250	
Minderheitenanteil		11.750

Im Zuge der Kapitalkonsolidierung der Griffe GmbH sind neben dem Konzernanteil (60%) noch ein direkter (20%) und ein indirekter Minderheitenanteil zu berücksichtigen. Für jede dieser Gesellschaftergruppen ist das anteilige Kapital zu verrechnen. Zu beachten ist, dass der Beteiligungsansatz für die Griffe GmbH von 35.000 zu 75% der Winter AG und zu 25% dem direkten Minderheitenanteil der Stöcke GmbH zustehen. Der aktive Unterschiedsbetrag wird einmalig mit den Konzernrücklagen verrechnet.

Konzernanteil (60%)		
Stammkapital	18.000	
Gewinnvortrag	3.600	
Aktiver Unterschiedsbetrag	4.650	
Beteiligung		26.250
		(= 75% von 35.000)

Rücklagen	4.650	
Aktiver Unterschiedsbetrag		4.650

Indirekter Minderheitenanteil (20%)		
Stammkapital	6.000	
Gewinnvortrag	1.200	
Minderheitenanteil	1.550	
Beteiligung		8.750
		(= 25% von 35.000)

Die hier angeführte Buchungstechnik führt zu einer Verminderung des Minderheitenanteils und damit zu einer Verminderung des Konzerneigenkapitals. Dabei handelt es sich um den Teil des aktiven Unterschiedsbetrages aus der Erstkonsolidierung, der auf die indirekten Fremdanteile entfällt. Diese von FASS und ADLER/DÜRING/SCHMALTZ vorgeschlagene Methode führt dazu, dass für den indirekten Minderheitenanteil kein Firmenwert oder passiver Unterschiedsbetrag aufgedeckt wird (FASS, BB 1989, S. 1164, ADLER/DÜRING/SCHMALTZ (§ 307), Rz 44.). Würde vom Wahlrecht gem § 259 Abs. 2 HGB Gebrauch gemacht, so könnten noch anteilige stille Reserven und Lasten für den indirekten Minderheitengesellschafter verrechnet werden, welche uU den Minderheitenanteil wieder erhöhen würden.

Grundsätzlich muß jedoch bezweifelt werden, ob diese hier vorgenommene Konsolidierungsweise mit dem Einheitsgrundsatz vereinbar ist, und ob nicht ein anteiliger Geschäfts(Firmen)wert des indirekten Minderheitengesellschafters eine andere Qualität als die eines direkten Minderheitenfirmenwertes aufweist.

Wie schon dargestellt wurde, sind 25% des Beteiligungsansatzes für die Griffe GmbH dem direkten Minderheitenanteil der Stöcke GmbH zuzuordnen. Somit steht der Beteiligungsansatz nicht alleine der Konzernmuttergesellschaft (Winter AG) sondern auch anderen Gesellschaftern (Minderheitengesellschaftern) zu. Im Rahmen des Beteiligungserwerbes hat daher nicht nur die Konzernmuttergesellschaft sondern auch ein Minderheitengesellschafter eine Beteiligung (aus Konzernsicht einzelne Vermögensgegenstände und Schulden) idR zahlungswirksam erworben. Wurde im Rahmen einer solchen Beteiligungsakquisition ein Firmenwert abgegolten, so hat auch der Minderheitengesellschafter diesen Firmenwert anteilig erworben. Den pagatorischen Grundsätzen folgend, ist somit der anteilige Firmenwert des indirekten Minderheitengesellschafters aufzudecken.

Im Beispielfall würde dies bedeuten, dass die Minderheitenanteilverminderung (1.550) gegen eine Firmenwertaktivierung auszutauschen wäre.

Aufgrund der unterschiedlichen Literaturmeinungen und mangels genauer, gesetzlicher Regelungen wird der Konzernbilanzierende aber das Wahlrecht haben, einen indirekten Minderheitenfirmenwert zu aktivieren. Da diese Wahlrechtsausübung uU einen erheblichen Einfluß auf die Vermögens- und Ertragslage des Konzernes hat, sollte eine mögliche Firmenwertaktivierung für den indirekten Minderheitenanteil im Anhang erläutert werden.

6 Kapitalkonsolidierung
6.2 Erstkonsolidierung

Fortsetzung des Beispiels:

Direkter Minderheitenanteil (20%)		
Stammkapital	6.000	
Gewinnvortrag	1.200	
Minderheitenanteil		7.200

Diese Buchung weist das anteilige Kapital des direkten Minderheitengesellschafters der Griffe GmbH dem Minderheitenanteil zu. Durch das Wahlrecht des § 259 Abs. 2 HGB könnten wiederum anteilige stille Reserven und Lasten eigenkapitalerhöhend auch für den direkten Minderheitenanteil verrechnet werden.

Werden die oben angeführten Kapitalkonsolidierungsbuchungen durchgeführt ergibt sich nachfolgendes Teilkonzernbilanzbild:

	Winter AG	Stöcke GmbH	Griffe GmbH	Summen-Bilanz	Kapital-kons. Stöcke GmbH	Kapital-kons. Griffe GmbH	Konzern-bilanz
sonstiges Sachanlagevermögen	31.000	20.000	23.000	74.000			74.000
Beteiligung an Stöcke GmbH	32.000	0	0	32.000	−32.000		0
Beteiligung an Griffe GmbH	0	35.000	0	35.000		−35.000	0
sonstiges Umlaufvermögen	91.600	33.600	34.400	159.600			159.600
Summe Aktiva	154.600	88.600	57.400	300.600	−32.000	−35.000	233.600
Stammkapital + Rücklagen	60.000	30.000	30.000	120.000	−26.750	−34.650	58.600
Minderheitenanteil				0	11.750	5.650	17.400
Bilanzgewinn	36.600	26.600	17.400	80.600	−17.000	−6.000	57.600
	96.600	56.600	47.400	200.600	−32.000	−35.000	133.600
Sonstiges Fremdkapital	58.000	32.000	10.000	100.000	0		100.000
Summe Passiva	154.600	88.600	57.400	300.600	−32.000	−35.000	233.600

6.3 Folgekonsolidierung

Die erstmalige Aufrechnung von Beteiligung und Eigenkapital im Erwerbs- bzw. Erstkonsolidierungszeitpunkt wird als Erstkonsolidierung bezeichnet. Der verrechnete Bilanzansatz und das verrechnete Eigenkapital aus der Erstkonsolidierung werden in den Folgejahren eingefroren und in selber Höhe verrechnet. Da auch in den Folgejahren nur das anteilig verrechnete Eigenkapital aus der Erstkonsolidierung verrechnet wird, verbleibt der Eigenkapitalzuwachs oder die Eigenkapitalminderung im Konzernabschluss bestehen. Die Nicht-Verrechnung der Eigenkapitalveränderungen seit der Erstkonsolidierung wird als Folgekonsolidierung bezeichnet.

Zusätzlich zur Nicht-Verrechnung der Eigenkapitalveränderungen seit der Erstkonsolidierung ist in den Folgejahren (im Rahmen der Folgekonsolidierung) der im Rahmen der Erstkonsolidierung ermittelte Unterschiedsbetrag erneut aufzudecken und zusätzlich fortzuschreiben.

Bei der Fortschreibung sind grundsätzlich folgende Fälle denkbar:

- Abschreibung von aktivierten stillen Reserven

- Ausbuchung von aktivierten stillen Reserven (bei einem Buchwertabgang)

- Verbrauch oder Auflösung einer stillen Last (zB zusätzliche Rückstellung)

- Abschreibung oder Rücklagenverrechnung eines Firmenwertes

- Verbrauch oder Auflösung eines passiven (Rest)Unterschiedsbetrages

Das nachfolgende Beispiel soll das Grundprinzip der Folgekonsolidierung verdeutlichen:

6 Kapitalkonsolidierung
6.3 Folgekonsolidierung

Beispiel

Jahr 1 – Folge-konsolidierung	Mutter	Tochter	Summe	Kap. Kons	Konzern
Firmenwert				1.500.000	1.500.000
Immaterielles Anlagevermögen	123.400	12.000	135.400		135.400
Sachanlagevermögen	12.455.690	34.000.000	46.455.690		46.455.690
Beteiligung Tochter GmbH	3.000.000		3.000.000	–3.000.000	0
Summe Anlagevermögen	15.579.090	34.012.000	49.591.090	–1.500.000	48.091.090
Umlaufvermögen	32.000.000	23.000.000	55.000.000		55.000.000
Aktiva	47.579.090	57.012.000	104.591.090	–1.500.000	103.091.090
Stammkapital	10.000.000	1.000.000	11.000.000	–1.000.000	10.000.000
Gewinnrücklagen	2.300.000	500.000	2.800.000	–500.000	2.300.000
Gewinnvortrag	200.000	0	200.000		200.000
Jahresergebnis	750.000	–300.000	450.000		450.000
Summe Eigenkapital	13.250.000	1.200.000	14.450.000	–1.500.000	12.950.000
Fremdkapital	34.329.090	55.812.000	90.141.090		90.141.090
Passiva	47.579.090	57.012.000	104.591.090	–1.500.000	103.091.090

(Erstkonsolidierungsstichtag 1.1.)

Jahr 2 – Folge-konsolidierung	Mutter	Tochter	Summe	Kap. Kons	Konzern
Firmenwert				1.200.000	1.200.000
Immaterielles Anlagevermögen	123.400	12.000	135.400		135.400
Sachanlagevermögen	12.455.690	34.000.000	46.455.690		46.455.690
Beteiligung Tochter GmbH	3.000.000		3.000.000	–3.000.000	0
Summe Anlagevermögen	15.579.090	34.012.000	49.591.090	–1.800.000	47.791.090
Umlaufvermögen	32.000.000	23.000.000	55.000.000		55.000.000
Aktiva	47.579.090	57.012.000	104.591.090		102.791.090

Jahr 2 – Folge-konsolidierung	Mutter	Tochter	Summe	Kap. Kons	Konzern
Stammkapital	10.000.000	1.000.000	11.000.000	-1.000.000	10.000.000
Gewinnrücklagen	2.300.000	500.000	2.800.000	-500.000	2.300.000
Gewinnvortrag	950.000	-300.000	650.000		650.000
Jahresergebnis	300.000	200.000	500.000	-300.000	200.000
Summe Eigenkapital	13.550.000	1.400.000	14.950.000	-1.800.000	13.150.000
Fremdkapital	34.029.090	55.612.000	89.641.090		89.641.090
Passiva	47.579.090	57.012.000	104.591.090	-1.800.000	102.791.090

(Abschreibung 1/5 des Firmenwertes – Abschreibungsdauer 5 Jahre)

Die Fortschreibung der im Zuge der Erstkonsolidierung aufgedeckten stillen Reserven und Lasten erfolgt analog zu dem dahinterliegenden Vermögensgegenstand. Aktivierte stille Reserven auf abnutzbare Anlagevermögensgegenstände werden auf die Restnutzungsdauer des Vermögensgegenstandes verteilt abgeschrieben. Wurden stille Reserven auf nicht abnutzbare Vermögensgegenstände aktiviert (zB Liegenschaften oder Finanzanlagen), so sind diese aktivierten stillen Reserven in den Folgejahren unverändert fortzuführen, es sei denn, dass ein Wertverlust bei diesem Vermögensgegenstand zu einer außerplanmäßigen Abschreibung der aktivierten stillen Reserve zwingt.

Passivierte stille Lasten aus der Erstkonsolidierung sind ebenfalls im Rahmen der Folgekonsolidierung fortzuschreiben. Wurde im Rahmen der Erstkonsolidierung bspw eine Rückstellung durch Passivierung einer stillen Last erhöht, so muß im Zuge der Folgekonsolidierung diese Rückstellung verbraucht oder aufgelöst werden, wenn die zugrundeliegende Verpflichtung eingetreten bzw weggefallen ist.

6.3.1 Folgebewertung des Firmenwertes

Im Zuge der Folgekonsolidierung ist ein gem § 254 Abs. 1 HGB aktivierter Geschäfts(Firmen)wert ergebniswirksam abzuschreiben oder erfolgsneutral gegen Rücklagen zu verrechnen. Wie in der Einzelrechnungslegung, ist in der

Konzernrechnungslegung nicht genau festgelegt, ob der Firmenwert im Geschäftsjahr der Aktivierung oder dem der Aktivierung folgenden Geschäftsjahr erstmalig abzuschreiben ist. Würde man die steuerliche Bestimmung im § 7 Abs. 2 EStG übernehmen, müßte der Firmenwert in jedem Fall im Jahr der Aktivierung erstmalig abgeschrieben werden, und zwar bei Aktivierung im ersten Halbjahr für das Gesamtjahr bzw bei Aktivierung in der zweiten Jahreshälfte nur mit dem Hälftebetrag. Analog zum handelsrechtlichen Einzelbilanzrecht wäre auch eine ratierliche Abschreibung im Zugangsjahr möglich.

Ergebniswirksame Abschreibung zu mindestens einem Fünftel

Als Grundregel für die Verrechnung des Geschäfts(Firmen)wertes bestimmt § 261 Abs. 1 HGB die erfolgswirksame Abschreibung zu mindestens einem Fünftel. Da im Gegensatz zur nutzungsbedingten Abschreibung die Verrechnung nicht planmäßig zu erfolgen hat, ist jede Abschreibung, welche mehr als 20% des zu verrechnenden Unterschiedsbetrages beträgt, zulässig. Die Abschreibung hat demnach nicht über einen Zeitraum von fünf Jahren zu erfolgen.

Die Abschreibungsfolge läßt sich demnach wie folgt ableiten:

Periode	Mögliche Abschreibungsfolge (in %)					
	1	2	3	4	5	6
t = 1	100	≥20<100	≥20<50	≥20<33,33	≥20<25	20
t = 2	0	>0	≥20<50	≥20<33,33	≥20<25	20
t = 3	0	0	>0	≥20<33,33	≥20<25	20
t = 4	0	0	0	>0	≥20<25	20
t = 1	0	0	0	0	>0	20

Bei einer planmäßigen Abschreibung über fünf Jahre würde Abschreibungsfolge 6 zutreffen, bei der jährlich 20% aufwandswirksam verrechnet werden. Aber auch eine Abschreibung über zwei bis vier Jahre ist nach § 261 Abs. 1 HGB zulässig, da zu mindest 20% abgeschrieben werden. Da die Abschreibung nicht planmäßig erfolgen muß, kann bspw bei der Abschreibungsfolge 3 im ersten Jahr ein Satz von 45%, im zweiten Jahr ein Satz von 40% und im dritten Jahr ein Satz von 15% gewählt werden (ADLER/DÜRING/SCHMALTZ

(§ 309), Rz 19). Ein Satz unter 20% darf erst im letzten Jahr der Verrechnung als Restsatz angesetzt werden. Demnach wäre eine Abschreibungsfolge von 35%, 35%, 15%, 15% nicht zulässig.

Eine Vollabschreibung bereits im ersten Jahr der Verrechnung scheint im Wortlaut des § 261 Abs. 1 HGB ebenfalls gedeckt. Dies sollte auch schon aus der Analogie zur neutralen Verrechnung mit Rücklagen möglich sein, welche idR auch einmalig im Jahr der erstmaligen Verrechnung das Konzerneigenkapital schmälert.

Abschreibung über die betriebsgewöhnliche Nutzungsdauer

Verkörpert der nach der Verrechnung der stillen Reserven und Lasten verbleibende aktive Unterschiedsbetrag einen Firmenwert nach § 203 Abs. 5 HGB darf dieser auch „planmäßig auf die Geschäftsjahre, in denen er voraussichtlich genützt wird, verteilt werden." Da, wie oben schon ausgeführt wurde, der Geschäfts(Firmen)wert als Bilanzierungshilfe zu verstehen ist, wird der ursprüngliche Firmenwert uU nur schwer nachzuweisen und zu bewerten sein.

Neben der 15jährigen steuerlichen Abschreibungsdauer wird in der Literatur ein maximaler Abschreibungszeitraum von 40 Jahren genannt (ADLER/DÜRING/SCHMALTZ (§ 309), Rn 23, WEBER, Kapitalkonsolidierung, S. 134).

Ergebnisneutrale Verrechnung mit den Rücklagen

Eine weitere Verrechnungsmöglichkeit für den Firmenwert im Zuge der Folgekonsolidierung bietet § 261 Abs. 1 HGB: „Der Unterschiedsbetrag darf auch offen mit jeder Kapital- oder Gewinnrücklage verrechnet werden." Im Gegensatz zur erfolgswirksamen Abschreibung, differenziert der Gesetzgeber bei einer Rücklagenverrechnung nicht zwischen einem „echten" Firmenwert und einem einfachen verbleibenden Unterschiedsbetrag. Der Bilanzierende hat somit im Falle der Rücklagenverrechnung den verbleibenden Unterschiedsbetrag nicht nach seinem Inhalt zu untersuchen.

Die einmalige Rücklagenverrechnung schmälert das Konzerneigenkapital im Jahr der Erstkonsolidierung in beträchtlichem Ausmaß.

Die Rücklagenverrechnung kann nach HGB mit Kapitalrücklagen als auch Gewinnrücklagen erfolgen. § 224 Abs. 3 HGB untergliedert die Kapitalrücklagen in gebundene und nicht gebundene und die Gewinnrücklagen in die gesetzliche, satzungsmäßige und andere Rücklagen (freie Rücklagen). Da die Firmenwertverrechnung immer zu einer Rücklagenverminderung führt und die nicht gebundene Kapitalrücklage, die gesetzliche und satzungsmäßige Gewinnrücklage nur in gesetzlich geregelten Fällen vermindert werden darf, kommen für die Verrechnung nur die nicht gebundene Kapitalrücklage und die freie Gewinnrücklage in Betracht. Zu verneinen ist eine ratierliche Rücklagenverrechnung, dh die Firmenwertverrechnung hat vollständig entweder im Jahr der Erstkonsolidierung oder im darauf folgenden Jahr zu erfolgen.

Nach § 254 Abs. 3 HGB muß der Firmenwert und wesentliche Änderungen gegenüber dem Vorjahr im Anhang erläutert werden. Eine Erläuterung eines durch die Erstkonsolidierung entstandenen Firmenwertes im Anhang wird nur dann notwendig sein, wenn er bereits im Erstkonsolidierungsjahr neutral verrechnet wird, mit einem passiven Unterschiedsbetrag saldiert ausgewiesen wird, oder bereits zum Erstkonsolidierungsstichtag eine Vollabschreibung vorgenommen wird. Die Verrechnungsmethode wird im Rahmen der Erläuterung der Bilanzierungs- und Bewertungsmethode anzuführen sein. Bei einer einmaligen, ergebnisneutralen Verrechnung hat die Verrechnung im Rahmen der Erstkonsolidierung offen zu erfolgen.

6.3.2 Verrechnung des passiven (Rest)Unterschiedsbetrages im Rahmen der Folgekonsolidierung

Gemäß § 261 Abs. 2 HGB „darf" ein passiver Unterschiedsbetrag im Rahmen der Folgekonsolidierung aufgelöst werden, wenn

- eine im Erstkonsolidierungszeitpunkt erwartete ungünstige Ertragslage eingetreten ist, oder
- feststeht, dass der passive Unterschiedsbetrag einem verwirklichten Gewinn entspricht.

Die grundsätzliche Konzeption des § 261 Abs. 2 HGB kann mit der Auflösungs- und Verbrauchsfolge von Rückstellungen verglichen werden:

Rückstellungen antizipieren zukünftige Verbindlichkeiten. Tritt die Verbindlichkeit zu einem späteren Zeitpunkt ein, muß die Rückstellung verbraucht werden. Der Verbrauch der Rückstellung kompensiert fiktiv den Aufwand aus der Entstehung der Verbindlichkeit. Wird hingegen in späteren Perioden festgestellt, dass die Verbindlichkeit widererwarten nicht entsteht, oder die Rückstellung in zu hohem Maße gebildet wurde, muß die Rückstellung ergebniserhöhend aufgelöst werden. Die Rückstellung wird demnach in jedem Fall ergebniswirksam verrechnet. Im Konzernabschluss ist der Kaufpreisabschlag im Zuge der Beteiligungsakquisition mit der Bildung einer Rückstellung vergleichbar. § 261 Abs. 2 Z 1 HGB definiert den Fall, bei dem erwartete Verluste eingetreten bzw erwartete Aufwendungen zu berücksichtigen sind. Diese zwingende Verrechnungsbestimmung ist mit dem Verbrauch einer Rückstellung vergleichbar. Der passive Unterschiedsbetrag ist bestimmungsgemäß zu verwenden. § 261 Abs. 2 Z 2 HGB enthält die Bestimmung, dass der passive Unterschiedsbetrag aufzulösen ist, wenn feststeht, dass er einem verwirklichten Gewinn entspricht. Von einem verwirklichten Gewinn wird man ausgehen können, wenn die erwarteten Verluste oder Aufwendungen wider Erwarten nicht eintreten, oder wenn man bereits im Zuge der Beteiligungsakquisition durch geschickte Verhandlungsführung weiß, dass die im Kaufpreis berücksichtigten Abschläge für zukünftige Aufwendungen niemals eintreten werden oder vermieden werden können. § 261 Abs. 2 Z 2 HGB ist somit mit der Auflösungsbestimmung für Rückstellungen vergleichbar.

Vielfach wird die Frage diskutiert, zu welchem Zeitpunkt die Bedingungen des § 261 Abs. 2 HGB eingetreten sind. Auch in dieser Frage sollte wieder analog zur Rückstellungsverrechnung vorgegangen werden. Von einer Verrechnungspflicht wird man sicherlich nicht ausgehen können, wenn die erwarteten Verluste oder Aufwendungen nicht eingetreten sind, aber auch noch nicht feststeht, dass die erwarteten Verluste oder Aufwendungen widererwarten nicht eintreten werden. In einem solchen Fall ist der passive Unterschiedsbetrag unverändert fortzuführen. Der Verbrauchszeitpunkt ist immer dann erreicht, wenn die, im Zuge des Beteiligungserwerbes definierten zukünftigen Aufwendungen, realisiert werden. Deshalb ist es auch als zu-

6 Kapitalkonsolidierung
6.3 Folgekonsolidierung

lässig anzusehen, den passiven Unterschiedsbetrag in Teilbeträgen erfolgserhöhend aufzulösen oder zu verbrauchen.

Mögliche Verrechnungsalternativen eines passiven Unterschiedsbetrages im Rahmen der Folgekonsolidierung:

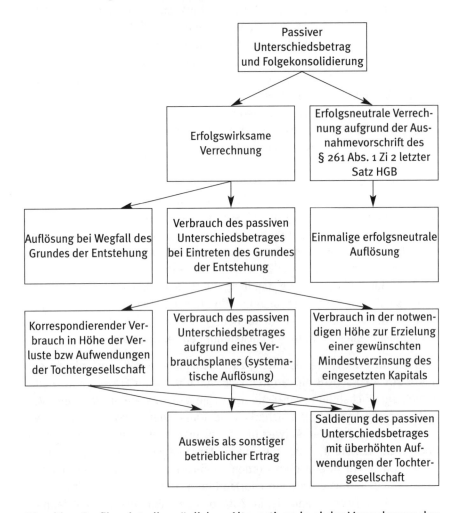

Die obige Grafik zeigt alle möglichen Alternativen bzgl der Verrechnung des passiven (Rest)Unterschiedsbetrages im Rahmen der Folgekonsolidierung.

6.4 Endkonsolidierung

6.4.1 Begriff und Wesen der Endkonsolidierung

Gemäß § 244 Abs. 1 und 2 HGB muß ein Unternehmen, das unter der einheitlichen Leitung eines anderen Unternehmens steht, oder bei dem ein verbundenes Unternehmen einen beherrschenden Einfluß ausüben kann, im Rahmen der Vollkonsolidierung einbezogen werden. Kommt es nach der erstmaligen Einbeziehung eines Tochterunternehmens in den Konzernabschluss zu einer Anteilsveräußerung, bei der die Beteiligungsquote unter 50% sinkt, darf folglich gemäß § 244 Abs. 1 und 2 HGB keine Vollkonsolidierung mehr Platz greifen. Das Unternehmen, an dem nun entweder eine Minderheitsbeteiligung oder keine Beteiligung mehr gehalten wird, muß aus dem Konsolidierungskreis ausscheiden, bzw darf in den Konzernabschluss nicht mehr im Rahmen der Vollkonsolidierung einbezogen werden. Dieses „Nicht-mehr-Konsolidieren" wird als Endkonsolidierung bezeichnet.

Eine Endkonsolidierung kann nicht nur durch Veräußerung von Gesellschaftsanteilen notwendig werden. Die Änderung der Geschäftstätigkeit eines verbundenen Unternehmens oder eine neue strategische Ausrichtung (zB geplante Veräußerung, Reduzierung der operativen Tätigkeit auf ein Minimum) kann gemäß § 248 und § 249 HGB zu einem Konsolidierungswahlrecht oder Verbot führen. Auch im Fall einer „Nicht-mehr-Konsolidierung", aufgrund eines Konsolidierungswahlrechtes bzw Verbotes, kommt es aus Konzernsicht zu einem Abgang von Vermögensgegenständen und Schulden und somit zur Notwendigkeit einer Endkonsolidierung.

Eine gesetzliche Bestimmung zur Endkonsolidierung ist, wie auch in der 7. EU-RL, im österreichischen HGB nicht enthalten. Wie oben schon dargestellt, ergibt sich die Notwendigkeit zur Endkonsolidierung bzw zum Ausscheiden aus dem Konsolidierungskreis aus § 244 Abs. 1 und 2 HGB, da es mangels einheitlicher Leitung und beherrschendem Einfluß zu keiner Vollkonsolidierung mehr kommen kann.

Um den Beteiligungsabgang der Einzelbilanz in einen Abgang von Vermögens- bzw Kapitalpositionen überzuleiten, sind folgende Konsolidierungsarbeiten notwendig:

- Das Verkaufsergebnis der Beteiligung aus dem Einzelabschluss muß in ein Ergebnis aus dem Abgang von Anlagevermögen, Umlaufvermögen und Schulden transformiert werden. Das Endkonsolidierungsergebnis im Konzernabschluss wird immer dann vom einzelgesellschaftlichen Verkaufsergebnis der Beteiligung abweichen, wenn die Buchwerte der Vermögens- und Schuldpositionen der abgehenden Tochtergesellschaft vom Beteiligungsbuchwert in der Einzelbilanz der Muttergesellschaft abweichen. Dies ist bspw dann der Fall, wenn im Rahmen der Erstkonsolidierung stille Reserven oder Lasten aufgedeckt und im Rahmen der Folgekonsolidierung ergebniswirksam verrechnet wurden. Auch eine außerplanmäßige Beteiligungsabschreibung im Einzelabschluss der Obergesellschaft führt zu einem differenzierten Endkonsolidierungsergebnis.

- In der Konzern GuV darf der Beteiligungsabgang der Einzelbilanz nicht im Finanzergebnis ausgewiesen werden. Aus einheitstheoretischer Sichtweise kommt es zu keinem Beteiligungsabgang. Es kommt vielmehr zum Abgang diverser Vermögensgegenstände und Schulden. Grundsätzlich müßten für die jeweiligen Bilanzpositionsabgänge die relevanten GuV-Positionen angesprochen werden. Aus Vereinfachungsgründen wird vielfach vorgeschlagen, die Buchwertabgänge und den Verkaufserlös innerhalb der sonstigen betrieblichen Aufwendungen und Erträgen zu saldieren.

- Im Anlagespiegel muß ein Abgang einzelner Anlagevermögensgegenstände gezeigt werden. Der Abgang einer Beteiligung an einem verbundenen Unternehmen aus dem einzelgesellschaftlichen Anlagespiegel kann nicht in den Konzernanlagespiegel übernommen werden.

6.4.2 Endkonsolidierung und Konzernerfolg

Die Erfolgsauswirkung der Endkonsolidierung kann vereinfacht wie folgt berechnet werden:

6 Kapitalkonsolidierung
6.4 Endkonsolidierung

Verkaufserlös der Beteiligung (Im Falle der Veräußerung der Geschäftsanteile)
- Konzernbuchwert der Vermögensgegenstände der Tochtergesellschaft zum Veräußerungszeitpunkt (inkl.Firmenwert)
+ Konzernbuchwert der Schulden der Tochtergesellschaft zum Veräußerungszeitpunkt (inkl. passivem Unterschiedsbetrag)
= Endkonsolidierungsergebnis

Wird das Endkonsolidierungsergebnis aus dem einzelgesellschaftlichen Verkaufsergebnis der Beteiligung abgeleitet, gilt im Rahmen der Buchwertmethode folgende Rechnung:

Verkaufsergebnis der Beteiligung lt Einzelbilanz
+ bereits erfolgswirksam abgeschriebener aktiver Unterschiedsbetrag (stille Reserven, Firmenwert)
- bereits erfolgswirksam aufgelöster passiver Unterschiedsbetrag
± erfolgswirksame Bewertungs- und Bilanzierungsanpassungen
± erfolgswirksam verrechnete Unterschiedsbeträge aus der Schulden-, Aufwands- und Ertragskonsolidierung und Zwischenergebniskonsolidierung
± erfolgswirksam verrechnete Unterschiedsbeträge aus der Währungsumrechnung
± Veränderung Eigenkapital durch Gewinnthesaurierung oder Gewinn-/Verlustvorträge
= Endkonsolidierungsergebnis

Wurde für das ausscheidende verbundene Unternehmen im Rahmen der Kapitalkonsolidierung die Neubewertungsmethode gewählt, dürfen nur die anteiligen erfolgswirksam berücksichtigten Abschreibungen des Konzernanteils für die Berechnung herangezogen werden.

Aus den obigen Berechnungsschemen kann somit tendenziell geschlossen werden, dass im Falle eines aktiven Unterschiedsbetrages im Zuge der Erstkonsolidierung bei der Endkonsolidierung das Ergebnis im Vergleich zum Einzelabschluss höher ausgewiesen wird, im Falle eines passiven Unterschiedsbetrages das Konzernergebnis jedoch durch die Endkonsolidierung zusätzlich belastet wird.

Die Endkonsolidierung des Minderheitengesellschafters erfolgt immer ergebnisneutral. Die im Rahmen der Folgekonsolidierung auf den Minderheitengesellschafter entfallenden Ergebnisbeiträge haben den Anteil des Minderheitengesellschafters am Kapital erhöht (bei Gewinnen) oder geschmälert (bei Verlusten). Durch die Endkonsolidierung gehen die Ergebnisanteile des Minderheitengesellschafters aus Vorperioden, saldiert mit dem Anteil des Minderheitengesellschafters am Kapital, erfolgsneutral ab. Wurde im Rahmen der Erstkonsolidierung die Neubewertungsmethode gewählt, dann wurden für den Minderheitengesellschafter erfolgsneutral die anteiligen stillen Reserven und Lasten aufgedeckt. Die Abschreibung der anteiligen stillen Reserven im Rahmen der Folgekonsolidierung kann entweder zu Lasten des Konzerns- oder des Minderheitenergebnisses vorgenommen werden. Die Endkonsolidierung des Minderheitenanteils ist nur dann erfolgsneutral, wenn die Abschreibung der anteiligen stillen Reserven das Minderheitenergebnis belastet hat. Wurden die anteiligen Abschreibungsbeträge nicht dem Minderheitenergebnis, sondern dem Konzernergebnisanteil zugeordnet, erhöht sich das Endkonsolidierungsergebnis um diese Abschreibungsbeträge.

6.4.3 Endkonsolidierungszeitpunkt

Für den Erstkonsolidierungszeitpunkt eines verbundenen Unternehmens stehen dem Konzernabschlussersteller gemäß § 254 Abs. 2 HGB grundsätzlich zwei Zeitpunkte zur Auswahl:

- Zeitpunkt des Erwerbes der Beteiligung

- Zeitpunkt der erstmaligen Einbeziehung in den Konzernabschluss

In Analogie zu § 254 Abs. 2 HGB kann für den Endkonsolidierungszeitpunkt zwischen dem tatsächlichen Veräußerungszeitpunkt und dem Zeitpunkt der letztmaligen Einbeziehung des Tochterunternehmens gewählt werden. Bei der letztmaligen Einbeziehung wird idR der letzte Abschluss vor der Veräußerung der Tochtergesellschaft herangezogen. Zusätzlich sollte aber auch der Konzernabschlussstichtag, welcher der Veräußerung der Beteiligung folgt, als Endkonsolidierungsstichtag vertretbar sein.

Als Endkonsolidierungsstichtage kommen daher in Betracht:

- letzter Konzernabschlussstichtag vor Beteiligungsveräußerung;
- Stichtag der Beteiligungsveräußerung (Stimmrechtsübergang);
- Erster Konzernabschlussstichtag nach Beteiligungsveräußerung.

6.4.4 Behandlung eines im Zuge der Erstkonsolidierung gegen Rücklagen verrechneten Firmenwertes

Gemäß § 261 Abs. 1 HGB darf ein sich im Zuge der Erstkonsolidierung ergebender Geschäfts- oder Firmenwert erfolgswirksam abgeschrieben oder offen mit jeder Kapital- und Gewinnrücklage verrechnet werden.

Wurde der Firmenwert erfolgswirksam abgeschrieben, erhöht diese Abschreibung der Vorperioden das Endkonsolidierungsergebnis, da nur der fortgeschriebene Buchwert aus dem Konzernabschluss aufwandswirksam abgeht.

In der Literatur umstritten ist die Frage, wie im Rahmen der Endkonsolidierung mit einem gegen Rücklagen verrechneten Firmenwert zu verfahren ist:

WEBER (WEBER, Kapitalkonsolidierung, S. 219) vertritt die Auffassung, dass ein neutral verrechneter Firmenwert im Zuge der Endkonsolidierung nicht ergebniswirksam zu berücksichtigen ist.

Für eine Rücknahme der erfolgsneutralen Verrechnung plädiert ORDELHEIDE (ORDELHEIDE, Konzernerfolg, S. 311): „Die Möglichkeit einer unmittelbaren Absetzung von den Rücklagen kann jedoch nicht bedeuten, dass dieser Betrag überhaupt nicht konzernerfolgswirksam wird. Spätestens bei Abgang des Tochterunternehmens muß Farbe bekannt werden. Die Abschreibung muß nach vorheriger Reaktivierung nachgeholt werden." Der Firmenwert würde als Aktivum wieder aufleben und als Buchwertabgang aus dem Konzernabschluss ausscheiden.

6.4.5 Behandlung eines im Zuge der Erstkonsolidierung gegen Rücklagen verrechneten passiven Unterschiedsbetrages

Ähnlich wie bei der Verrechnung eines Geschäfts- oder Firmenwertes ermöglicht § 261 Abs. 2 HGB auch bei einem passiven Unterschiedsbetrag eine erfolgswirksame oder erfolgsneutrale Verrechnung.

Wie schon beim Geschäfts- oder Firmenwert stellt sich die Frage, wie im Zuge der Endkonsolidierung bei einem neutral verrechneten passiven Unterschiedsbetrag zu verfahren ist. Analog zur Firmenwertbehandlung werden hier folgende Varianten vertreten:

- Der neutral verrechnete passive Unterschiedsbetrag wird rückverrechnet und als Schuldenabgang dargestellt.

- Der neutral verrechnete passive Unterschiedsbetrag wird saldiert in den Rücklagen belassen.

Nur die erstgenannte Variante ist mit dem Totalerfolgskonzept der Bilanzierung vereinbar, da ansonsten ein Teil der im Zuge der Endkonsolidierung weggefallenen Ausgaben nicht ergebniswirksam berücksichtigt würde. Die Verrechnung eines passiven Unterschiedsbetrages mit den Rücklagen im Zuge der Erstkonsolidierung bedeutet nicht, dass dieser passive Unterschiedsbetrag für immer „verwendet" wurde. Spätestens im Rahmen der Endkonsolidierung sollte dieser passive Unterschiedsbetrag über die Gewinn- und Verlustrechnung ergebniserhöhend abgehen.

6.4.6 Ausweisfragen im Zuge der Endkonsolidierung

Anlagenspiegel

Wie oben schon ausgeführt, geht aus einheitstheoretischer Sichtweise bei einer Beteiligungsveräußerung kein Finanzanlagevermögen ab. Es kommt uA zu einem Abgang von diversen Anlagevermögensgegenständen. Würde der Beteiligungsabgang im Konzernanlagespiegel nicht als Endkonsolidierungsvorgang den einzelnen Anlagevermögensgegenständen zugeordnet, könnten sowohl im Anschaffungskosten- als auch im Abschreibungsbereich die Anfangsbestände nicht zum Stichtagswert übergeleitet werden.

Zum Ausweis im Anlagespiegel werden ähnlich der Erstkonsolidierung folgende Vorschläge gemacht:

- Separate Spalte: „Abgänge wegen Veränderung des Konsolidierungskreises" sowohl bei den Anschaffungskosten als auch bei den kumulierten Abschreibungen.
- Eigene Spalte, aber Saldierung mit den Spalten aus Zugängen aus Erstkonsolidierungen.
- Darstellung inden Spalten „Abgänge" zu Anschaffungskosten und kumulierten Abschreibungen.

Gewinn- und Verlustrechnung

Scheidet ein (ehemals) verbundenes Unternehmen aus dem Konsolidierungskreis aus, kommt es aus Konzernsicht zu einem Abgang von Vermögensgegenständen und Schulden. Wie in der einzelgesellschaftlichen Rechnungslegung, müssen für die verschiedenen Bilanzpositionsabgänge in der Konzern GuV verschiedene Positionen angesprochen werden. Die Übernahme des einzelgesellschaftlichen Ertrages (Verlustes) aus dem Abgang von Finanzanlagevermögen ist mit dem Einheitsgrundsatz des § 250 Abs. 3 HGB nicht vereinbar.

Grundsätzlich müßte das einzelgesellschaftliche Verkaufsergebnis, welches in das Endkonsolidierungsergebnis transformiert wird, den einzelnen GuV-Positionen genau zugeordnet werden (zB Abgang der Vorräte als Umsatz und Materialaufwand, Abgang des Anlagevermögens saldiert als sonstiger betrieblicher Ertrag).

Diese Zuordnung erfordert neben umfangreichen Konsolidierungsbuchungen, eine genaue Kenntnis, wie der Verkaufserlös der Beteiligung den diversen Bilanzpositionen zuordenbar ist. Für die korrekte und einheitstheoretisch richtige Zuordnung müßte somit der Verkaufserlös der Beteiligung in diverse Verkaufserlöse von Vermögensgegenständen und Schulden zerlegt werden, was jedoch in der Bilanzierungspraxis nahezu unmöglich ist.

6.4 Endkonsolidierung

Um diese sehr aufwendige Endkonsolidierung zu vermeiden, wird als Vereinfachung vorgeschlagen, das gesamte Endkonsolidierungsergebnis im sonstigen betrieblichen Ertrag (bei Gewinn) oder sonstigen betrieblichen Aufwand (bei Verlust) auszuweisen. Liegt die Bedeutung der konzernspezifischen Endkonsolidierung über der gewöhnlichen Geschäftstätigkeit des Unternehmens, erfolgt ein saldierter Ausweis im außerordentlichen Ergebnis gem § 233 HGB.

Vertretbar erscheint auch jede zusätzliche Erweiterung des Gliederungsschemas gemäß § 223 Abs. 4 HGB. So könnte das Endkonsolidierungsergebnis auch unter dem Finanzergebnis als „Ergebnis aus dem Abgang von verbundenen Unternehmen" dargestellt werden. Dies würde dem externen Konzernbilanzleser uU die Möglichkeit bieten, das einzelgesellschaftliche Verkaufsergebnis der Beteiligung dem Endkonsolidierungsergebnis gegenüberzustellen.

7 Quotenkonsolidierung

7.1 Einleitung

Die Quotenkonsolidierung ist neben der Equity-Bewertung als Konsolidierungsalternative gem § 262 HGB für Gemeinschaftsunternehmen vorgesehen. Die Quotenkonsolidierung übernimmt die Vermögensgegenstände, Schulden und GuV-Positionen dem Beteiligungsverhältnis entsprechend in die Konzernbilanz und Konzern-GuV. Im Summenabschluss wird die Handelsbilanz II des Gemeinschaftsunternehmens multipliziert mit der Beteiligungsquote am Gemeinschaftsunternehmen einbezogen. Bis auf die anteilsmäßige Übernahme der Abschlusspositionen in den Summenabschluss unterscheidet sich die Quotenkonsolidierung konsolidierungstechnisch nicht von der Vollkonsolidierung.

Gem § 262 Abs. 2 HGB sind die einzelnen Konsolidierungsschritte der Vollkonsolidierung auch bei der anteilsmäßigen Konsolidierung (=Quotenkonsolidierung) anzuwenden:

- Einheitstheorie (§ 250 HGB)
- Bilanzierungs- und Bewertungsgrundsätze der Einzelrechnungslegung (§ 251 HGB)
- Konzernabschlussstichtag (§ 252 HGB)
- Übernahme von Vermögensgegenständen und Schulden (§ 253 HGB)
- Kapitalkonsolidierung (§§ 254 u 261 HGB)
- Schuldenkonsolidierung (§ 255 HGB)
- Zwischenergebniseliminierung (§§ 256 u 257 HGB)
- Steuerabgrenzung (§ 258 HGB)
- Einheitliche Bewertung (§ 260 HGB)

Die Quotenkonsolidierung ist grundsätzlich mit der Einheitstheorie nicht vereinbar, da eine wirtschaftliche Einheit abgebildet wird, die tatsächlich nicht existiert. Die Konzernmuttergesellschaft hat bspw nicht auf 50% der Vermögensgegenstände einen beherrschenden Einfluss, sondern einen gemeinschaftlichen Einfluss auf 100% der Vermögensgegenstände. Zielsetzung der Quotenkonsolidierung ist jedoch nicht die einheitstheoretisch richtige Abbildung, als vielmehr die vollständige Darstellung der unternehmerischen Aktivitäten. Die Quotenkonsolidierung ist konsolidierungstechnisch mit dem gleichen Aufwand verbunden wie die Vollkonsolidierung. Im Gegensatz zur Equity-Bewertung sind auch für quotal konsolidierte Gemeinschaftsunternehmen die vollständigen Konsolidierungsdaten bzw. -informationen wie im Rahmen der Vollkonsolidierung erforderlich.

Die Quotenkonsolidierung ist nach § 262 Abs. 1 HGB ausdrücklich als Wahlrecht ausgestaltet. Im Zuge der erstmaligen Einbeziehung/Bewertung eines Gemeinschaftsunternehmens kann zwischen der quotalen Einbeziehung (anteilsmäßigen Konsolidierung) oder der Equity-Bewertung der Beteiligung gewählt werden. Dieses Konsolidierungswahlrecht kann bei unterschiedlichen Gemeinschaftsunternehmen differenziert ausgeübt werden. Aufgrund der Vorbildwirkung der internationalen Konzernrechnungslegung nach IAS, die die Quotenkonsolidierung als präferierte Konsolidierungsmethode bei Gemeinschaftsunternehmen vorschlägt, wird die Quotenkonsolidierung auch im österreichischen Konzernabschluss vermehrt eingesetzt.

7.2 Bestimmungsgründe von Gemeinschaftsunternehmen

Als bestimmendes Merkmal eines Gemeinschaftsunternehmens gilt, dass ein Gemeinschaftsunternehmen unter der gemeinsamen Führung zweier oder mehrerer Unternehmen steht. § 262 Abs. 1 HGB spricht davon, dass „ein in einen Konzernabschluss einbezogenes Mutter- oder Tochterunternehmen ein anderes Unternehmen gemeinsam mit einem oder mehreren nicht in den Konzernabschluss einbezogenen Unternehmen" führt.

Der wesentliche Bestimmungsgrund ist die gemeinsame Leitung. Die gemeinsame Leitung zeigt sich in der Regel in einem identen Kapitalanteil der Gesellschafter. Auch wenn diese Voraussetzung im HGB nicht ausdrücklich enthalten ist, wird dieser Bestimmungsgrund in der Praxis der entscheidende sein. Die Gesellschafter an Gemeinschaftsunternehmen besitzen daher idR 50% oder weniger Kapitalanteile am Gemeinschaftsunternehmen (bspw auch 4 x 25 %). Als Prototyp des Gemeinschaftsunternehmens gilt das 50 : 50 Joint Venture Unternehmen. Die Unternehmenspolitik des Gemeinschaftsunternehmens wird in den wesentlichsten Punkten, bspw in der Investitions- und Finanzplanung von allen Gesellschaftern gemeinsam bestimmt. Kein Gesellschafter hat einen beherrschenden Einfluss. Beim Gemeinschaftsunternehmen wird die Leitungsmacht mit mindestens einer anderen Obergesellschaft gemeinsam ausgeübt. Eine wirksame gemeinsame Leitung dürfte nur möglich sein, wenn Entscheidungen nicht gegen den Willen eines Gesellschafters getroffen werden können. Die gemeinschaftliche Führung liegt bzgl der Intensität der Einflussnahme zwischen dem beherrschenden und dem maßgeblichen Einfluss.

Als zweiter Bestimmungsgrund gilt, dass der oder die anderen Mitgesellschafter am Gemeinschaftsunternehmen keine vollkonsolidierten Mutter- oder Tochtergesellschaften sein dürfen. Sehr wohl kann jedoch die gemeinschaftliche Führung am Gemeinschaftsunternehmen von zwei Tochtergesellschaften gemeinsam ausgeübt werden, wenn mindestens ein dritter konzernfremder Gesellschafter beteiligt ist.

Beispiel:

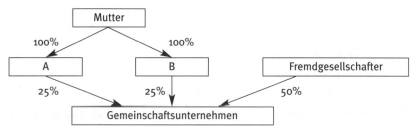

Das Gemeinschaftsunternehmen kann quotal mit 50% in dem Konzernabschluss der Mutter übernommen werden, da die Mutter indirekt 50% der Kapitalanteile hält und gemeinsam mit dem Fremdgesellschafter eine gemeinschaftliche Führung ausübt.

Der dritte Bestimmungsgrund für ein Gemeinschaftsunternehmen liegt in der nicht kodifizierten Ausrichtung auf einen unbegrenzten Zeitraum. Bezieht sich die Zusammenarbeit nur auf ein bestimmtes Projekt oder ist sie zeitlich limitiert, liegt kein Gemeinschaftsunternehmen vor (bspw Bau-Arbeitsgemeinschaften).

Ein Gemeinschaftsunternehmen ist zusammenfassend als ein von unabhängigen Gesellschaftern gemeinsam geleitetes und auf unbegrenzte Dauer angelegtes Unternehmen charakterisiert.

7.3 Grundsätzliche Vorgehensweise bei der Quotenkonsolidierung

Im Gegensatz zur Vollkonsolidierung handelt es sich bei der Quotenkonsolidierung um eine anteilsmäßige Einbeziehung. Sämtliche Posten der Bilanz und der GuV gehen nur in Höhe des Konzernanteils in den Summen- und Konzernabschluss ein. Da § 262 HGB von den „Anteilen am Kapital" spricht, ist der Stimmenanteil bei der Konsolidierung selbst ohne Bedeutung (uU aber nicht bei den Bestimmungsgründen für ein Gemeinschaftsunternehmen).

Vor der Einbeziehung der anteiligen Abschlusspositionen ist zu prüfen, ob Bilanzansatz und Bewertung im Einzelabschluss des Gemeinschaftsunternehmens den Konzernbilanzierungsgrundsätzen entspricht. Auch für Gemeinschaftsunternehmen ist eine Handelsbilanz II Voraussetzung für die Konsolidierung.

Die Kapitalkonsolidierung wird analog zur Vollkonsolidierung auf der Grundlage der „Purchase Methode" dem Kapitalanteil entsprechend durchgeführt. Der konsolidierungspflichtige Beteiligungsansatz wird nur mit dem anteiligen Eigenkapital verrechnet. Ein Ausweis von Minderheitsanteilen wie bei der Vollkonsolidierung erfolgt nicht, da nur das anteilige Eigenkapital des Gemeinschaftsunternehmens in den Summenabschluss übernommen wird und somit kein Bedarf für eine Umgliederung des Minderheiteneigenkapitals besteht. Auch bei der Behandlung von aktiven oder passiven Unterschiedsbeträgen besteht kein Unterschied zur Vollkonsolidierung.

Zwischenergebnisse, die innerhalb der wirtschaftlichen Konzerneinheit erzielt werden, müssen gem der Einheitstheorie grundsätzlich auch bei der Quotenkonsolidierung eliminiert werden. Bei der Quotenkonsolidierung werden in Höhe des Mitgesellschafteranteils die Zwischenergebnisse zwischen dem Gemeinschaftsunternehmen und der jeweiligen vollkonsolidierten Tochtergesellschaft als realisiert betrachtet, und dementsprechend sind die Zwischengewinne und -verluste nur in Höhe der Kapitalbeteiligung zu eliminieren. Wie bei der Zwischenergebniseliminierung werden auch im Rahmen der Schulden- und Aufwands- und Ertragskonsolidierung nur anteilig konzerninterne Verflechtungen eliminiert. Der verbleibende Teil wird in die Konzernbilanz bzw. -GuV des Gesellschafters übernommen und ist als Forderung oder Verbindlichkeit bzw. Aufwand oder Ertrag gegenüber Dritten (oder besser gegenüber Unternehmen mit denen ein Beteiligungsverhältnis besteht) auszuweisen. Falls Differenzen zwischen den anteiligen Forderungs- und Verbindlichkeitsbeträgen oder Aufwands- und Ertragspositionen bestehen, sind sie wie bei der Vollkonsolidierung innerhalb der GuV zu verrechnen.

7.4 Auswirkungen und Problembereiche der Quotenkonsolidierung

Die Quotenkonsolidierung wird idR von jenen Konzernen eingesetzt, die die Bedeutung des Gemeinschaftsunternehmens hinsichtlich Vermögen, Umsatz bzw Ergebnis für die operative Tätigkeit des Gesamtkonzerns herausstreichen möchten. Bei at equity bewerteten Gemeinschaftsunternehmen würden keine Vermögensgegenstände, Schulden, Aufwendungen und Erträge in den Konzernabschluss übernommen werden. Bei der Equity-Bewertung wird lediglich das anteilige Ergebnis des Gemeinschaftsunternehmens im Konzernfinanzergebnis als Beteiligungsertrag ausgewiesen. Es kommt somit bei der Equity-Bewertung zu keinem operativem Ergebnisbeitrag. Dieser Nachteil der Equity-Bewertung wird durch die anteilsmäßige Übernahme des Abschlusses des Gemeinschaftsunternehmens vermieden.

7 Quotenkonsolidierung
7.4 Auswirkungen und Problembereiche der Quotenkonsolidierung

Vergleich Quotenkonsolidierung und Equity-Bewertung:

	Equity-Bewertung	Quotenkonsolidierung
Methode	Bewertung	Konsolidierung
Einbeziehung	nur Beteiligungsansatz	anteiligen Umsatz, Aktiva, Passiva
Rentabilität	besser	schlechter
Einheitliche Bewertung	nein	ja
Aufwand	gering	groß, wie bei Vollkonsolidierung

Der Nachteil der Quotenkonsolidierung liegt im Arbeitsaufwand und in der „Aufblähung des Konzernabschlusses". Die Quotenkonsolidierung unterscheidet sich hinsichtlich des Arbeitsaufwandes nicht von der Vollkonsolidierung. In Einzelfällen wird es aber sogar schwierig sein, durch eine lediglich gemeinschaftliche Führung den Informationsbedarf gegenüber dem anderen Gesellschafter durchzusetzen. Wird ein Gemeinschaftsunternehmen im Gegensatz zur Quotenkonsolidierung im Rahmen der Equity-Bewertung in den Konzernabschluss übernommen, verringert sich die Konzernbilanzsumme, die Eigenkapitalquote steigt, und das Konzernergebnis im Verhältnis zum eingesetzten Kapital kann grundsätzlich verbessert werden.

Das Wahlrecht zur Quotenkonsolidierung kann in der Konsolidierungspraxis auch gezielt zu konzernbilanzpolitischen Zwecken eingesetzt werden. So ist es bspw möglich, eine Beteiligung von unter 50% auf die grundsätzlich nur ein maßgeblicher Einfluss mit der Konsequenz der Equity-Bewertung ausgeübt werden kann, durch Einschaltung einer Zwischenholding anteilsmäßig mit den Vermögensgegenständen und Umsätzen einzubeziehen.

Beispiel

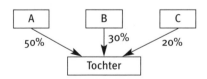

Die Tochter ist eine 30%ige Beteiligung von B und wird in den Konzernabschluss von B nur at equity einbezogen. Durch Einschaltung einer Zwischenholding kann die Tochter anteilsmäßig mit 50% und einem Minderheitenanteil von durchgerechnet 20% einbezogen werden. Das durchgerechnete Beteiligungsverhältnis ändert sich nicht.

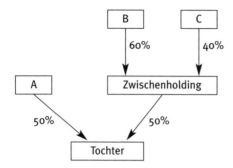

Gemeinschaftsunternehmen werden nach hA nicht von der Befreiungsbestimmung des § 245 HGB erfasst, da die quotale Konsolidierung keiner Einbeziehung iS des § 245 Abs. 1 HGB entspricht. Ein Gemeinschaftsunternehmen, das selbst wiederum eine Muttergesellschaft ist und die Größenkriterien des § 246 HGB überschreitet, ist immer zur Konzernrechnungslegung verpflichtet.

7 Quotenkonsolidierung
7.4 Auswirkungen und Problembereiche der Quotenkonsolidierung

8 Equity-Bewertung

8.1 Einleitung

Nach den Vorschriften des HGB ist nach den §§ 263 u 264 HGB für die Bewertung/Konsolidierung an einem sogenannten assoziierten Unternehmen im Konzernabschluss zwingend die Equity-Bewertung anzuwenden. Neben assoziierten Unternehmen ist die Equity-Bewertung auch auf Unternehmen, die gemeinsam mit einem dritten Nicht-Konzernunternehmen geführt werden, anzuwenden, wenn dieses Gemeinschaftsunternehmen nicht gem § 262 HGB im Rahmen der Quotenkonsolidierung einbezogen wird, da auch eine gemeinschaftliche Führung zu einem maßgeblichen Einfluss führt.

Zusätzlich kommt die Anwendung der Equity-Methode auch auf Beteiligungen an verbundenen Unternehmen in Betracht, die an Konzernunternehmen bestehen, die entweder auf Grundlage des Konsolidierungsverbotes (§ 248 HGB) oder eines Konsolidierungswahlrechtes (§ 249 HGB) nicht in den Konzernabschluss einbezogen werden (EGGER/SAMER, Der Konzernabschluss, S. 225).

Wie schon bei verbundenen Unternehmen im Rahmen der Vollkonsolidierung brauchen assoziierte Unternehmen nicht mit ihrem Equity-Beteiligungsansatz bewertet werden, wenn die Equity-Bewertung für die Vermittlung eines möglichst getreuen Bildes der Vermögens-, Finanz- und Ertragslage des Konzerns von nur untergeordneter Bedeutung ist.

Die Equity-Methode im Rahmen der Konzernrechnungslegung wird auch als „partielle Konsolidierung", „Einzeilenkonsolidierung", „one-line-consolidation" bezeichnet, da die Equity-Bewertung grundsätzlich dem Verfahren der Vollkonsolidierung gleicht, mit der Ausnahme, dass das konsolidierte bzw. bewertete Unternehmen nur innerhalb einer Bilanzposition „Beteiligung an assoziierten Unternehmen" ausgewiesen wird. Die Equity-Methode entspricht somit einer Bewertungsmethode und nicht einer Konsolidierungsmethode, da es zu keiner Übernahme von Vermögens- oder GuV-Positionen kommt, sondern nur der Beteiligungsansatz an diesem Unternehmen im Konzernabschluss nach anderen Methoden bewertet wird als im Einzelabschluss.

8.2 Merkmale eines assoziierten Unternehmens

Assoziierte Unternehmen sind nach der Definition des § 263 HGB solche Unternehmen, bei denen ein in den Konzernabschluss einbezogenes Unternehmen eine Beteiligung besitzt und auf deren Geschäfts- und Finanzpolitik das beteiligte Unternehmen einen maßgeblichen Einfluss tatsächlich ausüben kann.

Ein assoziiertes Unternehmen ist demnach wie folgt charakterisiert:

- Anteile eines einbezogenen (verbundenen) Unternehmens an einem nicht einbezogenen Unternehmen

- Tatsächlich ausgeübter maßgeblicher Einfluss

- Beteiligung am Kapital von zumindest 20%

Ein Assoziierungsverhältnis kann grundsätzlich nur dann bestehen, wenn ein im Rahmen der Vollkonsolidierung einbezogenes verbundenes Unternehmen, zumindest 20% Kapitalanteile an einem anderen Unternehmen hält. Die Obergrenze der Kapitalanteile liegt bei 50%, da ab dieser Grenze idR von einem beherrschenden Einfluss auszugehen wäre. Der maßgebliche Einfluss ist abgestuft unterhalb des beherrschenden Einflusses und der gemeinschaftlichen Führung einzureihen. Abgeleitet aus der internationalen Rechnungslegung sind folgende Merkmale charakteristisch für den maßgeblichen Einfluss (BUSSE V. COLBE/ORDELHEIDE, Konzernabschlüsse, S. 474):

- Vertretung in einem Leitungs- oder Kontrollorgan oder

- Teilnahme an der Geschäftspolitik oder

- Bestellung und Abberufung von Führungspersonal oder

- Erhebliche Geschäftsbeziehungen oder

- Bereitstellung technologischer Informationen oder

- Einfluss auf Gewinnverwendung

In der Konsolidierungspraxis wird idR bei einer Beteiligung zwischen 20% und 50% von einem maßgeblichen Einfluss auszugehen sein. Abweichend zum beherrschenden Einfluss beim verbundenen Unternehmen muss der maßgebliche Einfluss bei assoziierten Unternehmen tatsächlich ausgeübt werden, dh er darf nicht nur passiv vorhanden sein.

8.3 Verfahren der Equity-Bewertung

8.3.1 Equity-Beteiligungs-Bewertung

Die Grundidee der Equity-Bewertung besagt, dass die Beteiligung an einem assoziierten Unternehmen stets nach Maßgabe des auf die Beteiligung entfallenden Betrags des Eigenkapitals des assoziierten Unternehmens, dh spiegelbildlich, bewertet wird. Die Equity-Bewertung entspricht somit auch der für die Bewertung von Beteiligungen an Personengesellschaften im Einzelabschluss maßgeblichen Spiegelbildmethode.

Das Wesen der Equity-Bewertung liegt darin, dass in der Konzernbilanz für die Bewertung der Beteiligung an dem assoziierten Unternehmen von den (historischen) Anschaffungskosten ausgegangen wird. Dem Beteiligungsbuchwert sind dann die anteilig auf die unmittelbare Muttergesellschaft entfallenden und von dem assoziierten Unternehmen erwirtschafteten, aber noch nicht ausgeschütteten Gewinne zuzurechnen. Im Gegensatz dazu vermindern entstandene Verluste entsprechend den Beteiligungsbuchwert. Vom assoziierten Unternehmen ausgeschüttete Gewinne mindern ebenfalls den Equity-Beteiligungsansatz. Die Equity-Bewertung ist somit eine Fortschreibung des historischen Beteiligungsansatzes entsprechend den Veränderungen im Eigenkapital der Tochtergesellschaft.

```
  Anschaffungskosten
+ anteiliger Jahresaüberschuss der Tochtergesellschaft
- anteiliger Jahresfehlbetrag der Tochtergesellschaft
- vereinnahmte Gewinnausschüttungen der Tochtergesellschaft
= Equity-Bilanzsatz
```

8.3 Verfahren der Equity-Bewertung

Beispiel

Eine Beteiligung in Höhe von 40% wird zum Anschaffungspreis von 1000 zu Beginn von 01 erworben.

In 01 erzielt die Beteiligungsgesellschaft ein Jahresergebnis von 300 und nimmt keine Ausschüttung vor.

In 02 wird kein Jahresergebnis erzielt, die Tochtergesellschaft schüttet eine Dividende von 100 aus.

In 03 wird ein Jahresfehlbetrag von 150 ausgewiesen – es erfolgt wiederum keine Ausschüttung.

In 04 schließlich wird ein Gewinn von 80 erwirtschaftet und eine Dividende von 150 ausgeschüttet.

Anschaffungswert	1.000
anteiliges Jahresergebnis 01	120
Equity-Ansatz 01	1.120
anteiliges Jahresergebnis 02	0
übernommene Ausschüttung	−40
Equity-Ansatz 02	1.080
anteiliger Jahresfehlbetrag 03	−60
Equity-Ansatz 03	1.020
anteiliges Jahresergebnis 04	32
übernommene Ausschüttung	−60
Equity-Ansatz 04	992

Buchung:

Jahr	Buchung	Betrag
01	Beteiligung assoziiertes Unternehmen/Beteiligung	1000
01	Beteiligung assoziiertes Unternehmen/ Erg. aus assoziierten Unternehmen	120
02	Beteiligungsertrag/ Beteiligung assoziiertes Unternehmen	40
03	Erg. aus assoziierten Unternehmen/Beteiligung assoziiertes Unternehmen	60
04	Beteiligung assoziiertes Unternehmen/Erg. aus assoziierten Unternehmen	32
04	Beteiligungsertrag/ Beteiligung assoziiertes Unternehmen	60

Zielsetzung der Equity-Bewertung ist die Bewertung der Beteiligung am assoziierten Unternehmen genau in Höhe des anteiligen Eigenkapitals der Tochtergesellschaft. Im Rahmen der Equity-Bewertung kommt es zu keiner Übernahme von Bilanz- oder GuV-Positionen von assoziierten Unternehmen, sondern lediglich zu einer (Um)Bewertung des einzelbilanziellen Beteiligungsansatzes im Konzernabschluss.

Analog zur Kapitalkonsolidierung wird aber schon im Anschaffungszeitpunkt der zu Anschaffungskosten im Summenabschluss bilanzierte Beteiligungsansatz für das assoziierte Unternehmen vom buchmäßigen (HB II-Eigenkapital) der Tochtergesellschaft abweichen. Wie im Zuge der Kapitalkonsolidierung ergibt sich damit auch bei der Equity-Bewertung ein aktiver oder passiver Unterschiedsbetrag, der auf die selben Bestimmungsgründe wie im Rahmen der Kapitalkonsolidierung zurückzuführen ist (stille Reserven, stille Lasten, Firmenwert, badwill, lucky buy). Im Gegensatz zur Kapitalkonsolidierung wird dieser Unterschiedsbetrag nicht im Zuge der Eliminierung von Beteiligung und Eigenkapital aktiviert bzw passiviert, sondern ist Bestandteil der bewerteten Beteiligung. Im Zuge der erstmaligen Equity-Bewertung verkörpert der Equity-Ansatz somit das anteilige Eigenkapital der Tochtergesellschaft zuzüglich anteiliger stiller Reserven und Lasten, eines Firmenwertes oder eines passiven (Rest)Unterschiedsbetrages.

Beispiel:

Die Muttergesellschaft AG erwirbt um 10 eine 33,3%ige Beteiligung an der Assoziiert GmbH. Die Assoziiert GmbH hat zum Kaufzeitpunkt ein buchmäßiges Eigenkapital von 15. Im Grundvermögen der Assoziiert GmbH gibt es stille Reserven von 5.

Anschaffungskosten für 33,3%	10,0
anteiliges Eigenkapital (15/3)	−5,0
Unterschiedsbetrag	5,0
davon stille Reserve Grund	1,7
davon Firmenwert	3,3

Buchung:
Beteiligung an assoziierten Unternehmen/Beteiligung   10

Der Beteiligungsansatz zum Zeitpunkt der Equity-Erstkonsolidierung lässt sich somit gedanklich aufteilen. Sämtliche Bestandteile werden aber innerhalb einer Position „Beteiligung an assoziierten Unternehmen" ausgewiesen.

Zur Bestimmung des im Beteiligungsansatz enthaltenen Unterschiedsbetrages wird analog zur Kapitalkonsolidierung das Eigenkapital der Tochtergesellschaft entweder zum

- Erwerbszeitpunkt oder

- Zeitpunkt der erstmaligen Equity-Bewertung

herangezogen. Zusätzlich besteht noch die Möglichkeit gem § 264 Abs. 3 HGB bei Sukzessiverwerb den Zeitpunkt zu wählen, zu dem das Unternehmen ein assoziiertes Unternehmen geworden ist. Der gewählte Zeitpunkt der Equity-Erstkonsolidierung ist im Konzernanhang anzuführen.

Neben der Veränderung des Beteilungsansatzes durch die anteiligen Übernahmen der Eigenkapitalveränderungen des assoziierten Unternehmens ist zusätzlich auch der Unterschiedsbetrag im Rahmen der Folgejahre fortzuschreiben. Da der Unterschiedsbetrag nicht als eigenständiger Bilanzposten ausgewiesen wird, erfolgt die Fortschreibung direkt auf dem Beteiligungsansatz. Der Equity-Beteiligungsansatz wird bspw im Sinne einer Firmenwertabschreibung fortgeschrieben.

Fortsetzung des Beispiels:

Im Jahr 02 erwirtschaftet das assoziierte Unternehmen ein Jahresergebnis von 1.

Equity-Ansatz 1.1.	10,0
Firmenwertabschreibung	−0,7 (1/5 von 3,3)
Anteiliges Jahresergebnis	0,3
Equity-Ansatz 31.12.	9,6

Buchungen:

Ergebnis aus assoziierten Unternehmen/Beteiligung assoziiertes Unternehmen   0,3

Werden stille Reserven auf abnutzbare Vermögensgegenstände zugeordnet, sind diese Vermögensgegenstände analog zum Firmenwert in den Folgejahren „abzuschreiben". Dies erfolgt durch die Reduzierung des Equity-Beteiligungsbuchwertes.

Zum Unterschied zur Kapitalkonsolidierung erfolgt bei der Equity-Bewertung kein Minderheitenausweis, da die Konzernbeteiligung nur mit dem anteiligen Eigenkapital des assoziierten Unternehmens verglichen wird und keine Vermögensgegenstände und Schulden, die dem Minderheitengesellschafter zuzurechnen sind, in den Konzernabschluss übernommen werden.

Auch innerhalb der Equity-Methode wird zwischen zwei Arten der Bewertung/Konsolidierung unterschieden (§ 264 Abs. 1 HGB):

- Buchwertmethode
- Kapitalanteilsmethode

Diese beiden Methoden unterscheiden sich lediglich im Ausweis eines möglichen Firmenwertes. Wie im obigen Beispiel dargelegt, ist ein Firmenwert im Beteiligungsansatz inkludiert und wird durch Fortschreibung der Beteiligung „abgeschrieben". Im Gegensatz dazu wird bei der Kapitalanteilsmethode im Rahmen der erstmaligen Kapitalanteilsmethode der entsprechende Firmenwert aus den Beteiligungen an assoziierten Unternehmen in die Firmenwert-Position umgegliedert. Die Kapitalanteilsmethode führt zu einem geringeren Equity-Beteiligungsbuchwert aber zu einem zusätzlich ausgewiesenem Firmenwert.

8.3.2 Einheitliche Bewertung

Weichen die einbezogenen Einzelabschlüsse in- und ausländischer Konzernunternehmen hinsichtlich der dort angewandten Bewertungsmethoden von denen des Konzernabschlusses ab, sind eigens für Konsolidierungszwecke sogenannte Handelsbilanzen II (HB II) aufzustellen, die auf die einheitlichen im Konzernabschluss angewandten Bewertungsmethoden basieren. Durch die einheitliche Bewertung verändert sich das Eigenkapital das bei der Vollkonsolidierung dem Beteiligungsansatz im Rahmen der Kapitalkonsolidierung gegenübergestellt wird.

Grundsätzlich gilt die Einheitlichkeit der Bewertung auch für die assoziierten Unternehmen, da das einheitlich bewertete Eigenkapital einen Einfluss auf den at equity bewerteten Beteiligungsansatz hat. Da auf assoziierte Unternehmen im Gegensatz zu verbundenen Unternehmen (beherrschender Einfluss) nur ein maßgeblicher Einfluss ausgeübt werden kann, ist es aber in der Konsolidierungspraxis uU schwierig vom assoziierten Unternehmen nach einer einheitlichen Bewertung aufgestellte Jahresabschlüsse rechtzeitig zu bekommen. Aus diesem Grund hat der Gesetzgeber in § 264 Abs. 5 HGB ein Wahlrecht zur einheitlichen Bewertung festgeschrieben: „Wendet das angeschlossene (assoziierte) Unternehmen in seinem Jahresabschluss vom Konzernabschluss abweichende Bewertungsmethoden an, so können abweichend bewertete Vermögensgegenstände oder Schulden für Zwecke der Abs. 1 bis 4 nach den auf den Konzernabschluss angewandten Bewertungsmethoden bewertet werden." Der HGB-Gesetzgeber normiert jedoch eine verpflichtende Anhangsangabe bei unterlassener einheitlicher Bewertung .

8.3.3 Letzter verfügbarer Jahresabschluss als Grundlage der Equity-Bewertung

Gem § 252 Abs. 1 HGB ist der Konzernabschluss auf den Stichtag des Jahresabschlusses des Mutterunternehmens oder auf den hiervon abweichenden Stichtag der Jahresabschlüsse der bedeutendsten oder der Mehrzahl der Tochterunternehmen aufzustellen. Auch für assoziierte Unternehmen ist grundsätzlich der Jahresabschluss zum Konzernbilanzstichtag maßgeblich für die Equity-Bewertung.

Wie schon im Zuge der einheitlichen Bewertung ist auch bei der zeitgerechten Bereitstellung der notwendigen Abschlusszahlen für die Bewertung des assoziierten Unternehmens zum Konzernabschlussstichtag der lediglich maßgebliche Einfluss oftmals nicht ausreichend. Auch dieser Problematik ist sich der Gesetzgeber bewusst und hat in § 264 Abs. 5 HGB normiert, dass als Basis für die Equity-Bewertung der letzte verfügbare Jahresabschluss heranzuziehen ist. Durch diese Regelung kann die Equity-Methode bspw ein Jahr zeitversetzt erfolgen, indem immer der Vorjahres-Abschluss die Basis für den Equity-Ansatz bildet. Aber auch abweichende Bilanzstichtage müssen bei equity-bewerteten Unternehmen nicht durch einen Zwischenabschluss harmonisiert werden, da auch hier der Abschluss des abweichenden Stichtages für die Equity-Bewertung maßgeblich ist.

8.3.4 Zwischenergebniseliminierung

Die Schulden- oder Aufwands- und Ertragskonsolidierung kommt bei der Equity-Bewertung nicht zur Anwendung, da in den Summenabschluss keine Forderungen, Verbindlichkeiten, Aufwendungen oder Erträge des assoziierten Unternehmens enthalten sind, und dadurch auch die Notwendigkeit diese Verbundbeziehungen im Konzernabschluss zu eliminieren entfällt. Forderung oder Verbindlichkeiten eines verbundenen Unternehmens gegenüber einem at equity-bewerteten assoziierten Unternehmens bleiben demnach im Konzernabschluss bestehen und werden als Forderungen oder Verbindlichkeiten gegenüber Unternehmen mit denen ein Beteiligungsverhältnis besteht ausgewiesen. Gleiches gilt für Aufwendungen und Erträge zwischen verbundenen Unternehmen und assoziierten Unternehmen.

Anders ist der Sachverhalt bei Zwischenergebnissen zu beurteilen. Gewinne und Verluste zwischen verbundenen Unternehmen und assoziierten Unternehmen sind sehr wohl im Summenabschluss enthalten, da bspw durch eine Lieferung eines verbundenen Unternehmens an ein assoziiertes Unternehmen in der Summen-GuV ein Zwischenergebnis beim verbundenen Unternehmen aus dieser Lieferung oder Leistung enthalten ist. Aus diesem Grund ist gem § 264 Abs. 5 HGB die Zwischenergebniseliminierung entsprechend anzuwenden, „soweit die für die Beurteilung maßgeblichen Sachverhalte bekannt oder zugänglich sind". Dabei können die Zwischenergebnisse vollständig oder wie in der Konsolidierungspraxis üblich nur anteilig eliminiert werden.

Die Informationsbeschaffung zur Zwischenergebniseliminierung im Zuge der Equity-Bewertung ist vor allem bei Lieferungen und Leistungen vom assoziierten Unternehmen an andere Konzernunternehmen (up-stream-Geschäfte) nicht gegeben, da der maßgebliche Einfluss oftmals nicht ausreicht, Zugang zu den für die Zwischenergebniseliminierung erforderlichen internen Kalkulationsunterlagen beim assoziierten Unternehmen zu erhalten.

Konsolidierungstechnisch ist zwischen up-stream und down-stream Geschäften zwischen verbundenen Unternehmen und assoziierten Unternehmen zu unterscheiden. Beim up-stream Geschäft ist das Eigenkapital des assoziierten Unternehmens um den Zwischengewinn oder -verlust zu hoch oder zu niedrig bewertet. Im Summenabschluss sind Vermögensgegenstände von verbundenen Unternehmen enthalten, die aus Lieferungen vom assoziierten Unternehmen stammen und aus Konzernsicht um das Zwischenergebnis zu hoch oder zu niedrig bewertet sind.

Beispiel:

Im Jahr 01 liefert die Assoziiert GmbH an Tochtergesellschaft A Waren für 1.000 mit eigenen Herstellungskosten von 500. (Tochtergesellschaft A ist an Assoziiert GmbH zu 40% beteiligt)

Anteiliges Zwischenergebnis 500 x 40% = 200

Die Zwischenerfolgseliminierung kann entweder gegen die im Konzern lagernden Vermögensgegenstände oder den Beteiligungsansatz am at equity-bewerteten Unternehmen vorgenommen werden (BUSSE VON COLBE/ORDELHEIDE, Konzernabschlüsse, S. 497).

Ergebnisse aus assoziierten Unternehmen/Vorräte   200
oder
Erg. aus ass. Untern./Beteiligungen an ass. Untern.   200

Im Gegensatz zum up-stream Geschäft liefert beim down-stream Geschäft ein verbundenes Unternehmen an ein assoziiertes Unternehmen. Dabei ist das Zwischenergebnis beim verbundenen Unternehmen angefallen. Die Datenbeschaffung bei down-stream Geschäften bzgl. des zu eliminierenden Zwischengewinnes oder -verlustes sollte vom verbundenen Unternehmen leichter möglich sein als bei up-stream Geschäften. Allerdings muss das assoziierte Unternehmen dem Konzern mitteilen, wieviel von den konzernintern gelieferten Gegenstände zum Bilanzierungszeitpunkt noch auf Lager sind, da nur für diese Gegenstände ein Zwischenergebnis eliminiert wird. Down-stream Lieferungen führen zu einer Zwischenerfolgseliminierung bei den Umsatzerlösen und dem Beteiligungsbuchwert.

8.3.5 Negatives Eigenkapital des assoziierten Unternehmens

Wird der Equity-Wert zB dadurch, dass in der Equity-Bewertung erhebliche anteilige Verluste des assoziierten Unternehmens übernommen werden, negativ, so ist nach herrschender Meinung die Equity-Bewertung auszusetzen und die Beteiligung mit einem Erinnerungswert auszuweisen. „Aussetzen" der Equity-Bewertung bedeutet nicht, dass die fortlaufende Berechnung des Equity-Werts unterlassen werden kann. Eine Fortsetzung der Berechnung ist schon deshalb unumgänglich, weil nachgewiesen werden muss, wann und in welcher Höhe, bei späteren anteiligen Gewinnen des assoziierten Unternehmens der Equity-Wert wieder positiv wird.

Hat ein verbundenes Unternehmen eine Haftungs- oder Garantieerklärung gegenüber einem assoziierten Unternehmen abgegeben, ist auch eine negative Equity-Bewertung notwendig. Dabei wird der Beteiligungsansatz in der Fortschreibung bei dem Erinnerungswert eingefroren und die zusätzlichen anteiligen Verluste durch eine Rückstellung auf der Passivseite im Konzernabschluss berücksichtigt.

8.4 Auswirkungen und Problembereiche der Equity-Bewertung

Die Anwendung der Equity-Bewertung auf assoziierte Unternehmen oder Gemeinschaftsunternehmen ist von der Grundidee positiv zu beurteilen. Ihr Vorteil gegenüber der Bilanzierung zum ursprünglichen Anschaffungswert (wie innerhalb der Einzelrechnungslegung) besteht vor allem darin, dass sie hinsichtlich der Darstellung der Ertragslage eine Verbesserung mit sich bringt, da das anteilige Ergebnis des assoziierten Unternehmens anteilig als Beteiligungsergebnis im Finanzergebnis übernommen wird. Darüber hinaus wird die Vermögenslage besser dargestellt, da der Beteiligungsansatz durch seine Fortschreibung dem anteiligen buchmäßigen Substanzwert der Tochtergesellschaft entspricht und keine stillen Reserven aufgebaut werden.

Auch wenn die Equity-Bewertung im Vergleich zur Voll- oder Quotenkonsolidierung deutliche Arbeitserleichterungen verspricht, führt auch die Equity-Methode zu Nebenbuchhaltungen und uU komplizierten Konsolidierungsbuchungen:

- Die Zuordnung der stillen Reserven auf einzelne Vermögensgegenstände ist mit umfangreichen Arbeiten verbunden, die sich letztlich nur auf den Beteiligungsansatz niederschlagen;
- Der Beteiligungsansatz ist jährlich durch die Aufstockungsvorgänge der anteiligen Ergebnisse neu zu bewerten;
- Die Informationsbeschaffung zur Zwischenergebniseliminierung ist uU problematischer als im Rahmen der Voll- oder Quotenkonsolidierung.

Der größte Nachteil der Equity-Bewertung ist allerdings die Nicht-Übernahme von Vermögens- bzw GuV-Werten in den Konzernabschluss. Ein assoziiertes Unternehmen leistet durch die Konsolidierungsmethode keinen Beitrag zum Konzernumsatz, Konzern-Betriebsergebnis oder zum Konzernanlagevermögen. Die Equity-Bewertung führt nur zu einer Berücksichtigung im Finanzergebnis und dadurch im Konzernjahresüberschuss und im Finanzanlagevermögen durch den Beteiligungsansatz.

9 Zwischenergebniseliminierung

9.1 Einleitung

Liefert ein in den Konzernabschluss einbezogenes Unternehmen Vermögensgegenstände mit Gewinn oder Verlust an ein anderes einbezogenes Unternehmen, so kommt es, wenn das empfangende Unternehmen diese Vermögensgegenstände zu seinen einzelbilanziellen Anschaffungskosten aktiviert, im Konzern zum Ausweis von Vermögensgegenständen, die aus Konzernsicht (einheitstheoretische Sichtweise) zu hoch oder zu niedrig bewertet sind. § 256 Abs. 1 HGB verpflichtet Konzernbilanzierende daher, Zwischengewinne oder -verluste, die aus konzerninternen Lieferungen resultieren, zu eliminieren, wenn die relevanten Vermögensgegenstände am Konzernbilanzstichtag noch von einem einbezogenen Unternehmen gehalten werden. Die zu eliminierenden Zwischenergebnisse dürfen im Konzernabschluss erst dann realisiert werden, wenn die betreffenden Vermögensgegenstände durch Veräußerung an Dritte die wirtschaftliche Einheit des Konzerns verlassen haben.

Die einzelnen Vermögensgegenstände der einbezogenen Unternehmen dürfen im Konzernabschluss nur mit ihren Konzernherstellungs- oder -anschaffungskosten ausgewiesen werden. Als Konzernherstellungs- oder anschaffungskosten gilt der Wertansatz, der nach den einzelbilanziellen handelsrechtlichen Bewertungsvorschriften bzw nach den konzerneinheitlichen Bewertungsgrundsätzen für den betreffenden Vermögensgegenstand höchstens angesetzt werden dürfte, wenn der Konzern auch rechtlich eine Einheit bilden würde.

Die Zwischenergebniseliminierung ist idR eng mit der Aufwands- und Ertragskonsolidierung und/oder der Schuldenkonsolidierung verbunden. Konzerninterne Lieferungen und Leistungen führen oftmals auch zu konzerninternen Forderungen und Verbindlichkeiten, bzw zu konzerninternen Aufwendungen und Erträgen. Aufgabe der Zwischenergebniseliminierung ist es, die konzernintern gelieferten Vermögensgegenstände mit den Konzernanschaffungs- oder herstellungskosten zu bewerten. Die Zwischenergebniskonsolidierung eliminiert konzerninterne Zwischengewinne oder -verluste bzw nicht aktivierungsfähige konzerninterne Aufwendungen.

9.2 Anwendungsfälle zur Zwischenergebniseliminierung

Anwendungsfälle zur Zwischenergebniseliminierung ergeben sich nur dann, wenn

- Lieferungen oder Leistungen zwischen einbezogenen Unternehmen erfolgen, und

- diese Lieferungen oder Leistungen bei den empfangenden Unternehmen zu einer Aktivierung von Vermögensgegenständen führen, und

- am Konzernbilanzstichtag noch Bestände aus diesen Lieferungen oder Leistungen beim empfangenden Unternehmen vorhanden sind, und

- der Lieferungs- und Leistungsaustausch nicht zu Anschaffungs- oder Herstellungskosten des leistenden Unternehmens erfolgt.

Der Lieferungs- oder Leistungsaustausch kann dabei sowohl zwischen Tochtergesellschaften als auch zwischen einer Tochtergesellschaft und der Muttergesellschaft erfolgen. Die Richtung der Lieferung oder Leistung, dh wer Lieferant oder Empfänger ist, ist unerheblich. Zwischenergebnisse zwischen nicht einbezogenen Tochtergesellschaften werden grundsätzlich nicht eliminiert. Bei wesentlichen Zwischenergebnissen ist jedoch zu hinterfragen, warum keine Einbeziehung des Tochterunternehmens erfolgt. Umfangreiche Zwischenergebnisse mit grundsätzlich unwesentlichen nicht einbezogenen Tochtergesellschaften führen dazu, dass diese Tochtergesellschaften nicht mehr unwesentlich sind und einbeziehungspflichtig werden.

Vorgänge, die bei den einbezogenen Unternehmen zu keinen Beständen führen, sind nicht Grundlage der Zwischenergebniseliminierung. Die Eliminierung von konzerninternen Vorgängen, die lediglich die Gewinn- und Verlustrechnungen der einbezogenen Unternehmen berühren (aber nicht die Bilanz) erfolgt im Zuge der Aufwands- und Ertragskonsolidierung.

9 Zwischenergebniseliminierung
9.2 Anwendungsfälle zur Zwischenergebniseliminierung

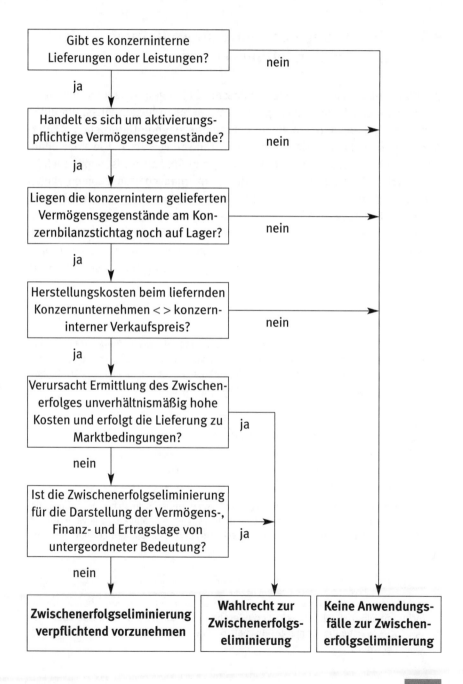

9.3 Ermittlung der Konzernanschaffungs- oder Konzernherstellungskosten

Die Konzernanschaffungskosten umfassen diejenigen Ausgaben, die ein in den Konzernabschluss einbezogenes Unternehmen leisten muss, um einen Vermögensgegenstand von einem nicht einbezogenen Unternehmen zu erwerben und in einen betriebsbereiten Zustand zu versetzen. Die einzelbilanzielle Anschaffungskostendefinition des § 203 Abs. 2 HGB ist somit auch im Konzernabschluss maßgeblich. Zu den Konzernanschaffungskosten zählen nur die an Dritte geleisteten Anschaffungs- und Anschaffungsnebenkosten. Dagegen sind Ausgaben für Lager-, Zins- und Vertriebskosten, die ein leistendes einbezogenes Unternehmen an ein empfangendes einbezogenes Unternehmen weiterbelastet, nicht als Konzernanschaffungskosten zu aktivieren. Diese Kosten werden im Rahmen der Zwischenergebniseliminierung ausgeschieden.

Beispiel 1:

Die Einkaufs AG ist innerhalb der Fahrrad – Gruppe für die Beschaffung der Rohmaterialien zuständig und veräußert diese innerhalb der Fahrrad – Gruppe an die produzierenden Unternehmen weiter. Auf dieser Grundlage verrechnet die Einkaufs AG der Produktions GmbH für angeschaffte Materialien folgenden Betrag:

Einzelbilanzielle Anschaffungskosten	100.000,–
Transportkosten von Einkaufs AG zur Produktions GmbH (extern vom Spediteur)	10.000,–
Zwischensumme	110.000,–
10% Bearbeitungsgebühr	11.000,–
Weiterveräußerungspreis	121.000,–

Die weiterverrechneten Transportkosten sind auch aus Konzernsicht Anschaffungsnebenkosten. Die Bearbeitungsgebühr sind nicht aktivierungsfähige eigene Verwaltungskosten und müssen im Rahmen der Zwischenergebniskonsolidierung eliminiert werden.

Beispiel 2:

Tochtergesellschaft A veräußert ein Grundstück zum Buchwert von 1.000.000,– an Tochtergesellschaft B. Diese Veräußerung verursacht Grunderwerbsteuer von 35.000,–, welche die Tochtergesellschaft B als einzelbilanzielle Anschaffungsnebenkosten aktiviert.

9.3 Ermittlung der Konzernanschaffungs- oder Konzernherstellungskosten

Im Konzernabschluss ist die Grunderwerbsteuer aufwandswirksam zu erfassen, da sie zwar einzelbilanziell Anschaffungsnebenkosten darstellen, konzernbilanziell jedoch nicht zu den aktivierungsfähigen Konzernanschaffungskosten zählen.

Für den Fall, dass Anlage- oder Umlaufvermögen von einem einbezogenen Unternehmen selbst erstellt und nicht von außen fremdbezogen wird, ist dieser selbsterstellte Vermögensgegenstand mit den Konzernherstellungskosten zu aktivieren. Auch für selbsterstellte Vermögensgegenstände ist die einzelbilanzielle Herstellungskostendefinition des § 203 Abs. 3 HGB maßgeblich.

Materialeinzelkosten
Fertigungseinzelkosten
Sondereinzelkosten der Fertigung

= HERSTELLUNGSKOSTEN (Mindestansatz)
angem. Teile der notwendigen Materialgemeinkosten (Wahlrecht)
angem. Teile der notwendigen Fertigungsgemeinkosten (Wahlrecht)

= HERSTELLUNGSKOSTEN (Höchstansatz)

Die Wahlrechte bei der Herstellungskostenbestimmung können im Konzernabschluss analog zum Einzelabschluss ausgeübt werden. Die Wahlrechtsausübung ist dabei unabhängig vom einzelbilanziellen Ansatz. Die Herstellungskostenbestimmung muss im Konzernabschluss bei allen einbezogenen Tochtergesellschaften einheitlich erfolgen (idR im Zuge der HB II – Überleitung).

Im Rahmen der Zwischenergebniseliminierung sind auch solche Kosten zu eliminieren, die aus einzelbilanzieller Sicht Einzelkosten, aber aus Konzernsicht nicht aktivierungsfähige Gemeinkosten (zB Verwaltungs- und Vertriebsgemeinkosten) darstellen.

Beispiel:
Tochtergesellschaft A produziert Fahrräder mit einzelbilanziellen Herstellungskosten von 1.000,–. Diese Fahrräder werden an Tochtergesellschaft B für Vertriebszwecke an Dritte weiterveräußert. Dabei werden folgende Aufwendungen verrechnet:

Eigene Herstellungskosten	1.000,–
Externe Transportkosten von A nach B	150,–
Verwaltungskosten	100,–
Gewinnaufschlag	200,–
Verrechnungspreis	**1.450,–**

Die Konzernherstellungskosten ergeben sich aus den einzelbilanziellen Herstellungskosten von A (1.000,–) und den Transportkosten von A nach B. Diese Transportkosten sind aus Konzernsicht keine Vertriebskosten, sondern aktivierungspflichtige Fertigungseinzelkosten. Die (konzern)internen Verwaltungskosten und der Gewinnaufschlag sind im Rahmen der Zwischenergebniseliminierung auszuscheiden.

Konzernintern entstandene Verwaltungs- bzw Vertriebsgemeinkosten dürfen neben konzerninternen Gewinnauf- oder Verlustabschlägen nicht in Ansatz gebracht werden.

9.4 Technik der Zwischenergebniseliminierung

Ausgangspunkt der Zwischenergebniseliminierung ist der Summenabschluss. Vermögensgegenstände, die durch konzerninterne Lieferungen überhöht (Zwischengewinne) bzw zu niedrig (Zwischenverluste) ausgewiesen werden, müssen erfolgswirksam auf die Konzernanschaffungs- oder Herstellungskosten „auf- bzw abgewertet" werden.

Werden Zwischenergebnisse herausgerechnet, so kommt es zur Verminderung/Erhöhung des Konzernerfolges und zur Herabsetzung/Erhöhung des Buchwertes einer Vermögensposition. Die Eliminierung von Zwischengewinnen führt zu einem niedrigeren Konzernerfolg und zu niedrigeren Buchwerten. Die Eliminierung von Zwischenverlusten führt dagegen zu einem höheren Konzernerfolg und zu höheren Buchwerten. In zukünftigen Perioden (idR in der Folgeperiode), wenn der entsprechende Vermögensgegenstand an Dritte veräußert wird und damit aus dem Konzernverbund ausscheidet, ist die Zwischenergebniseliminierung der Vorperiode aufzulösen. Gerade im Bereich des Umlaufvermögens handelt es sich daher idR nur um eine zeitliche Verschiebung der Gewinnrealisierung.

Im Rahmen der Vollkonsolidierung ist die Zwischenergebniseliminierung durch folgende Merkmale/Arbeitsschritte charakterisiert (KÜTING/WEBER, Der Konzernabschluss, S. 304ff):

- Die Vermögensgegenstände (Anlagevermögen oder Umlaufvermögen) sind stets in voller Höhe um die Zwischenergebnisse zu korrigieren.

- Für den Fall, dass Zwischengewinne oder -verluste zum ersten Mal auftreten, beeinflussen die Zwischenergebnisse in voller Höhe den Jahresüberschuss.

- In den Folgeperioden (Folgekonsolidierung) dürfen Zwischenergebnisse nicht in voller Höhe Einfluss auf den Konzernjahresüberschuss nehmen. Der Konzernjahresüberschuss ist nur um die Veränderung der Zwischenergebnisse gegenüber dem Vorjahr zu korrigieren.

- Werden Vermögensgegenstände, bei denen in Vorjahren Zwischengewinne oder -verluste eliminiert wurden, an Konzerndritte veräußert, erhöhen bzw vermindern diese Zwischenergebnisse entsprechend durch die Stornierung der Eliminierung den Konzernjahresüberschuss.

- Werden Zwischenergebnisse eliminiert, müssen latente Steuern berücksichtigt werden.

- Die Vorschriften über die Zwischenergebniseliminierung sind erst auf jene Vermögensgegenstände anzuwenden, die in der Zeit der Konzernzugehörigkeit zwischen den einbezogenen Unternehmen geliefert werden.

Beispiel:

Die in den Konzernabschluss der Schrauben AG auf der Grundlage der Vollkonsolidierung einbezogene Klemmen GmbH liefert in Jahr 1 50.000 Klemmen um 25,–/Stück an die Schrauben AG. Am Konzernabschlussstichtag liegen noch 45.000 Klemmen bei der Schrauben AG auf Lager. Die Klemmen GmbH hat die Klemmen selbst produziert und hat den Verrechnungspreis wie folgt ermittelt:

Einzelkosten	11,–
Material- u. Fertigungsgemeinkosten	9,–
Verwaltungskosten	2,50
Gewinnaufschlag	2,50
Verrechnungspreis	25,–

9 Zwischenergebniseliminierung
9.4 Technik der Zwischenergebniseliminierung

Im Konzernabschluss der Schrauben AG werden die Material- und Fertigungsgemeinkosten einheitlich aktiviert.

Konzernherstellungskosten/Stück	20,–
Einzelbilanzielle Aktivierung/Stück	25,–
Zwischengewinn/Stück	5,–
Lagerbestand	45.000 Stk.
Eliminierungspflichtiger Zwischengewinn	225.000,–

Zwischenergebniseliminierung:

Umsatzerlöse	225.000	
an Fertigerzeugnisse		225.000

Im Rahmen der Aufwands- und Ertragskonsolidierung wird der restliche konzerninterne Umsatzerlös gegen Bestandsveränderung eliminiert.

Umsatzerlöse	1.025.000 (= 50.000 x 25 (225.000))	
an Bestandsveränderung		1.025.000

Fortsetzung des Beispiels:

Im Jahr 2 kommt es zu keinen konzerninternen Lieferungen. Die 45.000 Stück aus der konzerninternen Lieferung des Jahres 1 wurden im Jahr 2 an Dritte um 35,–/Stück weiterveräußert. Im Einzelabschluss der Schrauben AG wurde daher aus diesen Klemmen ein Gewinn von 450.000,– (= 45.000 x (35-25)) erwirtschaftet.

Übernahme der Zwischenergebniseliminierung des Vorjahres:

Gewinnvortrag	225.000	
an Fertigerzeugnisse		225.000

Auflösung/Realisierung des Zwischenergebnisses in Jahr 2:

Fertigerzeugnisse	225.000	
an Bestandsveränderung		225.000

Aus der Veräußerung im Jahr 2 wurden im Konzernabschluss somit 675.000 (= 450.000,– + 225.000,–) erwirtschaftet.

Bei mehreren jährlichen Zwischenergebnissen wird man am besten nur die Differenz eliminieren, die sich ergibt, wenn man die Summe der am Beginn des Konzernabschlussjahres in den Beständen enthaltenen Zwischengewinne mit der Summe der am darauf folgenden Endes des Konzernabschlussjahres in den Beständen enthaltenen Zwischengewinne vergleicht. Ist die Summe der in den Beständen enthaltenen Zwischengewinne größer geworden, so ist das Konzernergebnis um diese Differenz zu kürzen. Ist die Summe jedoch kleiner geworden, so ist das Konzernergebnis um diese Differenz zu erhöhen.

Die Gewinn- oder Verlustteile, die durch konzerninterne Lieferungen und Leistungen resultieren, sind vom betreffenden einbezogenen Lieferunternehmen zu versteuern. Im Konzernabschluss sind diese Gewinn- oder Verlustteile bis zu ihrer endgültigen Realisierung zu eliminieren, wodurch sich das Konzernergebnis verringert oder erhöht und der in den Einzelabschlüssen ausgewiesene Steueraufwand in Bezug zum Konzernergebnis zu hoch oder zu niedrig ist. Daher erfolgt gem § 258 HGB auf die Ergebnisauswirkungen der Zwischenergebniseliminierung zwingend eine Steuerabgrenzung.

Fortsetzung des obigen Beispiels:
Sowohl die Schrauben AG als auch die Klemmen GmbH unterliegen einem Ertragsteuersatz von 30%.

Steuerabgrenzung Jahr 1

Aktive latente Steuer	67.500	
an latenter Steuerertrag		67.500
Übernahme und Auflösung Steuerabgrenzung Jahr 2		
Aktive latente Steuer	67.500	
an Gewinnvortrag		67.500
Latenter Steueraufwand	67.500	
an Aktive latente Steuer		67.500

9.5 Ausnahmen von der Zwischenergebniseliminierung

9.5.1 Unverhältnismäßig hoher Aufwand bei Lieferung zu Marktbedingungen

§ 256 Abs. 2 HGB ermöglich eine Unterlassung der Zwischenerfolgskonsolidierung, unter folgenden beiden Punkten:

- unverhältnismäßig hoher Aufwand der Ermittlung der Zwischenerfolge und

- konzerninterne Lieferungen und Leistungen zu üblichen Marktbedingungen

Beide Bedingungen müssen erfüllt sein. Da konzerninterne Lieferungen häufig aufgrund von steuerlichen Bestimmungen zu marktüblichen Bedingungen abgewickelt werden, ist vor allem der unverhältnismäßig hohe Aufwand der Bestimmungsgrund für diese Wahlrechtsausübung. An die Erfüllung dieser Voraussetzung sind hohe Ansprüche zu stellen, da bei Anwendung des Verzichts auf Zwischenergebniseliminierung grundsätzlich gegen das Einheitsgebot verstoßen wird. In jedem Fall ist zu prüfen, ob durch eine vereinfachte Zwischenergebniseliminierung (vgl weiter unten) die unverhältnismäßig hohen Aufwendungen vermieden werden können und dadurch eine Zwischenergebniseliminierung sehr wohl geboten ist. Die Anwendung des Wahlrechts des § 256 Abs. 2 Z 1 HGB ist in jedem Fall auch in Zusammenhang mit dem in § 256 Abs. 2 Z 2 HGB bestimmten Wesentlichkeitsgrundsatzes zu untersuchen.

9.5.2 Untergeordnete Bedeutung der Zwischenergebniseliminierung

Wie bei der Schulden- und Aufwands- und Ertragskonsolidierung kann auch die Zwischenerfolgskonsolidierung unterbleiben, wenn die Behandlung der Zwischenergebnisse für die Vermittlung eines möglichst getreuen Bildes der Vermögens-, Finanz- und Ertragslage des Konzerns von nur untergeordneter Bedeutung ist. Für die Beurteilung, ob die Zwischenergebniseliminierung aus Wesentlichkeitsgründen unterbleiben kann, sind die relevanten Vermögenspositionen mit und ohne Zwischenergebniseliminierung zu vergleichen. Zusätzlich ist der Konzernjahreserfolg (uU ein Durchschnittswert mehrerer Jahre) mit und ohne Zwischenergebniskonsolidierung gegenüberzustellen. Größenordnungen von 1 bis 2% der jeweiligen Vergleichsgröße erscheinen als Maßstab für die geringe Bedeutung unbedenklich (BUSSE VON COLBE/ORDELHEIDE, Konzernabschlüsse, S. 391).

9.6 Praxis der Zwischenergebniseliminierung

Für die ordnungsgemäße Zwischenergebniseliminierung sind sowohl vom liefernden, als auch vom empfangenden Unternehmen folgende Informationen notwendig:

lieferndes Unternehmen	empfangendes Unternehmen
– empfangendes Unternehmen – gelieferter Vermögensgegenstand (zB Handelswaren, Fertigfabrikate etc.) – Herstellungskosten bzw. Buchwert und Restnutzungsdauer bei Anlagevermögensverkäufen – Verkaufspreis – GuV-Ausweis des Erlöses	– lieferndes Unternehmen – Anschaffungskosten – Bestand am Bilanzstichtag – Gewählte Nutzungsdauer und jährlicher Abschreibungsbetrag bei Anlagevermögensgegenständen – Ausweis des Bestandes in der Bilanz

Beispiel:

Tochtergesellschaft A liefert im Jahr 1 1.000 Stück des Fertigfabrikats „Schneeschaufel" an Tochtergesellschaft B. Die Herstellungskosten des Fertigfabrikats bei A je Stück belaufen sich auf 850,–. Als Verkaufspreis von A an B werden 950,– verrechnet. Zum Bilanzstichtag sind bei B noch 250 Stück auf Lager.

Berichterstattung durch die Tochtergesellschaft A:

    a) empfangendes Unternehmen: Tochtergesellschaft B

    b) gelieferter Vermögensgegenstand: Fertigfabrikate

    c) Herstellungskosten: 850,– x 1.000 = 850.000,–

    d) Verkaufspreis: 950,– x 1.000 = 950.000,–

    e) GuV-Ausweis des Erlöses: Umsatzerlöse

Berichterstattung durch Tochtergesellschaft B:

    a) lieferndes Unternehmen: Tochtergesellschaft A

    b) Anschaffungskosten: 950,– x 1.000 = 950.000,–

    c) Bestand am Bilanzstichtag: 950,– x 250 = 237.500,–

    d) Ausweis des Bestandes in der Bilanz: Handelswaren

Nur mit sämtlichen oben angeführten Informationen kann eine ordnungsgemäße Zwischenergebniseliminierung vorgenommen werden. Die obige Auflistung macht deutlich, dass bereits unterjährig in den einzelgesellschaftlichen Buchhaltungen Vorkehrungen getroffen werden müssen, dass zum Bilanzstichtag im Rahmen der Konzernbilanzierung sämtliche Informationen zur Verfügung stehen. Beim liefernden Unternehmen müssen unterjährig vor allem Aufzeichnungen geführt werden, die es erlauben, am Bilanzstichtag aus sämtlichen Lieferungen, jene Lieferungen zu selektieren, die an andere Konzernunternehmen erbracht wurden. Die Angabe der Verkaufserlöse und Herstellungskosten sind idR problemlos bestimmbar. Das empfangende Unternehmen muss einerseits unterjährig dafür Sorge tragen, dass die konzerninternen Lieferungen aus sämtlichen Lieferungen eruierbar sind, und vor allem Aufzeichnungen führen, welcher Bestand am Jahresende aus konzerninternen Lieferungen resultiert.

Zur besseren Beherrschbarkeit des hohen Informationsbedürfnisses im Rahmen der Zwischenergebniseliminierung bieten sich folgende konzerninternen Vereinfachungsregelungen an:

- Definition von Wesentlichkeitsgrenzen für Anlage- und Umlaufvermögenszwischenergebnisse (unter diesen Grenzwerten sind keine Konzernmeldungen erforderlich);

- Bei konzerninternen Anlagenverkäufen von abnutzbarem Anlagevermögen, Konzernvorgabe, dass diese nur zu Buchwerten erfolgen (bzw mit unwesentlichen Zwischenergebnissen, die nicht eliminiert werden);

- Anwendung von KIKO als Abfassungsverfahren (KIKO = Konzern-In-Konzern-Out; das KIKO-Verfahren geht davon aus, dass die aus dem Konsolidierungskreis stammenden Vermögensgegenstände zuerst verbraucht werden. Solange der Abgang eines Jahres größer oder gleich den Zugängen aus dem Konsolidierungskreis ist, kommt es zu keiner Zwischenergebniseliminierung)

- Jahresdurchschnittssätze für Zwischenerfolge (Bei dieser Vereinfachung wird ein durchschnittlicher Zwischenerfolg für alle Lieferungen des Jahres festgelegt, und pauschal aus dem Bestand aus dem Konsolidierungskreis am Jahresende eliminiert).

10 Schuldenkonsolidierung

10.1 Gegenstand und Umfang der Schuldenkonsolidierung

Gem dem Einheitsgrundsatz des § 250 Abs. 3 HGB dürfen im Konzernabschluss Forderungen und Verbindlichkeiten zwischen den im Konzernabschluss voll- bzw. quotal konsolidierten Unternehmen nicht ausgewiesen werden. Die Schuldenkonsolidierung hat die Aufgabe, die schuldrechtlichen Verbindungen zwischen den einbezogenen Unternehmen zu eliminieren.

Die Bestimmungen zur Schuldenkonsolidierung (§ 255 HGB) führen folgende konzerninterne Vermögensgegenstände und Schulden an, die im Rahmen der Schuldenkonsolidierung zu eliminieren sind:

- Ausleihungen
- andere Forderungen
- Rückstellungen
- Verbindlichkeiten
- Rechnungsabgrenzungsposten

Die Aufzählung ist nicht abgrenzend zu sehen, da die allgemeinen Begriffe „Forderungen" und „Verbindlichkeiten" nicht im engeren bilanztechnischen Sinne (bspw gem des Gliederungsschemas des § 224 HGB), sondern im weiteren Sinne des Sprachgebrauchs zu verstehen sind. Neben den oben genannten Schuldenkonsolidierungspositionen könnten bspw noch folgende konzerninternen Sachverhalte zu einer Schuldenkonsolidierung führen:

- ausstehende Einlage
- erhaltene Anzahlungen
- variable Kapitalkonten bei Personengesellschaften
- konzerninterne Anleihen

10 Schuldenkonsolidierung
10.1 Gegenstand und Umfang der Schuldenkonsolidierung

- Wertpapiere des Anlage- oder Umlaufvermögens
- Drittschuldverhältnisse
- Eventualverbindlichkeiten und Eventualforderungen

Nach § 255 Abs. 2 HGB könnte eine Schuldenkonsolidierung unterbleiben, wenn die wegzulassenden Beträge für die Vermittlung eines möglichst getreuen Bildes der Vermögens-, Finanz- und Ertragslage des Konzerns von untergeordneter Bedeutung sind. Dieses Eliminierungswahlrecht wird in der Konsolidierungspraxis defacto nicht angewandt, da die Schuldeneliminierung konsolidierungstechnisch idR nicht arbeitsaufwendig ist, und ein Nicht-Eliminieren idR das Konzernbilanzbild verzerren würde.

Neben der Eliminierung von rein konzerninternen Schuldverhältnissen können uU auch Drittschuldverhältnisse eliminiert werden. Drittschuldverhältnisse liegen vor, wenn Forderungen eines einbezogenen Unternehmens gegenüber einem außenstehenden Dritten bestehen, wobei der außenstehende Dritte gegenüber einem anderen einbezogenen Konzernunternehmen ebenfalls eine Forderung hat.

Beispiel:
Tochtergesellschaft A hat bei der Spar-Bank eine Veranlagung von 1.000. Die Spar-Bank hat einen Kredit an eine ebenfalls einbezogene Tochtergesellschaft B von 2.000 gewährt. In Höhe von 1.000 besteht ein Drittschuldverhältnis.

Wirtschaftlich gesehen liegen bei Drittschuldverhältnissen Forderungen und Verbindlichkeiten des Konzerns gegenüber demselben Dritten vor. Im Rahmen der Einzelrechnungslegung können Forderungen und Verbindlichkeiten gegenüber demselben Dritten aufgerechnet werden, wenn die Fristigkeit, Gleichartigkeit und Gleichwertigkeit gegeben sind. Durch den Einheitsgrundsatz wird diese Einzelrechnungslegungsbestimmung auch auf den Konzern übertragen. Bei Gleichartigkeit und Fristigkeit müssen Drittschuldverhältnisse daher auf Basis des Einheitsgrundsatzes eliminiert werden.

Fortsetzung des Beispiels:

Sowohl die Veranlagung als auch das Darlehen sind kurzfristig und sind durch eine Geldforderung/Verbindlichkeit begründet. Daher kann dieses Drittschuldverhältnis konsolidiert werden.

10.2 Technik der Schuldenkonsolidierung

In den Summenabschluss werden sämtliche Abschlusspositionen der vollkonsolidierten Gesellschaften und die anteiligen Abschlusspositionen der quotal erfassten Tochterunternehmen einbezogen. Im Summenabschluss sind somit konzerninterne schuldrechtliche Verhältnisse enthalten. Im Idealfall stehen sich sämtliche zu eliminierenden Positionen (idR Forderungen und Verbindlichkeiten) spiegelbildlich im Summenabschluss gegenüber. Analog zur Kapitalkonsolidierung erfolgt auch bei der Schuldenkonsolidierung auf Basis des Summenabschlusses eine Aufrechnung der korrespondierenden Abschlusspositionen. Die Konsolidierungen erfolgen brutto, dh sie werden auch bei nicht 100%igen Beteiligungen (Vollkonsolidierung mit Minderheitenanteil) im vollen Umfang vorgenommen. Stehen sich Forderungen und Verbindlichkeiten spiegelbildlich gegenüber, ist die Schuldenkonsolidierung erfolgsneutral und kürzt die Bilanzsumme, hat aber keine Auswirkung auf das Konzernergebnis oder Konzerneigenkapital.

Ob eine Schuldenkonsolidierung für konzerninterne Forderungen und Verbindlichkeiten vorzunehmen ist, hängt nicht alleine von der konzernalen Verbindung zwischen den Tochtergesellschaften ab. Entscheidend ist, ob die Tochterunternehmen, zwischen denen das Schuldverhältnis besteht, in den Konzernabschluss einbezogen werden. Nicht konsolidierte Tochterunternehmen (zB wegen eines Konsolidierungswahlrechtes) sind demzufolge ebenso wie konzernfremde Unternehmen zu behandeln. Forderungen und Verbindlichkeiten gegenüber nicht konsolidierten Tochtergesellschaften bleiben im Konzernabschluss bestehen und werden als Forderungen und Verbindlichkeiten gegenüber nicht-konsolidierten verbundenen Unternehmen ausgewiesen.

Im Rahmen der Quotenkonsolidierung werden die Konzernforderungen und Konzernverbindlichkeiten nur im Ausmaß der Beteiligungsquote eliminiert, da sich auch nur für diesen Betrag Forderungen und Verbindlichkeiten gegenüberstehen. Bei der Quotenkonsolidierung von Gemeinschaftsunternehmen verbleiben daher die Forderungen und Verbindlichkeiten gegenüber dem Gemeinschaftsunternehmen in Höhe der nicht dem Mutterunternehmen gehörenden Anteile im Konzernabschluss bestehen.

Beispiel:
Gesellschaft A ist zu 50% an Gesellschaft B beteiligt. Beide Gesellschaften werden in einen übergeordneten Konzernabschluss einbezogen (A im Rahmen der Vollkonsolidierung und B im Zuge einer 50%igen Quotenkonsolidierung). A hat gegenüber B eine Forderung von 1.000.

Im Summenabschluss ist demnach eine Forderung von A an B von 1.000 enthalten. Da B nur anteilig in den Konzernabschluss einbezogen wird, ist die Verbindlichkeit von B an A nur mit 500 im Summenabschluss enthalten. Im Zuge der Schuldenkonsolidierung können demnach nur 500 eliminiert werden. Eine Forderung von 500 bleibt im Konzernabschluss bestehen und wird als Forderung gegenüber einem Unternehmen mit Beteiligungsverhältnis ausgewiesen.

Wird ein Unternehmen durch Erwerb erstmalig in einen Konzernabschluss einbezogen, sind auch Forderungen und Verbindlichkeiten zu eliminieren, die vor dem Zeitpunkt der erstmaligen Konsolidierung entstanden sind.

10.3 Aufrechnungsdifferenzen

Stehen sich konzerninterne Forderungen und Verbindlichkeiten nicht spiegelbildlich gegenüber, treten Aufrechnungsdifferenzen auf, deren Behandlung im Einzelfall individuell zu erfolgen hat. Dem Gesetz selbst ist keine Vorschrift über die Behandlung der Aufrechnungsdifferenzen zu entnehmen. Die korrekte konsolidierungstechnische Vorgangsweise leitet sich aus der Einheitstheorie ab.

Aufrechnungsdifferenzen zwischen Forderungen und Verbindlichkeiten können unterschiedliche Ursachen haben:

- Unechte Aufrechnungsdifferenzen: Diese resultieren aus Fehlbuchungen, unterschiedlichen Sachverhaltsansichten oder zeitlichen Verschiebungen bei der Verarbeitung des Buchungsstoffes. Diese unechten Schuldenkonsolidierungsdifferenzen sind vor der Konsolidierung zu beseitigen, indem schon im Rahmen der Einzelbilanzerstellung oder -prüfung eine Abstimmung der konzerninternen Salden vorgenommen wird. Unechte Aufrechnungsdifferenzen werden in der Konsolidierungspraxis durch regelmäßige konzerninterne Saldenabstimmungen vermieden bzw. eingeschränkt.

Beispiel:

Die vollkonsolidierte Tochtergesellschaft A hat an die ebenfalls vollkonsolidierte Tochtergesellschaft B Waren im Wert von 1.000 geliefert. Da lt Aussage von B die Waren mangelhaft sind, ist B nur bereit, 800 zu bezahlen, und hat die Schuld und die Vorräte daher auch nur mit 800 passiviert bzw. aktiviert. A anerkennt die Reklamation nicht und weist daher eine Forderung gegenüber B von 1.000 aus.

Unabhängig davon, ob B oder A im Recht ist, muss die Saldendifferenz noch vor dem Summenabschluss korrigiert werden. Dies kann zum einem durch eine Forderungs- und Erlöskürzung bei A oder einer Aufwands- und Verbindlichkeitserhöhung bei B erfolgen. In beiden Fällen kommt es somit zu einer ergebniswirksamen Erfassung der Schuldenkonsolidierungsdifferenz. (Fragen zur Zwischenergebniseliminierung werden hier vernachlässigt.)

Unechte Saldendifferenzen sind durch einzelbilanzielle HB II-Anpassungsbuchungen zu korrigieren.

- Aufrechnungsdifferenzen aufgrund abweichender Abschlussstichtage ergeben sich, wenn eine Tochtergesellschaft mit einem abweichenden Bilanzstichtag in den Konzernabschluss einbezogen wird, und sich zwischen dem Konzernabschlussstichtag und dem Stichtag der einbezogenen Tochtergesellschaft neue konzerninterne Schuldverhältnisse ergeben, bzw. alte Schuldverhältnisse aufgelöst werden. Die Korrektur von zeitlichen Aufrechnungsdifferenzen könnte darin bestehen, die fehlende Buchung bei der Erstellung des Konzernabschlusses erfolgsneutral nachzuholen.

- Echte Aufrechnungsdifferenzen sind die Folge von unterschiedlichen Bilanzierungs- und Bewertungsprinzipien zwischen den Tochtergesellschaften (trotz einheitlicher Bewertung). Eine Reihe von sachlichen Gründen führt dazu, dass zum Konzernabschlussstichtag die konzerninternen Passivposten insgesamt höher sind, als die korrespondierenden konzerninternen Aktivposten:

- Abgezinste konzerninterne Forderungen
- Forderungsabschreibungen auf konzerninterne Forderungen
- Fremdwährungsbewertung
- Konzerninterne Darlehen mit Disagio

Echte Aufrechnungsdifferenzen sind ebenfalls durch Ausgleichsbuchungen auf die einzelgesellschaftlichen Handelsbilanzen II zu korrigieren, sodass im Zuge der Schuldenkonsolidierung keine Aufrechnungsdifferenzen verbleiben. Zum Unterschied von unechten Aufrechnungsdifferenzen liegen bei echten Aufrechnungsdifferenzen keine Fehler in den Einzelbilanzen vor.

Beispiel:

Die einbezogene Tochtergesellschaft C hat gegenüber der ebenfalls vollkonsolidierten Tochtergesellschaft D eine in drei Jahren fällige unverzinste Forderung von 1.000. C hat die Forderung mit dem heutigen Barwert (Zinssatz 5%) von 864 aktiviert. Jährlich wird die Forderung mit einer 5%igen Verzinsung aufgezinst. Gem dem Höchstwertprinzip bei Verbindlichkeiten hat D die vollen 1.000 als Verbindlichkeit passiviert.

Vor der Einbeziehung in den Summenabschluss müssen nunmehr die nicht korrespondierenden Salden ausgeglichen werden. Da eine konzerninterne Darlehensgewährung gem dem Einheitsgrundsatz zu keinem Konzernaufwand führen kann, ist der Zinsaufwand aus der Abzinsung der Forderung bei C zu stornieren und die Forderung schon im Jahr 1 auf 1.000 zu erhöhen.

10.4 Praxis der Schuldenkonsolidierung

Die Schuldenkonsolidierung ist grundsätzlich kein konsolidierungstechnischer Problembereich. Konzerninterne Schuldverhältnisse sind zu eliminieren. Ergebniseffekte ergeben sich idR nicht und mangels relevanter Wahlrechte oder Ermessensspielräume bieten sich auch keine bilanzpolitischen Gestaltungsmöglichkeiten. Die Schuldenkonsolidierung ist bei einer EDVunterstützen Konzernabschlusserstellung idR automatisiert, sodass keine Einzeleliminierungsbuchungen für jedes schuldrechtliche Verhältnis erfolgen müssen. Sämtliche aufzurechnenden Positionen innerhalb des Summenabschlusses werden auf Übereinstimmung überprüft und dann zusammengefasst eliminiert. Trotzdem verursacht gerade die Schuldenkonsolidierung in der Praxis einen erheblichen Arbeitsaufwand. Dies vor allem deshalb, da es bei mittelgroßen oder großen Konzernen eine große Anzahl von konzerninternen Schuldverhältnissen gibt und bei einer hohen Anzahl von konzerninternen Forderungen und Verbindlichkeiten idR auch die eine oder andere Saldendifferenz besteht.

10.4.1 EDV-technische Vorgangsweise

Jede einbezogene Einzelgesellschaft muss zu den konzerninternen schuldrechtlichen Bilanzpositionen anführen, gegenüber welchen Unternehmen die Forderungen bestehen, dh bspw dass die Forderungen gegenüber verbundenen Unternehmen - nach den schuldenden Konzernunternehmen aufgeteilt - zu berichten sind. Korrespondierend hat die Meldung für die konzerninternen Schulden zu erfolgen.

Nach der Währungsumrechnung der Einzelabschlüsse werden die einzelnen konzerninternen Forderungen und Verbindlichkeiten gesellschaftsspezifisch gegenübergestellt und Differenzen ermittelt.

Saldendifferenzanalyse:

Gesellschaft	Betrag Forderung	Gesellschaft	Betrag Verbindlichkeit	Differenz
Tochter A	10.000	Tochter B	10.000	0
Tochter A	5.600	Tochter C	5.000	600
Tochter B	123.000	Tochter D	122.500	500
Tochter C	23.400	Tochter E	23.400	0

Jede auftretende Differenz ist daran anschließend individuell zu analysieren und zu korrigieren. IdR wird man bei jeder Saldendifferenz mit zumindest einem der beteiligten Unternehmen Kontakt aufnehmen müssen.

10.4.2 Minimierung von Saldendifferenzen

Jede einzelne Saldendifferenz ist grundsätzlich individuell zu analysieren und zu behandeln. Nachfolgende Maßnahmen können das Problem von Saldendifferenzen einschränken:

- Saldendifferenzen unterhalb eines bestimmten Grenzwertes werden nicht analysiert sondern pauschal ergebniswirksam ausgebucht. Der Grenzwert ist konzernindividuell zu bestimmen.

- Unechte Saldendifferenzen werden durch regelmäßige Saldenabstimmungen vorzeitig analysiert und korrigiert. So werden bspw in internationalen Konzernen oftmals die konzerninternen Salden monatlich abgestimmt. Dabei auftretende unechte Saldendifferenzen werden schon frühzeitig analysiert und einzelfallbezogen in der laufenden Buchhaltung korrigiert. Bei konzerninternen Streitfällen kann eine Konzernschlichtungsstelle entscheiden, welche Gesellschaft eine Korrektur vornehmen muss.

- Echte Saldendifferenzen werden idR auf Handelsbilanz II – Ebene (HB II) durch Konzernbilanzierungsvorgaben ausgeschaltet. Für die HB II (nicht für die lokale Handelsbilanz I) könnten bspw folgende Vorgaben normiert werden:

  - Sämtliche konzerninternen Forderungen oder Verbindlichkeiten sind einheitlich mit einem vorgegebenen Konzernverrechnungskurs umzurechnen und zu bewerten.

  - Konzerninterne Forderungen dürfen nicht wertberichtigt werden.

  - Bei der Berechnung von Pauschalwertberichtigungen dürfen konzerninterne Forderungen nicht in die Berechnungsbasis einbezogen werden.

  - Konzerninterne unverzinste Forderungen dürfen nicht abgezinst werden.

  - Bei einer konzerninternen Kreditvergabe sind Disagios zwingend sowohl beim fordernden als auch beim schuldenden Unternehmen abzugrenzen.

Da diese Punkte auf Konzernebene gem dem Einheitsgrundsatz zu eliminieren wären, kann durch Konzernvorgaben bestimmt werden, dass diese Sachverhalte bereits auf HB-II – Ebene von der Einzelgesellschaft korrigiert werden.

10 Schuldenkonsolidierung
10.4 Praxis der Schuldenkonsolidierung

11 Aufwands- und Ertragskonsolidierung

11.1 Einleitung

Da der Konzernabschluss nach dem Einheitsgrundsatz des § 250 Abs. 3 HGB die Vermögens-, Finanz- und Ertragslage des Konzerns so zu zeigen hat, als wäre der Konzern ein einziges Unternehmen, müssen konzerninterne Aufwendungen und Erträge eliminiert werden. Die Konzern-GuV darf nur Erträge und Aufwendungen zeigen, die mit Nicht-Konzernunternehmen bzw nicht einbezogenen Konzern-Unternehmen erwirtschaftet wurden.

Nach § 257 Abs. 1 HGB sind dabei Umsatzerlöse und andere Erträge aus Lieferungen und Leistungen zwischen den in den Konzernabschluss einbezogenen Unternehmen mit den entsprechenden konzerninternen Aufwendungen zu verrechnen, soweit sie nicht als Erhöhung des Bestandes an fertigen und unfertigen Erzeugnissen oder als andere aktivierte Eigenleistungen auszuweisen sind.

Die Aufwands- und Ertragskonsolidierung ist häufig sowohl mit der Schuldenkonsolidierung als auch mit der Zwischenergebniseliminierung verknüpft, da konzerninterne Lieferungs- und Leistungsbeziehungen neben den internen Aufwendungen und Erträgen uU auch zu konzerninternen Forderungen oder Verbindlichkeiten bzw konzerninternen Gewinnen oder Verlusten führen. Die Aufwands- und Ertragskonsolidierung wird in der Konsolidierungspraxis dennoch idR als eigenständiger Konsolidierungsvorgang unabhängig von der Schulden- oder Zwischenergebniskonsolidierung behandelt.

Wie schon im Rahmen der Schuldenkonsolidierung kann die Aufwands- und Ertragskonsolidierung nach § 257 Abs. 2 HGB unterbleiben, wenn die wegzulassenden Beträge für die Darstellung des möglichst getreuen Bildes der Vermögens-, Finanz- und Ertragslage des Konzerns von nur untergeordneter Bedeutung sind. Die Möglichkeit, die Aufwands- und Ertragskonsolidierung aus Wesentlichkeitsgründen zu unterlassen spielt in der Konsolidierungspraxis nur eine untergeordnete Rolle, da die Eliminierung von internen Aufwendungen und Erträgen idR nicht sehr arbeitsintensiv ist. In der Praxis werden jedoch häufig Vereinfachungen in der Ermittlung der konzerninternen Aufwendungen und Erträge vorgenommen.

11.2 Gegenstand und Umfang der Aufwands- und Ertragskonsolidierung

Gegenstand der Aufwands- und Ertragskonsolidierung ist im Gegensatz zur Kapital-, Zwischenergebnis- und Schuldenkonsolidierung nicht die Bilanz sondern ausschließlich die Erfolgsrechnung. Die Aufwands- und Ertragskonsolidierung selbst ist jedoch grundsätzlich erfolgsneutral. Die Aufwands- und Ertragskonsolidierung dient ausschließlich dazu, durch Aufrechnung von Aufwendungen und Erträgen die Konzern-GuV von konzerninternen Lieferungs- und Leistungsbeziehungen zu bereinigen. Nach der Aufwands- und Ertragskonsolidierung enthält die Konzern-GuV ausschließlich Erträge und Aufwendungen gegenüber konzernexternen Unternehmen.

Die Aufwands- und Ertragskonsolidierung umfasst folgende Vorgänge:

- Verrechnung von Innenumsatzerlösen mit den entsprechenden auf diese entfallenden Aufwendungen bei einem anderen einbezogenen Unternehmen (zB Umsatzerlöse und Materialaufwand).

- Umgliederung von Umsatzerlösen in die Ertragspositionen „Bestandsveränderungen" oder „aktivierte Eigenleistungen".

- Verrechnung anderer, nicht zu Umsatzerlösen gehörender Erträge aus konzerninternen Lieferungen und Leistungen mit den entsprechenden Aufwendungen des empfangenden Konzernunternehmens (zB Zinsenerträge und Zinsenaufwendungen).

- Eliminierung sonstiger Ertrags- oder Aufwandsauswirkungen innerhalb eines Konzerns, die aus einheitstheoretischer Sichtweise nicht angefallen sind (zB Beteiligungserträge, Abschreibungen oder Zuschreibungen von Beteiligungen etc.).

Aus den oben angeführten vier Gruppen der Aufwands- und Ertragskonsolidierung ist erkennbar, dass nahezu jede GuV-Position innerhalb des Summenabschlusses Teil der Aufwands- und Ertragskonsolidierung sein kann.

Verrechnung von Innenumsatzerlösen

Zur Eliminierung von konzerninternen Umsatzerlösen kommt es immer dann, wenn Waren oder Dienstleistungen im Rahmen des gewöhnlichen Geschäftsbetriebes konzernintern ausgetauscht werden. Neben den Umsatzerlösen sind die entsprechenden Aufwendungen beim empfangenden Unternehmen bzw der Einsatz beim leistenden Unternehmen zu eliminieren, wenn das empfangende Unternehmen die Lieferungen oder Leistungen aktiviert.

Beispiel 1:

Tochterunternehmen 1 erbringt an Tochterunternehmen 2 EDV-Dienstleistungen von 1.000 und weist diese als Umsatzerlöse aus. Tochterunternehmen 2 zeigt in der einzelbilanziellen GuV einen sonstigen Aufwand von 1.000.

Aufwands- und Ertragskonsolidierung:
Umsatzerlöse/Sonstiger Aufwand   1.000

Beispiel 2:

Tochterunternehmen A erwirbt für den gesamten Konzern Rohstoffe und veräußert diese an Tochtergesellschaft B zu den Anschaffungskosten von A (2.000). Im Summenabschluss ist ein Umsatzerlös aus A von 2.000 und ein Handelswareneinsatz aus A von 2.000 enthalten. Tochtergesellschaft B hat den Rohstoff zum Konzernbilanzstichtag aktiviert.

Aufwands- und Ertragskonsolidierung:
Umsatzerlöse/Handelwareneinsatz   2.000

Umgliederung von Umsatzerlösen

Bei vertikal integrierten Konzernen werden häufig Vorprodukte von Tochtergesellschaften erstellt und an andere Konzernunternehmen zur Bearbeitung weiterveräußert. Liegen diese Vorprodukte bzw auch das selbstgestellte Endprodukt am Konzernbilanzstichtag noch auf Lager, ist im Konzernabschluss eine „Bestandserhöhung" zu zeigen.

Beispiel 3:

Tochterunternehmen A fertigt Autoreifen für Tochterunternehmen B und veräußert diese konzernintern zu den Herstellungskosten von A um 1.500. Tochtergesellschaft A zeigt in seiner GuV die diversen Aufwendungen aus der Herstellung (Personalaufwand, Materialaufwand etc.) und Umsatzerlöse aus der Veräußerung an B. B aktiviert die vorgefertigten Autoreifen in der Position Vorräte.

Aufwands- und Ertragskonsolidierung:
Umsatzerlöse/Bestandsveränderung 1.500

Beispiel 4:

Tochterunternehmen X errichtet für Tochtergesellschaft Y ein neues Verwaltungsgebäude mit eigenen Herstellungskosten von X in Höhe von 100.000. X fakturiert 100.000 an Y. Y aktiviert die verrechneten Aufwendungen unter „Anlagen in Bau".

Aufwands- und Ertragskonsolidierung:
Umsatzerlöse/aktivierte Eigenleistungen 100.000

Kommt es in den oben angeführten Beispielen 3 und 4 zur Verrechnung von Gewinnaufschlägen und aktiviert das empfangende Konzernunternehmen demnach mit einem Wert, der über den Konzernherstellungkosten liegt, ist der Zwischengewinn zusätzlich zur Aufwands- und Ertragskonsolidierung zu eliminieren.

Verrechnung anderer, nicht zu Umsatzerlösen gehörender Erträge

Neben Lieferungen und Leistungen aus dem gewöhnlichen Geschäftsbetrieb der einbezogenen Unternehmen, können auch andere konzerninterne Erträge zu Verrechnung kommen. Beispielhaft seien angeführt: Miet- oder Leasingerträge, Provisionserträge, Personalbeistellungen, Erträge aus weiterverrechneten Aufwendungen, Erträge aus Konzernumlagen oder Zinsenerträge. Diese Erträge sind beim leistenden Tochterunternehmen häufig als sonstiger übriger Ertrag ausgewiesen.

Beispiel 5:

Tochterunternehmen 1 vermietet einen Teil seines Verwaltungsgebäudes an Tochterunternehmen 2. Die jährliche Miete beträgt 20.000 und wird bei Tochterunternehmen 1 als sonstiger übriger Ertrag und bei Tochterunternehmen 2 als sonstiger übriger Aufwand erfasst.

Aufwands- und Ertragskonsolidierung:
Sonstiger übriger Ertrag/sonstiger übriger Aufwand   20.000

Eliminierung sonstiger Ertrags- oder Aufwandsauswirkungen

Aufwendungen bzw Erträge bei einem Konzernunternehmen, die aus einer schuldrechtlichen bzw gesellschaftsrechtlichen Verbindung mit einem anderen Konzernunternehmen resultieren, sind ebenfalls im Rahmen der Aufwands- und Ertragskonsolidierung zu eliminieren. Diese Aufwendungen oder Erträge sind oftmals einseitig, dh dass dem konzerninternen Aufwand oder Ertrag kein entsprechender gegenläufiger Ertrag oder Aufwand bei einem anderen Konzernunternehmen gegenübersteht. Entgegen der grundsätzlichen Erfolgsneutralität der Aufwands- und Ertragskonsolidierung kommt es in diesen Fällen somit zu einer Ergebnisauswirkung zwischen Summen- und Konzernabschluss.

Beispiel 6:

Aufgrund anhaltender Verluste bei Tochtergesellschaft B kommt es bei der Muttergesellschaft A zu einer außerplanmäßigen Abschreibung der Beteiligung an B von 1.000. Diese Beteiligungsabschreibung muss im Konzernabschluss eliminiert werden, da aus einheitstheoretischer Sicht keine Beteiligung besteht und daher auch nicht wertberichtigt werden kann. Die anhaltenden Verluste werden im Konzernabschluss nicht durch eine Beteiligungsabschreibung, sondern durch die Übernahme der GuV von B in den Konzernabschluss übernommen.

Aufwands- und Ertragskonsolidierung:
Beteiligung/Abschreibungen auf Finanzanlagen   1.000

11.3 Aufrechnungsdifferenzen

Analog zur Schuldenkonsolidierung kann es auch im Rahmen der Aufwands- und Ertragskonsolidierung zu Aufrechnungsdifferenzen kommen, wenn sich die konzerninternen Aufwendungen und Erträge nicht spiegelbildlich gegenüberstehen. Dabei ist wie bei der Schuldenkonsolidierung zwischen echten und unechten Aufrechnungsdifferenzen zu unterscheiden:

■ Unechte Aufrechnungsdifferenzen resultieren aus Fehlbuchungen, unterschiedlichen Sachverhaltsansichten oder zeitlichen Verschiebungen bei der Verarbeitung des Buchungsstoffes. Unechte Aufrechnungsdifferenzen sind im Rahmen der Handelsbilanz II der einzubeziehenden Unternehmen zu korrigieren. Dies erfolgt im Regelfall über die GuV.

■ Echte Aufrechnungsdifferenzen sind die Folge von unterschiedlichen Bilanzierungs- und Bewertungsprinzipien zwischen den Tochtergesellschaften (trotz einheitlicher Bewertung). Bspw können bei Lieferungs- und Leistungsbeziehungen zu ausländischen Tochergesellschaften Währungsdifferenzen auftreten. Echte Aufrechnungsdifferenzen werden im Rahmen der Aufwands- und Ertragskonsolidierung innerhalb der GuV verrechnet.

Da im Rahmen der Aufwands- und Ertragskonsolidierung nur GuV-Positionen eliminiert werden, und etwaige Aufrechnungsdifferenzen ebenfalls in der GuV verrechnet werden, haben Aufrechnungsdifferenzen aus der Aufwands- und Ertragskonsolidierung keine Ergebnisauswirkung.

11.4 Beteiligungsertragseliminierung

Ein Sonderfall der Aufwands- und Ertragskonsolidierung ist die Eliminierung von konzerninternen Beteiligungserträgen. Kommt es zu einer Ergebnisausschüttung von einer einbezogenen Tochtergesellschaft zu seiner unmittelbaren Muttergesellschaft, zeigt die einzelbilanzielle GuV der Muttergesellschaft einen Beteiligungsertrag. Nach der Einheitstheorie kann es durch eine „Eigenkapitaltransfer" zwischen zwei Unternehmensteilen zu keiner Ergebnisauswirkung im Konzernabschluss kommen. Konzerninterne Beteiligungserträge aus einbezogenen Tochterunternehmen müssen im Rahmen der Aufwands- und Ertragskonsolidierung eliminiert werden.

Dabei ist zwischen verschiedenen Möglichkeiten der Ausschüttung zu unterscheiden. Die Eliminierung der Beteiligungserträge hängt von der einzelbilanzieller Erfassung ab. Folgende Arten von konzerninternen Ausschüttungen sind zu differenzieren:

11.4 Beteiligungsertragseliminierung

- **Phasenverschobene Beteiligungserträge aus Kapitalgesellschaften:** Hier fallen der Zeitraum der Ergebniserzielung bei der Tochtergesellschaft und der Zeitpunkt der Ausschüttung auseinander.

Beispiel:
Tochtergesellschaft 1 (Kapitalgesellschaft) schüttet an die Muttergesellschaft aus ihrem Bilanzgewinn des Vorjahres 100.000 aus.
Buchung im Einzelabschluss der Muttergesellschaft:
Kassa/Beteiligungsertrag 100.000
Buchung im Einzelabschluss der Tochtergesellschaft:
Bilanzgewinn/Kassa 100.000
Aufwands- und Ertragskonsolidierung:
Beteiligungsertrag/Bilanzgewinn 100.000

- **Phasengleiche Beteiligungserträge aus Kapitalgesellschaften:** Unter bestimmten Voraussetzungen kann eine Muttergesellschaft einen Beteiligungsertrag zeitgleich mit der Gewinnerzielung bei der Tochtergesellschaft vereinnahmen (Voraussetzung: Mehrheit der Anteile am Tochterunternehmen; Aufstellung des Einzelabschlusses der Tochtergesellschaft vor dem Einzelabschluss der Muttergesellschaft; Ausschüttungsbeschluss vor Einzelabschlusserstellung der Muttergesellschaft). Obwohl im Einzelabschluss der Tochtergesellschaft die Ausschüttung erst in der Folgeperiode ausgewiesen wird, erfasst die Muttergesellschaft bereits in der Periode der Ergebniserzielung einen Beteiligungsertrag.

Beispiel:
Tochtergesellschaft 2 (Kapitalgesellschaft) schüttet an die Muttergesellschaft aus ihrem Jahresergebnis 200.000 aus. Die Muttergesellschaft erfasst die Ausschüttung bereits in der einzelbilanziellen GuV im Jahr der Ergebniserzielung (phasengleiche Beteiligungsertragserfassung).
Buchung im Einzelabschluss der Muttergesellschaft:
Forderungen/Beteiligungsertrag 200.000

Buchung im Einzelabschluss der Tochtergesellschaft:

Aufwands- und Ertragskonsolidierung:
Beteiligungsertrag/Forderungen 200.000

- Beteiligungserträge aus Personengesellschaften: Im Gegensatz zu Kapitalgesellschaften kommt es bei Personengesellschaften zu keiner formalen Ergebnisausschüttung. Einzelbilanzielle Ergebnisse (sowohl Gewinne als auch Verluste) werden phasengleich den Gesellschaftern zugewiesen.

Beispiel:

Tochtergesellschaft 3 (Personengesellschaft) erwirtschaftet im Jahr 2 ein Ergebnis von 250.000, das dem Kommanditisten vollständig zugewiesen wird (Komplementär ist reiner Arbeitsgesellschafter).

Buchung im Einzelabschluss der Muttergesellschaft (Kommanditist):
Forderungen/Beteiligungsertrag   250.000

Buchung im Einzelabschluss der Tochtergesellschaft:
Jahresergebnis/Verbindlichkeiten   250.000

Aufwands- und Ertragskonsolidierung:
Beteiligungsertrag/Jahresergebnis   250.000

Schuldenkonsolidierung:
Verbindlichkeiten/Forderungen   250.000

- Beteiligungserträge aus Kapitalgesellschaften mit Ergebnisabführungsvertrag: Analog wie bei Personengesellschaften werden Beteiligungserträge aus Kapitalgesellschaften mit denen ein Ergebnisabführungsvertrag abgeschlossen wurde, phasengleich automatisch übernommen. Die Beteiligungsertragseliminierung erfolgt in diesem Fall ident wie bei Personengesellschaften.

11.5 Praxis der Aufwands- und Ertragskonsolidierung

Für die ordnungsgemäße Durchführung der Aufwands- und Ertragskonsolidierung müssen die einbezogenen Gesellschaften für sämtliche GuV Positionen, in denen konzerninterne Erträge oder Aufwendungen enthalten sind, Zusatzinformationen liefern. Neben den konzerninternen Beträgen sind auch die jeweiligen korrespondierenden Konzerngesellschaften zu melden. Um diese Informationen am Bilanzstichtag bereitstellen zu können, müssen die einbezogenen Tochtergesellschaften schon unterjährig im Rahmen der laufenden Buchhaltung konzerninterne Aufwendungen und Erträge besonders kennzeichnen (zB EDV-Code) bzw auf eigene Erfolgskonten verbuchen.

Die gemeldeten konzerninternen Aufwendungen und Erträge werden in der Konsolidierungsstelle abgeglichen und bei Übereinstimmung aus der Summen-GuV eliminiert. Erhebliche Aufrechnungsdifferenzen sind zu analysieren und idR in der Handelsbilanz II zu korrigieren. Da Aufrechnungsdifferenzen aus der Aufwands- und Ertragskonsolidierung nicht ergebniswirksam sind, und innerhalb der GuV verrechnet werden, kommt in der Konsolidierungspraxis für die Differenzen-Analyse oftmals eine hohe Wesentlichkeitsgrenze zur Anwendung. Aufrechnungsdifferenzen unterhalb eines bestimmten Grenzwertes werden automatisch im sonstigen betrieblichen Ertrag oder sonstigen betrieblichen Aufwand verrechnet.

Liegen in einem Konzern in einer Abrechnungsperiode eine Vielzahl verschiedenartiger Lieferungen vor, wäre es sehr arbeitsaufwendig, die Aufwands- und Ertragskonsolidierung für einzelne Lieferungen vorzunehmen. Die einzelnen Lieferungen sollten vielmehr im Rahmen der Meldung an die Konsolidierungsstelle in Gruppen zusammengefasst werden, um auch eine gruppenweise Eliminierung zu ermöglichen. Aufrechnungsdifferenzen werden dann vielfach pauschal innerhalb der GuV verrechnet.

11 Aufwands- und Ertragskonsolidierung
11.5 Praxis der Aufwands- und Ertragskonsolidierung

12 Abgrenzung latenter Steuern

12.1 Grundkonzeption der Steuerabgrenzung

Nach dem Einheitsgrundsatz des § 250 Abs. 3 HGB muss im Konzernabschluss die Vermögens-, Finanz- und Ertragslage der einbezogenen Unternehmen so dargestellt werden, als ob diese Unternehmen insgesamt ein einziges Unternehmen wären. Die Einheitstheorie bewirkt, dass alle konzerninternen Sachverhalte eliminiert werden, dh für die Konzernrechnungslegung wird neben der wirtschaftlichen Einheit auch eine rechtliche Einheit fiktiv untergestellt. Diesem Grundsatz folgend, muss aus steuerlichen Gesichtspunkten der Konzernabschluss ebenfalls eine Unternehmenseinheit abbilden, dh aus einheitstheoretischer Sicht dürfen nicht die einzelgesellschaftlichen Jahresergebnisse besteuert werden, sondern nur das Konzernjahresergebnis eine fiktive Besteuerungsbasis bilden. Um diese Darstellungsform zu erzielen, muss die Summe der einzelgesellschaftlichen Ertragssteueraufwendungen in einen Konzernsteueraufwand transformiert werden. Diese fiktive Konzernbesteuerung wird immer dann von der Summe der einzelgesellschaftlichen Steueraufwendungen abweichen, wenn das Konzernergebnis vor Steuern aufgrund von erfolgswirksamen HB-II Buchungen (zB einheitliche Bewertung, Währungsumrechnung) oder erfolgswirksamen Konsolidierungsbuchungen von der Summe der Einzelergebnisse abweicht. Im Rahmen der Konsolidierung dient die Erfassung von latenten Steuern somit der Transformation der einzelgesellschaftlichen Steueraufwendungen in einen Konzernsteueraufwand.

Neben der Steuerabgrenzung zur Herstellung einer fiktiven Konzernbesteuerung ist innerhalb der Konzernrechnungslegung aber auch die Steuerabgrenzung aus der Einzelrechnungslegung zu beachten. Nach § 198 HGB muss im Falle eines im Verhältnis zum Jahresergebnis des Einzelabschlusses zu geringen laufenden Steueraufwandes eine Rückstellung für latente Steuern berücksichtigt werden. Im gegengesetzten Fall, dass der laufende Steueraufwand im Verhältnis zum einzelgesellschaftlichen Jahresergebnis zu hoch ist, hat der Bilanzierende das Wahlrecht einen aktiven Steuerabgrenzungsposten anzusetzen. Diese einzelgesellschaftliche Steuerabgrenzung hat nicht, wie in der Konzernrechnungslegung, den Zweck eine fiktive Unternehmenseinheit herzustellen, sondern vielmehr eine richtige Periodenzuordnung bzgl des Steueraufwandes zu erreichen, dh im weitesten Sinne den Totalerfolg periodengerecht zu verteilen. Durch die einzelbilanzielle Steuerabgrenzung werden für den Ertragssteuerausweis in der Handelsbilanz die steuerlichen Bilanzierungsnormen ignoriert und der Steueraufwand so gezeigt, als ob auch für die steuerliche Gewinnermittlung die handelsrechtlichen Bilanzierungsnormen anzuwenden wären.

Das österreichische Bilanzrecht (Einzel- und Konzern-) bestimmt, dass die Steuerabgrenzung auf Basis von zeitlichen Ergebnisunterschieden zu berechnen ist. Im Gegensatz zur internationalen Rechnungslegung (IAS oder US-GAAP) wird die Steuerabgrenzung nicht auf Grundlage von Buchdifferenzen zwischen dem lokalen Steuerwert und dem Konzernbuchwert ermittelt. Nach den österreichischen Bestimmungen erfolgen sowohl im Einzel- als auch im Konzernabschluss bei permanenten und quasi-permanenten Differenzen keine Abgrenzungen. § 258 HGB sieht die Möglichkeit vor, bei unwesentlichen Ergebnisunterschieden eine Steuerabgrenzung zu unterlassen, wenn die wegzulassenden Beträge für die Vermittlung eines möglichst getreuen Bildes der Vermögens-, Finanz- und Ertragslage von untergeordneter Bedeutung sind.

12.2 Ursachen latenter Steuern im Konzern

Abweichungen zwischen dem handelsrechtlichen Ergebnis im Konzernabschluss und dem erfassten laufenden Ertragssteueraufwand (aus der Summe der Einzelsteueraufwendungen) können auf folgenden Sachverhalten beruhen:

a) Bestimmte Erfolgskomponenten werden in der Handelsbilanz und der Steuerbilanz zeitlich abweichend erfasst. Es kommt zu zeitlichen Differenzen zwischen handelsrechtlichem und steuerlichem Ergebnisausweis, der sich in späteren Perioden wieder ausgleicht. Bspw muss der einzelgesellschaftliche Firmenwert nach § 8 Abs. 3 EStG steuerlich über 15 Jahre abgeschrieben werden. Handelsrechtlich darf gem § 203 Abs. 5 HGB der Geschäfts(Firmen)wert aktiviert und über die voraussichtliche Nutzungsdauer abgeschrieben werden.

b) Nur im Rahmen der Konzernrechnungslegung tritt der Sachverhalt auf, dass bestimmte Erfolgskomponenten nur in einem Rechnungslegungssystem erfasst werden. Bestimmte Erfolgskomponenten werden bspw im Konzernbilanzrecht erfasst, bleiben aber in der Einzelrechnungslegung unberücksichtigt. Dieser, idR durch die Einheitstheorie begründete Tatbestand, führt zu zeitlichen Ergebnisunterschieden (timing differences), da spätestens im Rahmen einer Endkonsolidierung ein Ausgleich stattfinden würde. Auf lange Sicht gleichen sich diese Differenzen zwischen den Rechnungslegungssystemen aus.

c) Als dritte Ursache für Abweichungen zwischen dem handelsrechtlichen Ergebnis im Verhältnis zum Ertragssteueraufwand sind „Permanent Differences" zu nennen. Diese Differenzen gleichen sich auch in späteren Perioden nicht aus. Bestimmten handelsrechtlichen Bilanzierungsnormen stehen zwingende steuerliche Normen gegenüber, die nie zu einem Ausgleich führen. Bspw dürfen nur 50% der Aufsichtsratsvergütungen steuerlich geltend gemacht werden, wobei im handelsrechtlichen Einzel- und Konzernabschluss 100% aufwandswirksam verrechnet werden.

Punkt c) beschreibt Sachverhalte, bei denen bestimmte Erfolgskomponenten in einem (zB Handelsrecht), aber niemals in einem anderen Rechnungslegungssystem (zB Steuerrecht) berücksichtigt werden. Da sich diese permanenten Differenzen in späteren Erfolgsperioden niemals ausgleichen und damit niemals zu einem gegengesetzten Steuereffekt führen, wird bei solchen Unterschieden keine Steuerabgrenzung vorgenommen (permanente Differenzen).

Grundsätzlich eignen sich daher nur Sachverhalt a) und b) als Bezugsobjekte zur Berücksichtigung latenter Steuern.

12.3 Latente Steuern im Konzernabschluss

Im Konzernabschluss kommt es auf verschiedenen Ebenen zur Berücksichtigung von latenten Steuern. Latente Steuern sind aufgrund folgender Ergebnisunterschiede anzusetzen:

- Da der Konzernabschluss die Summe der einbezogenen Einzelabschlüsse samt konzerninternen Eliminierungen verkörpert, sind die latenten Steuern aus dem Einzelabschluss grundsätzlich zu übernehmen.

- Vor der Aufsummierung der Einzelabschlüsse werden im Konzernabschluss die Bilanzierungs- und Bewertungsmethoden im Rahmen der Handelsbilanz II (vgl oben) vereinheitlicht. Auf diese Umwertungsbuchungen sind gem § 258 HGB ebenfalls latente Steuern anzusetzen.

- Zusätzlich weicht durch Konsolidierungsbuchungen das konsolidierte Jahresergebnis vor Steuern von der Summe der einzelbilanziellen steuerlichen Ergebnisse ab. Auf diese Konsolidierungsbuchungen ist ebenfalls eine Steuerabgrenzung vorzunehmen, wenn es sich um zeitliche Ergebnisunterschiede handelt (zB Zwischenergebniseliminierung).

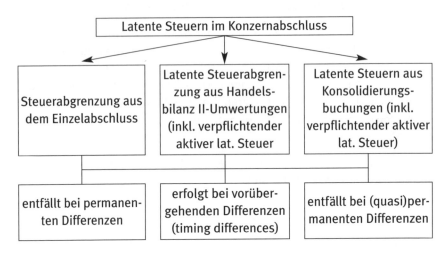

Gem § 258 HGB ist die saldierte aktive oder passive latente Steuer im Konzernabschluss entweder in der Bilanz oder im Anhang gesondert zu zeigen.

12.3.1 Latente Steuerabgrenzung aus dem Einzelabschluss

Gem § 198 Abs. 9 u 10 HGB sind bei zeitlichen Ergebnisunterschieden zwischen steuerlichem Ergebnis und handelsrechtlichem Ergebnis latente Steueraufwendungen anzusetzen. Ist das steuerliche Ergebnis im Verhältnis zum handelsrechtlichen Ergebnis zu hoch, kann ein latenter Steuerertrag (= aktive latente Steuern) angesetzt werden. Wenn das steuerliche Ergebnis im Verhältnis zum handelsrechtlichen Ergebnis zu niedrig ist, muss ein latenter Steueraufwand (= passive latente Steuer) berücksichtigt werden.

Die Steuerabgrenzung aus dem Einzelabschluss ist zwingend in den Konzernabschluss zu übernehmen. Wurden in einem ausländischen einzubeziehenden Einzelabschluss keine latenten Steuern gem den österreichischen Bilanzierungsbestimmungen angewandt, sind im Rahmen der einheitlichen Bewertung latente Steuern anzusetzen. Die latenten Steuern aus dem lokalen Einzelabschluss sind zumindest im Rahmen der Handelsbilanz II nach den österreichischen Bestimmungen zu bilden.

Als Grundlage für die Steuerabgrenzung ist dabei das lokale Steuerrecht mit den einheitlichen Konzernbilanzierungsnormen zu vergleichen. Als relevanter Steuersatz ist der lokale einzelgesellschaftliche Steuersatz heranzuziehen. Ein pauschaler Konzernsteuersatz ist abzulehnen, da Grundlage der Besteuerung nicht das Konzernergebnis, sondern die regionalen Einzelergebnisse sind.

Nach § 198 HGB müssen passive latente Steuern aus den Einzelabschlüssen in den Konzernabschluss übernommen werden. Aktive latente Steuern dürfen übernommen werden, da schon für die Einzelrechnungslegung ein Wahlrecht zum Ansatz von aktiven latenten Steuern besteht.

Beispiel:

Das ungarische Tochterunternehmen Alpha wird im Rahmen der Vollkonsolidierung in den Konzernabschluss einbezogen. Im lokalen ungarischen Einzelabschluss wurde eine 5%ige pauschale Forderungswertberichtigung auf sämtliche Lieferforderungen ergebniswirksam gebildet (Forderungen insgesamt 100.000, Pauschalwertberichtigung 5.000). Nach ungarischen Steuerrecht dürfen keine Pauschalwertberichtigungen gebildet werden. Forderungen dürfen nach ungarischem Steuerrecht erst abgeschrieben werden, wenn der Gläubiger Konkurs anmeldet. Im lokalen ungarischen Einzelabschluss sind keine latenten Steuern berücksichtigt. Nach den einheitlichen Konzernbewertungsmethoden werden Pauschalwertberichtigungen gebildet. Vom Wahlrecht aktive latente Steuern im Einzelabschluss (und damit im Konzernabschluss) anzusetzen wird Gebrauch gemacht. Angenommener ungarischer Steuersatz 30%.

Pauschalwertberichtigung (aufwandswirksam):   5.000

Ergebnisdifferenz x lok. Steuersatz: 1.667

Notwendige Handelsbilanz II – Buchung (aktive latente Steuer):

Aktive latetente Steuerabgrenzung	1.667	
an latenter Steuerertrag		1.667

12.3.2 Latente Steuerabgrenzung in der Handelsbilanz II

Unterschiede zwischen dem Buchwert von Vermögensgegenständen und Schulden in einbezogenen Jahresabschlüssen und der konzerneinheitlichen Bewertung sind darauf zu untersuchen, ob erwartet werden kann, dass sie sich in künftigen Jahren wieder ausgleichen. Handelt es sich um zeitliche Unterschiede ist gem § 258 HGB eine zwingende Steuerabgrenzung vorzunehmen. Abweichend zur Steuerabgrenzung aus der Einzelrechnungslegung nach § 198 HGB besteht bei Abgrenzungen aufgrund der einheitlichen Bewertung kein Wahlrecht für den Ansatz von aktiven latenten Steuern.

Beispielhaft können folgende Bewertungsunterschiede im Konzernabschluss, die zu einer Steuerabgrenzung in der Handelsbilanz II führen, genannt werden:

- andere Abschreibungsmethode als in HB I
- andere Berechnung der Pensionsrückstellung als in HB I
- andere Bewertung von Fremdwährungsforderungen als in HB I
- andere Erfassung von Rückstellungen (zB Rekultivierungsrückstellung etc)

Beispiel:

In der Handelsbilanz II der ausländischen Russland GmbH ist noch eine Rekultivierungsrückstellung von 1.000 zu berücksichtigen (Steuersatz 40%).

Sonstiger Aufwand	1.000	
an Rekultivierungsrückstellung		1.000

Aktive Steuerabgrenzung	400	
an latenter Steueraufwand		400

12.3.3 Latente Steuerabgrenzung aus Konsolidierungsmaßnahmen

Aus dem Summenabschluss sind zahlreiche konzerninternen Sachverhalte zu eliminieren. Diese konzerninternen Eliminierungen (zB Schuldenkonsolidierung, Zwischenergebniseliminierung, Kapitalkonsolidierung) führen tlw auch zu einer Ergebnisauswirkung. So führt bspw die Eliminierung von Zwischengewinnen zu einer Reduzierung des Konzernergebnisses ohne den laufenden Steueraufwand zu beeinflussen, da dieser sich nach den lokalen Steuergesetzen richtet. Sind diese Ergebnisunterschiede zeitliche Differenzen, die sich in naher Zukunft ausgleichen, muss eine Steuerabgrenzung vorgenommen werden. Zeitliche Ergebnisunterschiede zwischen Summenabschluss und Konzernabschluss können aus folgenden konsolidierungsspezifischen Maßnahmen resultieren:

- Zwischenergebniseliminierung
- Schuldenkonsolidierung
- Konsolidierung aufgrund von einheitstheoretischen Sonderfällen

Die Abschreibung von aktiven oder passiven Unterschiedsbeträgen aus der Kapitalkonsolidierung ist eine permanente Differenz und somit nicht Basis für eine Steuerabgrenzung. Ebenso ist bei Gewinn- oder Verlustübernahmen im Rahmen der Equity-Bewertung keine latente Steuerabgrenzung zu berücksichtigen, da die Ergebnisübernahme als quasi permanente Differenz zu klassifizieren ist. Da in der Konsolidierungspraxis idR die erfolgsneutrale modifizierte Stichtagskursmethode als Währungsumrechnungsmethode zum Einsatz kommt, ergibt sich auch bei der Währungsumrechnung keine Notwendigkeit zur Steuerabgrenzung. Da die Aufwands- und Ertragskonsolidierung niemals eine Auswirkung auf das Konzernergebnis hat, da es lediglich zu einer spiegelbildlichen Kürzung von Erlös- und Aufwandspositionen kommt, ergeben sich im Rahmen der Aufwands- und Ertragskonsolidierung keine zeitlichen Ergebnisunterschiede, die eine Steuerabgrenzung notwendig machen.

Bei Durchführung der Schuldenkonsolidierung entstehen zeitliche Ergebnisdifferenzen, wenn Saldendifferenzen erfolgswirksam als Aufwand oder Ertrag verrechnet werden. Da in der Folgeperiode die erfolgswirksam erfassten Saldendifferenzen wieder umzukehren sind, handelt es sich um eine zeitliche Ergebnisdifferenz (timing difference), für die eine Steuerabgrenzung vorzunehmen ist.

Da die Eliminierung von Zwischenergebnissen grundsätzlich zu zeitlichen Verschiebungen im Erfolgsausweis führt, ist anlässlich der Zwischenergebniseliminierung eine Steuerabgrenzung zwingend erforderlich.

Beispiel:

Aus den fertigen Erzeugnissen ist ein Zwischengewinn von 2.000 zu eliminieren (Konzernsteuersatz 35 %)

Bestandsveränderungen	2.000	
an Fertige Erzeugnisse		2.000
Aktive Steuerabgrenzung	700	
an latenter Steueraufwand		700

Kommt es im Folgejahr zu einer externen Realisierung des Zwischenergebnisses, ist der Zwischengewinn und die Steuerabgrenzung aufzulösen.

Gewinnvortrag	2.000	
an Bestandsveränderungen		2.000
latenter Steueraufwand	700	
an Gewinnvortrag		700

Sind sonstige einzelbilanzielle Sachverhalte aufgrund des Einheitsgrundsatzes im Konzernabschluss zu eliminieren, und führt die Eliminierung zu einer zeitlichen Ergebnisdifferenz zwischen Konzernergebnis und lokalem Steuerergebnis, erfolgt auch auf diese Konsolidierungsmaßnahmen eine Steuerabgrenzung.

Beispiele für sonstige einzelbilanzielle Sachverhalte, die aus einheitstheoretischer Sicht zu eliminieren sind:

- Rückstellungen für Tochtergesellschaften (zB Verlustübernahme oder Gewährleistung bzw Haftung)
- Abschreibung von konzerninternen Forderungen
- Steuerliche Abschreibung von Umgründungsmehrwerten
- Beteiligungsabschreibung bzw -aufwertung
- Konzerninterne Sacheinlagen

Die oben angeführten Maßnahmen führen uU zu quasi permanenten Ergebnisunterschieden, auf die gem den österreichischen Bilanzierungsbestimmungen keine Steuerabgrenzungen vorzunehmen sind.

Steuerabgrenzungen auf Konsolidierungsmaßnahmen sind gem § 258 HGB zwingend – sowohl für aktive als auch für passive Abgrenzungen – zu bilden. Als Steuersatz für die Abgrenzung latenter Steuern auf Konsolidierungsmaßnahmen sollte ein konzerneinheitlicher Durchschnittssteuersatz zugrunde gelegt werden. Grundsätzliche könnte jedoch auch der jeweilige Steuersatz des Tochterunternehmens herangezogen werden, der die Konsolidierungsmaßnahme auslöst (bei Zwischenergebnissen zB der Steuersatz des veräußernden Tochterunternehmens).

12 Abgrenzung latenter Steuern
12.3 Latente Steuern im Konzernabschluss

13 Prüfung und Offenlegung

13.1 Konzernabschlussprüfungspflicht

Im Gegensatz zur Einzelrechnungslegung ist der Konzernabschluss nicht durch den Aufsichtsrat oder die Gesellschafter (bei einer GmbH ohne Aufsichtsrat) festzustellen. Die gesetzlichen Vertreter des Mutteruntenehmens sind verpflichtet, den Konzernabschluss innerhalb von 5 Monaten nach dem Konzernabschlussstichtag aufzustellen und von einem Abschlussprüfer prüfen zu lassen. Der geprüfte Konzernabschluss wird dem Aufsichtsrat und der Haupt- bzw. Generalversammlung gem § 244 Abs. 1 nur vorgelegt, da der Konzernabschluss nur eine Informationsfunktion zu erfüllen hat und nicht die formale Basis für etwaige Gewinnausschüttung bildet.

Nach der Aufstellung des Konzernabschlusses und des Konzernlageberichts durch die gesetzlichen Vertreter des Mutterunternehmens und bevor der Konzernabschluss dem Aufsichtsrat vorgelegt wird, ist der Konzernabschluss durch einen Abschlussprüfer zu prüfen (§ 268 Abs. 2 HGB). Für die Abschlussprüfung gibt es keine größenabhängigen bzw sonstige Befreiungen. Ist ein Konzernabschluss nach österreichischen Bestimmungen verpflichtend aufzustellen, so muss dieser Abschluss auch durch einen Abschlussprüfer geprüft werden.

Der Abschlussprüfer des Konzernabschlusses wird analog zur Einzelrechnungslegung von den Gesellschaftern des Mutterunternehmens gewählt.

13.2 Offenlegung und Veröffentlichung

Die Offenlegungspflicht unterteilt sich in eine Einreichungspflicht beim Firmenbuchgericht und in eine Veröffentlichungspflicht in der Wiener Zeitung.

13.2 Offenlegung und Veröffentlichung

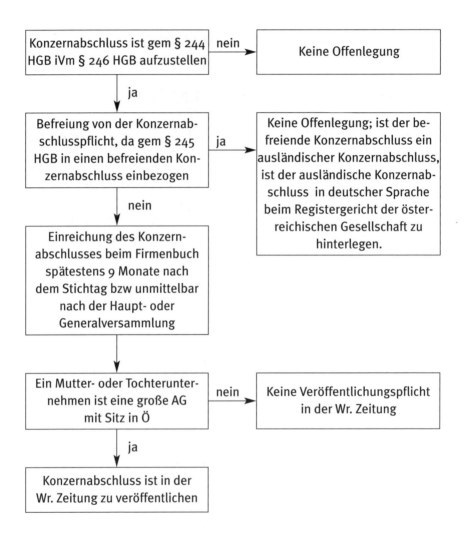

Das Registergericht hat zu prüfen, ob die zum Firmenbuch eingereichten Unterlagen vollzählig sind und, sofern vorgeschrieben bekanntgemacht worden sind. Im Falle nicht vollständiger Offenlegung sind Zwangsstrafen in Höhe bis zu ATS 50.000 zu verhängen. Eine wiederholte (mehrmalige) Verhängung von Zwangsstrafen durch das Registergericht ist möglich. Ist die Einreichung beim Firmenbuch erfolgt, aber eine uU gesetzlich notwendige

Veröffentlichung in der Wiener Zeitung unterblieben, so ist diese Tatsache ohne Durchführung eines Verbesserungsverfahrens auf Kosten der Gesellschaft zu veröffentlichen, wenn ein Gesellschafter, Gläubiger, Betriebsrat oder eine gesetzliche Interessensvertretung dies beantragt.

13.2.1 Firmenbucheinreichung

Besteht nach den Bestimmungen des österreichischen Konzernbilanzrechts eine Konzernabschlusspflicht, so müssen gem § 280 HGB die gesetzlichen Vertreter (Vorstand bei AG oder Geschäftsführung bei GmbH) der Muttergesellschaft den Konzernabschluss und den Konzernlagebericht mit dem Bestätigungsvermerk beim Firmenbuchgericht des Sitzes der Muttergesellschaft einreichen. Die Einreichung beim Firmenbuch erfolgt dabei gemeinsam mit dem Einzelabschluss der Muttergesellschaft. Somit ist jeder verpflichtend aufgestellte Konzernabschluss auch offenlegungspflichtig. Freiwillig aufgestellte Konzernabschlüsse sind nicht offenlegungspflichtig.

Entfällt eine Konzernabschlusspflicht, da die oberste Muttergesellschaft einen Konzernabschluss aufstellt, entfällt grundsätzlich für alle inländischen Tochtergesellschaften eine Offenlegungspflicht, da der Konzernabschluss der obersten Muttergesellschaft offengelegt uU veröffentlicht wird. Ist jedoch das konzernbilanzierende oberste Mutterunternehmen eine ausländische Gesellschaft, so haben sämtliche inländischen Tochtergesellschaften jeweils den ausländischen Konzernabschluss in deutscher Sprache beim Firmenbuchgericht zu hinterlegen.

Da der Konzernabschluss analog zu den Fristen der Einzelrechnungslegung aufgestellt, geprüft und offengelegt werden muss, hat die Offenlegung spätestens innerhalb von neun Monaten nach dem Ende des vorangegangenen Konzernbilanzstichtages zu erfolgen. Wobei diese Frist grundsätzlich die maximale Einreichungsfrist ist, da der Konzernabschluss auch vor der 9-Monatsfrist einzureichen ist, wenn die Haupt- oder Generalversammlung früher stattfindet, da der Konzernabschluss gem § 277 HGB unmittelbar nach der Behandlung in der Haupt- oder Generalversammlung offenlegungspflichtig ist.

Beim Firmenbuch sind folgende Unterlagen einzureichen:

- Konzernabschluss (Bilanz, GuV, Konzernanhang)
- Konzernlagebericht
- Bestätigungsvermerk
- Bei Veröffentlichung ist ein Nachweis über die Veranlassung der Veröffentlichung in der Wiener Zeitung einzureichen

Beim Firmenbuch ist der Konzernabschluss in vierfacher Ausfertigung einzureichen. Ein Exemplar verbleibt beim Firmenbuch. Ein Exemplar wird an die Wirtschaftskammer und zwei Exemplare an die Bundesarbeiterkammer weitergeleitet.

13.2.2 Veröffentlichung (Abdruck in der Wiener Zeitung)

Die Veröffentlichungspflichten (Abdruck in der Wiener Zeitung) richten sich nach den Vorschriften zur Einzelrechnungslegung. Demnach muss der Konzernabschluss vollständig in der Wiener Zeitung abgedruckt werden, wenn die Muttergesellschaft oder zumindest eine Tochtergesellschaft eine große Aktiengesellschaft iS des § 221 HGB ist. Wenn die größte einbezogene Gesellschaft eine große GmbH ist, so muss der Konzernabschluss beim Firmenbuchgericht eingereicht werden und ein Hinweis auf die Einreichung in der Wiener Zeitung veröffentlicht werden.

Besteht ein Konzern nur aus kleinen GmbH und sonstigen Gesellschaften (zB Personengesellschaften) so entfällt eine Veröffentlichungspflicht in der Wiener Zeitung.

In der Wiener Zeitung sind folgende Unterlagen zu veröffentlichen:

- Konzernabschluss (inkl. vollständigem Konzernanhang; kein Lagebericht)
- Bestätigungsvermerk
- Zuständiges Firmenbuchgericht
- Firmenbuchnummer

Bei der Veröffentlichung können sämtliche Posten in vollen 1.000 Schilling angegeben werden.

13 Prüfung und Offenlegung
13.2 Offenlegung und Veröffentlichung

14 Internationale Konzernrechnungslegung

International tätige idR börsenotierte Konzerne werden durch ihre Kapitalgeber (Investoren und Fremdkapitalgeber), internationale Konkurrenten aber auch durch interne Rechnungswesenanforderungen zunehmend mit der Notwendigkeit konfrontiert, das Konzernrechnungswesen auf internationale Bilanzierungsnormen umzustellen. Die Umstellung kann je nach gewünschter Intensität auf Basis unterschiedlicher Konzeptionen erfolgen.

Eine erste Annäherung an die internationale Rechnungslegung liegt in der Anpassung des HGB-Konzernabschlusses durch Wahlrechtsausübung an die IAS-Grundsätze (International Accounting Standards) oder US-GAAP (US General Accepted Accounting Principles) und Ergänzung der Anhangsinformationen um zusätzliche IAS Anforderungen. Wird der HGB-Konzernabschluss soweit an IAS angepasst, dass sämtliche IAS-Normen erfüllt sind, spricht man von einem Dualabschluss.

Bei der aufwendigeren Form der Parallelrechnungslegung wird neben dem HGB-Konzernabschluss ein vollständiger IAS- oder US-GAAP-Abschluss aufgestellt. Bei dieser Konzeption wird idR das Konzernrechnungswesen entweder nach HGB oder IAS geführt, und der Parallelabschluss durch Umwertungen aus dem jeweils anderen Rechnungslegungssystem abgeleitet.

Durch das Konzernabschlussgesetz und die neue Bestimmung in § 245a HGB wird es österreichischen Konzernen unter bestimmten Bedingungen erlaubt, ausschließlich einen Konzernabschluss nach international anerkannten Normen aufzustellen. Wird von einem österreichischen Konzern demnach ein IAS- oder US-GAAP-Konzernabschluss aufgestellt, muss kein zusätzlicher Konzernabschluss nach HGB erstellt werden. Österreichische Konzerne haben demnach durch das Konzernabschlussgesetz das Wahlrecht einen Konzernabschluss nach HGB oder internationalen Normen (IAS oder US-GAAP) aufzustellen.

14.1 IAS- oder US-GAAP-Abschluss als befreiender Konzernabschluss

Gem § 245a HGB muss ein Mutterunternehmen, das einen Konzernabschluss und einen Konzernlagebericht nach international anerkannten Rechnungslegungsgrundsätzen aufstellt, keinen Konzernabschluss nach den österreichischen HGB Bestimmungen erstellen. Als international anerkannte Normen gelten dabei grundsätzlich die IAS- oder US-GAAP-Bestimmungen. Der IAS- oder US-GAAP Konzernabschluss einer österreichischen Konzernmuttergesellschaft hat somit eine befreiende Wirkung für den österreichischen Konzernabschluss (ähnlich eines befreienden Konzernabschlusses einer übergeordneten Muttergesellschaft).

Der internationale Konzernabschluss muss dabei folgende Bedingungen erfüllen, um eine befreiende Wirkung zu erlangen:

1. Der Konzernabschluss muss im Einklang mit der 4. und 7. EU-Richtlinie stehen (nicht im Einklang mit öHGB). Da die 4. und 7. EU-Richtlinie sehr viele Bilanzierungs-, Bewertungs- und Konsolidierungswahlrechte enthalten, ist idR davon auszugehen, dass ein IAS- oder US-GAAP-Konzernabschluss im Einklang mit der 4. und 7. EU-Richtlinie steht.

2. Der Konzernabschluss muss die angewandten Rechnungslegungsgrundsätze bezeichnen und die wesentlichen Abweichungen zum österreichischem Konzernbilanzrecht erläutern.

3. Die Aussagekraft des internationalen Konzernabschlusses muss mit der Aussagekraft eines Konzernabschlusses nach öHGB gleichwertig sein. Nach hA ist ein internationaler Konzernabschluss nach IAS oder US-GAAP einem öHGB Konzernabschluss immer gleichwertig.

4. Die Bedingungen für die befreiende Wirkung eines internationalen Konzernabschlusses (siehe oben) muss vom Wirtschaftsprüfer bestätigt werden.

5. Der Konzernabschlussprüfer des internationalen Abschlusses muss in einem Bestätigungsvermerk, der einem Bestätigungsvermerk nach öHGB vergleichbar ist, berichten.

6. Bei der Offenlegung ist gem § 245a Abs. 2 HGB ausdrücklich darauf hinzuweisen, dass es sich um einen nach international anerkannten Rechnungslegungsgrundsätzen erstellten Konzernabschluss und Konzernlagebericht handelt.

Im Gegensatz zur vergleichbaren deutschen Bestimmung im dHGB ist für die Aufstellung eines internationalen Konzernabschlusses mit befreiender Wirkung keine Börsenotierung notwendig. In Österreich kann jeder Konzern, der grundsätzlich zur Konzernabschlusserstellung nach § 244 HGB verpflichtet ist, unabhängig von Größe oder Börsenotierung einen internationalen Konzernabschluss mit befreiender Wirkung aufstellen.

14.2 Konzernbilanzierung nach HGB, IAS und US-GAAP

Die Konsolidierungspraxis hat gezeigt, dass bei Anwendung von internationalen Rechnungslegungsnormen in Europa bei weiten die IAS-Grundsätze überwiegen. Im folgenden werden die wesentlichen Unterschiede im Bereich des Konzernbilanzrechts zwischen HGB und den jeweiligen IAS- bzw. US-GAAP-Bestimmungen tabellarisch aufgeführt. Neben den konzernbilanziellen Bestimmungen sind es aber vorallem die einzelbilanziellen Bilanzierungs- und Bewertungsregelungen, die zu unterschiedlichen Konzernbilanzbildern führen.

Die Bestimmungen zur Konzernrechnungslegung der drei Systeme auf einen Blick			
	HGB	IAS	US-GAAP
Bestimmungen	§§ 244–281 HGB (4. u. 7. EU-RL).	IAS 22, 27, 28, 31, 21, 12.	ARB no. 51, SFAS, no. 94, regulations S-X der SEC.
Konzern-abschluss-bestandteile	Bilanz, GuV, Anhang.	Bilanz, GuV (inkl. Ergebnis je Aktie), Cash-Flow-Statement, Eigenkapitalentwicklung, umfassender Konzernanhang.	Bilanz, GuV (inkl. Ergebnis je Aktie), Cash-Flow-Statement, Comprehensive Income, umfassender Konzernanhang.

14.2 Konzernbilanzierung nach HGB, IAS und US-GAAP

	HGB	IAS	US-GAAP
Konsolidierungspflicht	Bei Vorliegen zumindest eines Mutter-Tochter-Verhältnisses durch einheitliche Leitung oder beherrschenden Einfluss.	Konsolidierungspflicht bei beherrschendem Einfluss (Control-Konzept) wenn: – Stimmrechtsmehrheit oder – Bestimmung der Finanz- und Geschäftspolitik des Tochterunternehmens oder – Ernennung oder Abberufung der Mehrheit der Mitglieder des Vorstandes oder eines gleichwertigen Verwaltungsorgans der Tochtergesellschaft oder – Mehrheitsbestimmung bei Sitzungen des Vorstandes oder eines gleichwertigen Verwaltungsorgans der Tochtergesellschaft.	Konsolidierungspflicht von Tochtergesellschaften bei denen ein controlling financial interest besteht; dies ist bei einer mittelbaren oder unmittelbaren Beteiligung von mehr als 50% gegeben. Wenn dem Minderheitengesellschafter participating rights zustehen, kommt es zu keiner Einbeziehungspflicht.
Größenabhängige Befreiung	Keine Konsolidierungspflicht, wenn die Grenzen des § 246 HGB nicht überschritten werden.	Keine größenabhängige Konzernabschlussbefreiung.	Keine größenabhängige Konzernabschlussbefreiung.
Konsolidierungskreis	– Vollkonsolidierung bei einheitlicher Leitung oder beherrschendem Einfluss – Quoten- oder Equity-Konsolidierung bei Gemeinschaftsunternehmen – Equity-Bewertung bei assoziierten Unternehmen.	– Vollkonsolidierung bei beherrschendem Einfluss – Quoten- oder Equity-Konsolidierung bei Gemeinschaftsunternehmen – Equity-Bewertung bei assoziierten Unternehmen.	– Vollkonsolidierung bei beherrschendem Einfluss – Equity-Konsolidierung bei Gemeinschaftsunternehmen – Equity-Konsolidierung bei assoziierten Unternehmen.
Konsolidierungsverbot	Einbeziehungsverbot bei abweichender Tätigkeit.	Einbeziehungspflicht bei abweichender Tätigkeit.	Einbeziehungspflicht bei abweichender Tätigkeit.

14.2 Konzernbilanzierung nach HGB, IAS und US-GAAP

	HGB	IAS	US-GAAP
Konsolidierungswahlrecht	Einbeziehungswahlrecht bei: – erheblichen und andauernden Beschränkungen der Ausübung der Kontrollrechte der Muttergesellschaft – Angaben nicht ohne unverhältnismäßige Verzögerungen oder ohne unverhältnismäßig hohe Kosten – Untergeordnete Bedeutung des Tochterunternehmens.	keine Wahlrechte, aber übergeordneter Wesentlichkeitsgrundsatz.	keine Wahlrechte, aber übergeordneter Wesentlichkeitsgrundsatz.
Befreiender Konzernabschluss	Tochterunternehmen, die selbst Mutterunternehmen sind, müssen idR keinen Konzernabschluss aufstellen, wenn diese Tochtergesellschaft mit allen ihren Tochtergesellschaften in einen übergeordneten Konzernabschluss nach EU-Recht einbezogen ist. Nach § 245a HGB kann ein internationaler Abschluss (IAS/US-GAAP) befreiende Wirkung für die österreichische Konzernabschlusspflicht haben.	Tochterunternehmen sind von der Konzernabschlusspflicht nur befreit, wenn eine 100%ige bzw. zumindest 90%ige Muttergesellschaft einen übergeordneten Konzernabschluss aufstellt. Bei einer zumindest 90%igen Beteiligung müssen die Minderheitengesellschafter zustimmen.	Kein befreiender Konzernabschluss.

14 Internationale Konzernrechnungslegung
14.2 Konzernbilanzierung nach HGB, IAS und US-GAAP

	HGB	IAS	US-GAAP
Einheitliche Bilanzierung und Bewertung	Sämtliche Vermögensgegenstände und Schulden sind nach den anwendbaren Bewertungsmethoden der Muttergesellschaft einheitlich zu bewerten (sachliche und zeitliche Stetigkeit); Bewertung nach HGB Ausnahmen bei: – Sondervorschriften für Banken und Versicherungen – Wesentlichkeitsgrundsatz – Ausnahmefälle – Steuerlich bedingte Sachverhalte.	Bilanzierungs- und Bewertungsmethoden sind einheitlich auszuüben; Bewertung nach IAS. Keine einheitliche Bewertung, wenn aus Praktikabilitätsgründen nicht durchführbar.	Keine spezifischen Regelungen zur einheitlichen Bewertung; die zwingende Anwendung von US-GAAP für alle einbezogenen Unternehmen ergibt sich aus den allgemeinen US-GAAP Bewertungsbestimmungen; Bewertungsmethoden weichen idR zwischen Konzernabschluss und Mutterabschluss nicht ab. Innerhalb des Rahmens des US-GAAP muss keine Vereinheitlichung der Bewertung erfolgen.
Währungsumrechnung	Keine gesetzliche Regelung; Folgende Methoden werden in der Konsolidierungspraxis idR eingesetzt: – Stichtagskursmethode – Modifizierte Stichtagskursmethode – Zeitbezugsmethode. Bei der Stichtagskursmethode werden die Umrechnungsdifferenzen idR erfolgsneutral verrechnet; Umrechnungsdifferenzen zwischen der GuV und Bilanz werden idR in der GuV verrechnet. Bei der Zeitbezugsmethode werden die Umrechnungsdifferenzen idR erfolgswirksam verrechnet.	wie US-GAAP.	Währungsumrechnung nach dem Konzept der funktionalen Währung. Foreign entities (selbständige Tochtergesellschaften) werden nach der modifizierten Stichtagskursmethode umgerechnet (Bilanz mit Stichtagskurs, GuV mit Durchschnittskurs); Stichtagsumrechnungsdifferenzen werden erfolgsneutral im Eigenkapital verrechnet; Umrechnungsdifferenzen zwischen GuV und Bilanz werden ebenfalls im Eigenkapital verrechnet. Foreign operations (unselbständige Tochtergesellschaften) werden nach der Zeitbezugsmethode umgerechnet (es muss demnach jede Bilanzposition differenziert mit dem Stichtagskurs

14 Internationale Konzernrechnungslegung
14.2 Konzernbilanzierung nach HGB, IAS und US-GAAP

	HGB	IAS	US-GAAP
Konzernabschlussstichtag	Stichtag der Muttergesellschaft oder Stichtag der Mehrheit der einbezogenen Gesellschaften; Stichtag eines einbezogenen Einzelabschlusses darf max. 3 Monate vor dem Konzernabschlussstichtag liegen.	Konzernabschlussstichtag ist der Stichtag der Muttergesellschaft; Abschlussstichtage von einbezogenen Tochtergesellschaften dürfen max. 3 Monate vom Konzernabschlussstichtag abweichen (vor oder nach dem Konzernabschlussstichtag!).	des Transaktionsdatums umgerechnet werden); Sämtliche Umrechnungsdifferenzen werden erfolgswirksam behandelt. Grundsätzlich Stichtag der Muttergesellschaft; Stichtag eines Einzelabschlusses darf max. 93 Tage von dem Konzernabschlussstichtag abweichen (vor oder nach dem Konzernabschlussstichtag!).
Erstkonsolidierungsstichtag	– Erwerbszeitpunkt oder – Zeitpunkt der erstmaligen Einbeziehung oder – Bei Stufenerwerb, Zeitpunkt an dem ein Mutter-Tochterverhältnis entstanden ist.	– Erwerbszeitpunkt.	– Erwerbszeitpunkt.
Kapitalkonsolidierung – purchase method	– Buchwertmethode oder – Neubewertungsmethode – Minderheitenanteile werden innerhalb des Eigenkapitals ausgewiesen.	– präferierte Methode: Buchwertmethode – mögliche Alternativmethode: Neubewertungsmethode – Minderheitenanteile werden zwischen Eigen- und Fremdkapital ausgewiesen.	keine genaue Regelung für stille Reserven des Minderheitenanteils; jedoch wir Neubewertungsmethode als zulässig angesehen. Minderheitenanteile werden zwischen Eigen- und Fremdkapital ausgewiesen.
Aufdeckung von stillen Reserven und Lasten	Stille Reserven und Lasten im Eigenkapital der erworbenen Tochtergesellschaft sind zwingend bis zu den Anschaffungskosten der Beteiligung aufzudecken.	Verpflichtende Aufdeckung der stillen Reserven auch über die Anschaffungskosten der Beteiligung.	wie IAS.
Firmenwertaktivierung	Verbleibende aktive Restgröße zwischen aufgewertetem anteiligem Eigenkapital und Beteiligung ist als Firmenwert zu aktivieren.	wie HGB.	wie HGB.

14 Internationale Konzernrechnungslegung
14.2 Konzernbilanzierung nach HGB, IAS und US-GAAP

	HGB	IAS	US-GAAP
Firmenwertverrechnung in der Folgekonsolidierung	– Planmäßige Abschreibung über die Nutzungsdauer oder – Abschreibung mit mindestens 20% jährlich oder – Einmalige erfolgsneutrale Verrechnung im Eigenkapital.	Abschreibung über die voraussichtliche Nutzungsdauer; bei einer Abschreibung über mehr als 20 Jahren muss die Werthaltigkeit jährlich überprüft werden.	Abschreibung über voraussichtliche Nutzungsdauer; idR bis zu 40 Jahre.
Passiver Unterschiedsbetrag	Verbleibende passive Restgröße zwischen aufgewertetem anteiligem Eigenkapital und Beteiligung ist als: – Posten im Eigenkapital oder – Posten im Fremdkapital auszuweisen.	Verbleibende passive Restgröße zwischen aufgewertetem anteiligem Eigenkapital und Beteiligung ist als: – Verbindlichkeit (Rückstellung) auszuweisen, wenn negative Ertragserwartungen bestehen oder – bei keinen negativen Ertragserwartungen als Ertrag zu erfassen.	Passiver Restunterschiedsbetrag wird proportional von den nicht monetären übernommenen Bilanzpositionen in Abzug gebracht.
Interessenszusammenführungsmethode (Pooling of Interest method)	Nicht möglich.	Interessenszusammenführungsmethode verpflichtend bei folgenden Kriterien anzuwenden: – Unternehmenszusammenschluss, bei dem Stimmrechtsmehrheit bei beiden gepoolten Gesellschaften ausgetauscht werden und – die Zeitwerte der beiden Unternehmen nicht wesentlich voneinander abweichen und – es zu keiner Veränderung der relativen Stimmrechtsanteile kommt. Bei der Interessenszusammenführungsmethode werden die Buchwerte der zusammengeführten Unternehmen addiert, ohne	Zwingende Anwendung der pooling of interest method, wenn ein Unternehmenszusammenschluss zwölf in APB Opinion No. 16 definierte Voraussetzungen erfüllt. IdR ist eine Anwendung der pooling of interest method in US-GAAP häufiger möglich als nach den drei Kriterien nach IAS. Die pooling of interest method wird zunehmend abgelehnt. Ein Verbot der pooling of interest method ist zu erwarten.

14 Internationale Konzernrechnungslegung
14.2 Konzernbilanzierung nach HGB, IAS und US-GAAP

	HGB	IAS	US-GAAP
Quoten-konsolidierung	Unternehmen, die gemeinschaftlich mit einem Nicht-Konzernunternehmen geführt werden, können nach – der Quotenkonsolidierung oder – der Equity-Bewertung einbezogen werden.	eine Aufwertung der Vermögensgegenstände und Schulden vorzunehmen und einen Firmenwert zu aktivieren. Bei Gemeinschaftsunternehmen ist die Quotenkonsolidierung die bevorzugte Einbeziehungsmethode. Neben der Quotenkonsolidierung ist als allowed alternativ method die Equity-Bewertung möglich. Die Quotenkonsolidierung kann auch line by line erfolgen, dh dass die Bilanzpositionen jeweils für voll- und quotenkonsolidierte Gesellschaften getrennt gezeigt werden. Im Anhang müssen sämtliche Vermögenswerte und Schuldpositionen der quotenkonsolidierten Gesellschaften getrennt gezeigt werden.	Keine Quotenkonsolidierung vorgesehen; Gemeinschaftsunternehmen werden at equity einbezogen.
Equity-Bewertung	Assoziierte Unternehmen (idR Beteiligungen zwischen 20 und 50%) sind nach der Equity-Bewertung zu erfassen. Gemeinschaftsunternehmen können ebenfalls nach der Equity-Methode erfasst werden. Es besteht ein Wahlrecht, den Firmenwert innerhalb des Equity-Beteiligungsansatzes (Buchwertmethode) oder getrennt innerhalb des immateriellen Anlagevermögens (Kapitalanteilsmethode) zu zeigen.	Wie HGB Keine bestimmte Regelung bzgl des Ausweises des Firmenwertes, idR wird der Firmenwert daher innerhalb der Equity-Beteiligung ausgewiesen (Buchwertmethode).	Wie HGB, mit dem Unterschied, dass bereits die Möglichkeit eines maßgeblichen Einflusses zur Equity-Bewertung verpflichtet. Bei Beteiligungen <20% wird wie im HGB ein maßgeblicher Einfluss verneint.

14 Internationale Konzernrechnungslegung
14.2 Konzernbilanzierung nach HGB, IAS und US-GAAP

	HGB	IAS	US-GAAP
	Assoziierte Unternehmen unterliegen nur wahlweise der einheitlichen Bewertung.	Assoziierte Unternehmen sollten grundsätzlich einheitlich bewertet werden, nur aus Praktikabilitätsgründen kann eine einheitliche Bewertung unterlassen werden.	
	Liegt kein Abschluss zum Konzernabschlussstichtag vor, kann ein Vorjahresabschluss für die Equity-Bewertung herangezogen werden.	wie HGB.	
Zwischenergebniseliminierung	Konzerninterne Zwischenergebnisse sind zu eliminieren; nach HGB sind folgende Ausnahmen vorgesehen: – Wesentlichkeit – Lieferung oder Leistung zu marktüblichen Bedingungen und Eliminierung nicht ohne unverhältnismäßig hohen Aufwand möglich.	Zwischenergebnisse sind zwingend zu eliminieren; durch den übergeordneten Wesentlichkeitsgrundsatz können unwesentliche Zwischenergebnisse uU beibehalten werden.	wie IAS.
Schuldenkonsolidierung	Konzerninterne schuldrechtliche Verhältnisse sind zu eliminieren. Unwesentliche konzerninterne Forderungen und Verbindlichkeiten müssen nicht eliminiert werden.	Grundsätzlich wie HGB. Die Befreiung bei unwesentlichen Forderungen und Verbindlichkeiten ist nicht explizit vorgesehen, ergibt sich aber aus dem übergeordneten Wesentlichkeitsgrundsatz.	wie IAS.
		Kursdifferenzen aus schuldrechtlichen Verhältnissen bei langfristigen Gesellschafterdarlehen, die wirtschaftlich mit einer Eigenkapitalfinanzierung vergleichbar sind, müssen zwingend erfolgsneutral erfasst werden.	wie IAS.

	HGB	IAS	US-GAAP
Aufwands- und Ertrags- konsolidierung	Konzerninterne Aufwendungen und Erträge sind bei Wesentlichkeit zu eliminieren.	Konzerninterne Aufwendungen und Erträge sind zwingend zu eliminieren; Ausnahmen sind nicht vorgesehen.	wie IAS.
Abgrenzung latenter Steuern	Latente Steuern auf zeitlich befristete Differenzen zwischen steuerlichem Ergebnis und Einzel- bzw. Konzernergebnis; Wahlrecht für aktive latente Steuern aus dem Einzelabschluss (partielle Steuerabgrenzung);	Latente Steuern auf sämtliche temporären Unterschiede zwischen den Steuerwerten und den IAS-Werten von Vermögensgegenständen und Schulden (umfassende Steuerabgrenzung).	wie IAS.
	IdR keine Steuerabgrenzung auf aktivierte stille Reserven und Lasten.	Steuerabgrenzung auf aktivierte stille Reserven und Lasten.	
	Verbot von Verlustvortragsaktivierung.	Aktive latente Steuern auf Verlustvorträge.	
	Vollständige Saldierungsmöglichkeit von aktiven und passiven latenten Steuern im Konzernabschluss.	Saldierung von aktiven und passiven latenten Steuern gegenüber der selben Steuerbehörde.	

14.3 Erstmaliger IAS- oder US-GAAP-Abschluss

14.3.1 Zeithorizont für die Umstellung

Übereinstimmend mit den österreichischen gesetzlichen Bestimmungen sind gem IAS 1.38 (revised) für sämtliche Zahlenangaben Vorjahreswerte anzuführen. Neben den Bilanzvorjahreszahlen sind für einen vollständigen IAS-Abschluss somit auch für die GuV Vorjahreswerte bereitzustellen. Um vollständige Vorjahresflussgrößen ermitteln zu können, ist für den Beginn der Vorjahresperiode eine Eröffnungsbilanz nach IAS Grundsätzen aufzustellen.

Ist bspw geplant, für den 31.12.2001 erstmals einen vollständigen Konzernabschluss gem IAS zu veröffentlichen, ist eine IAS-Konzerneröffnungsbilanz auf den 1.1.2000 (= 31.12.1999) notwendig. Die Veröffentlichung eines vollständigen IAS Konzernabschlusses erfordert somit Konzernbilanzen von zumindest drei Konzernbilanzstichtagen. US-GAAP Grundsätze erfordern vier Konzernbilanzen, da gem US-GAAP zwei Vorjahresperioden als Vergleichswerte anzuführen sind. Die vollständige Veröffentlichung eines IAS-Abschlusses benötigt entweder eine lange (uU zweijährige) Vorlaufzeit oder eine problematische Umwertung bzw. Rückrechnung von Vergangenheitswerten. Die Umstellung auf internationale Bilanzierungsnormen läßt sich demnach alleine wegen notwendiger Vorjahresvergleichswerte nicht adhoc durchführen und erfordert eine frühzeitige Planung und Vorbereitung für die erstmalige IAS-Veröffentlichung.

Vorlaufzeit zur Veröffentlichung eines IAS-Konzernabschlusses:

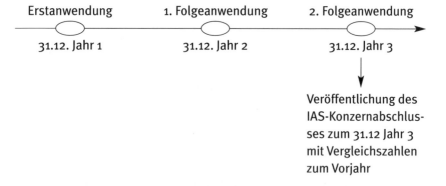

14.3.2 Notwendige Projektschritte

Neben der reinen Umwertung von Bilanzpositionen erfordert die Umstellung im Zuge der erstmaligen IAS-Konzernbilanzierung zusätzliche teilweise aufwendige Arbeitsschritte. Neben der Ermittlung von Eigenkapital- und Ergebnisauswirkungen, müssen die konzernspezifischen Bilanzierungs- und Bewertungsnormen definiert, Finanz- und EDV-Datengrundlagen geschaffen, Mitarbeiter geschult und die Eröffnungsbilanz exakt ermittelt werden.

Schließlich ist die inhaltliche Veröffentlichung zu bestimmen und im Rahmen von Investor-Relations-Aktivitäten zu kommunizieren. In der nachfolgenden Darstellung werden die einzelnen organisatorischen Umstellungsschritte dargestellt und ein möglicher Zeitraster definiert.

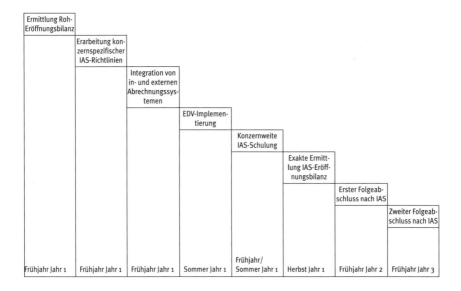

Die Einführung von IAS-Normen im Konzernrechnungswesen ist stark von der jeweiligen Konzernstruktur der Unternehmensgruppe abhängig. Stark dezentrale Konzerne mit lokalen internationalen Tochtergesellschaften müssen dabei im Rahmen der Umstellung erheblich größere organisatorische Hürden überwinden, da die notwendigen IAS Einzelabschlüsse idR vor Ort von den jeweiligen Landesgesellschaften aufzustellen sind, und daher eine zentrale Umstellung ohne Schulungsmaßnahmen bei Tochtergesellschaften und der Einführung von technischen und organisatorischen Rahmenbedingungen nicht möglich ist. Aber auch bei kleineren österreichischen Konzernen bedeutet die Umstellung auf IAS-Normen einen erheblichen Arbeitsaufwand, der vor allem auch durch das Umdenken der jeweiligen Rechnungswesenmitarbeiter in eine neue „Rechnungswesenphilosophie" begleitet ist.

14.3 Erstmaliger IAS- oder US-GAAP-Abschluss

15 Organisationsgrundsätze zur Konzernabschlusserstellung

15.1 Einleitung

Gem § 244 Abs. 1 HGB muss der Konzernabschluss gemeinsam mit dem Jahresabschluss der Muttergesellschaft innerhalb von 5 Monaten nach dem Abschlussstichtag dem Aufsichtsrat und der Hauptversammlung (Generalversammmlung) vorgelegt werden. Innerhalb dieser 5 Monate müssen daher die eingezogenen Einzelabschlüsse aufgestellt, geprüft und an die Muttergesellschaft übermittelt werden, der Konzernabschluss erstellt und ebenfalls geprüft werden. Börsenotierte Konzerne veröffentlichen die konsolidierte Jahresrechnung oftmals viel früher (innerhalb der ersten drei Monate), um den hohen Informationsbedürfnissen der Aktionäre Rechnung zu tragen.

Die Konzernabschlusserstellung ist infolgedessen vor allem ein zeitliches und organisatorisches Problem und weniger eine bilanz- bzw konsolidierungstechnische Herausforderung. Dies auch deshalb, da an der Erstellung des Konzernabschlusses nicht nur die zentrale Konsolidierungsstelle selbst, sondern auch die einzelgesellschaftlichen Rechnungswesenmitarbeiter und Wirtschaftsprüfer und der Konzernabschlussprüfer beteiligt sind. Für eine ordnungsgemäße Konzernabschlusserstellung sind im Vorfeld die Verantwortlichkeiten, der zeitliche Ablauf und die Art und der Umfang der Datenanlieferung genau zu definieren. Die zentrale Konsolidierungsstelle benötigt daher neben dem technischen Konzernbilanzierungs-Know-how vor allem auch Projektmanagementfähigkeiten.

Die nachfolgende Darstellung zeigt sämtliche Arbeitsschritte von der lokalen Handelsbilanz I bis zum geprüften Konzernabschluss:

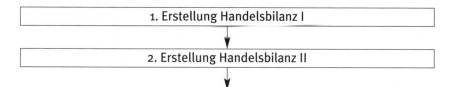

15 Organisationsgrundsätze zur Konzernabschlusserstellung
15.1 Einleitung

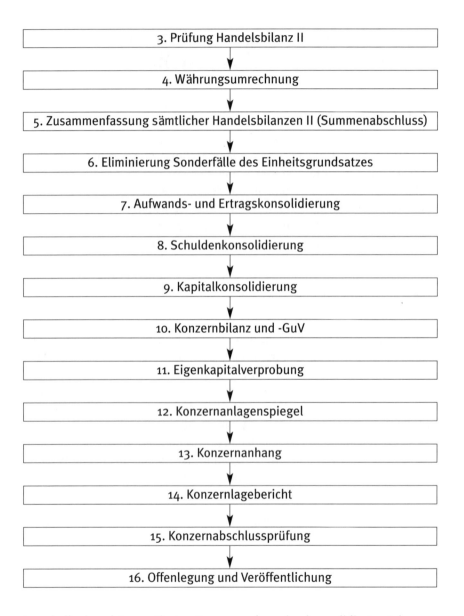

Innerhalb eines börsenotierten Konzerns, der seine konsolidierten Jahresergebnisse bspw. innerhalb der ersten drei Monate nach dem Konzernabschlussstichtag veröffentlichen möchte, könnte die zeitliche Koordination der einzelnen Arbeitsschritte wie folgt aussehen:

Tätigkeit, Erfordernis	Termin	Verantwortlich
Versendung Anweisung für lokale Abschlussprüfer	31 10 00	Konzernabschlussprüfer
Versendung Planungsmemo von lokalem WP	07 12 00	lokaler Abschlussprüfer
Letzte konzernint. Bank-Überweisungen	20 12 00	lokales Rechnungswesen
Letzte konzernint. Fakturierung	10 01 01	lokales Rechnungswesen
Aussendung Saldenabstimmung im Konzern	10 01 01	lokales Rechnungswesen
Abgestimmte Salden Konzern	17 01 01	lokales Rechnungswesen
Fertigstellung Einzelabschluss (HB I und HB II)	31 01 01	lokales Rechnungswesen
Geprüfter Einzelabschluss (HB I, HB III)	15 02 01	lokaler Abschlussprüfer
Formularpaket an zentrale Konsolidierungsstelle	15 02 01	lokales Rechnungswesen
Fertigstellung Konzernabschluss	08 03 01	Konsolidierungsstelle
Geprüfter Konzernabschluss	15 03 01	Konzernabschlussprüfer

Neben der Koordination der einzelnen beteiligten Personen, muss auch innerhalb der zentralen Konsolidierungsstelle eine Ablaufplanung bestehen, da die einzelnen Konsolidierungsarbeiten idR nicht parallel sondern nur nachgelagert erfolgen können. Bspw wird der Summenabschluss und die Kapitalkonsolidierung erst nach der Währungsumrechnung bearbeitet.

Aufbauend auf dem konzernweiten oben beispielhaft angeführten Terminplan könnte eine interne Ablaufplanung der Konsolidierungsarbeiten wie folgt aussehen, wenn zusätzlich zum Konzernabschluss auch Teilkonzernabschlüsse erstellt werden:

		Woche 15.2.–21.2	Woche 22.2.–28.2	Woche 1.3.–7.3.	Woche 8.3.–14.3.
1	Einlagen Formpackages HGB	15.2			
2	Telefonische Urgenz nicht eingelangter Formularpakete	●			
3	Vollständige Erfassung der Daten im Konsolidierungssystem	●	●		
4	Verprobung Formularpakete (S/H, Querchecks, Vollständigkeit, etc.)		●	●	●
5	Korrektur- und Anpassungsbuchungen und Eigenkapitalverprobung		●	●	●

15 Organisationsgrundsätze zur Konzernabschlusserstellung
15.2 Bilanzierungs- und Konsolidierungshandbuch

		Woche 15.2.–21.2	Woche 22.2.–28.2	Woche 1.3.–7.3.	Woche 8.3.–14.3.
6	Vollständig korrekt erfasster Anlagenspiegel je Gesellschaft	●	●	●	
7	Vollständig korrekt erfasster Rückstellungsspiegel je Gesellschaft	●	●	●	
8	Telefonische Urgenz nicht eingelangter HB-I-Bilanzen Equity-Ges.		●		
9	Schuldenkonsolidierung in den „Teilkonzernen"		●	●	
10	Aufwands-/Ertragskonsolidierung in den „Teilkonzernen"		●	●	
11	Equitykonsolidierung in den „Teilkonzernen"		●	●	
12	Kapitalkonsolidierung in den „Teilkonzernen"		●	●	
13	Fertigstellung Teilkonzernabschlüsse			●	
14	Finanzinstrumente			●	●
15	konsolidierter Anlagenspiegel			●	●
16	konsolidierter Rückstellungsspiegel			●	●
17	Fertigstellung Gesamtkonzernabschluss				●
18	Cash-Flow Statement				●
19	Segmentberichterstattung				●
20	Konsolidierte Anhangsangaben				●
21	Reinschrift Bilanz GuV Anhang Konzernabschluss				●
22	Prüfung Konzernabschluss	●	●	●	●

15.2 Bilanzierungs- und Konsolidierungshandbuch

In international tätigen Großkonzernen wird die Konzernabschlusserstellung idR durch eine zentrale Konsolidierungsstelle vorgenommen. Die einzelgesellschaftlichen Rechnungswesen liefern die notwendigen Datengrundlagen vorzugsweise bereits nach einheitlichen Bilanzierungs-, Bewertungs- und Gliederungsstandards EDV-unterstützt an die Muttergesellschaft. Eine zentrale Umwertung bzw Angleichung der lokalen Einzelabschlüsse durch die Konsolidierungstelle ist idR nicht möglich, da in einem internationalen Konzern sehr viele lokale unterschiedliche Rechnungslegungsvorschriften zur Anwendung kommen und die zentrale Konsolidierungsstelle daher nicht sämtliche notwendigen Überleitungen erarbeiten kann. Die Überleitung von der lokalen Gliederung, Bewertung und Bilanzierung auf die vorgegebenen Konzernstandards muss daher lokal von den einbezogenen Tochtergesellschaften erfolgen.

Zu diesem Zweck sind die einzelgesellschaftlichen Bilanzierungsverantwortlichen zu schulen und durch Richtlinien über die Konzernstandards zu informieren. Dies geschieht üblicherweise durch ein Bilanzierungs- bzw Konsolidierungshandbuch. Neben reinen Bilanzierungs- und Bewertungsbestimmungen sollten auch organisatorische Fragen des Rechnungswesen in diesen Richtlinien behandelt werden (zB konzerninterne Saldenabstimmung, Bestellung und Abberufung von Wirtschaftsprüfern etc.). Das Bilanzierungs- bzw Konsolidierungshandbuch wird oftmals als Loseblattsammlung an die einzelnen Konzerntochtergesellschaften und deren lokalen Wirtschaftsprüfern verschickt und laufend aktualisiert. Neue Medien (zB Internet, Intranet, CD-ROM) können die Verwendung, Verteilung und Aktualisierung solcher Richtlinien erheblich vereinfachen.

Zur Verbesserung der Akzeptanz der konzernweit verbindlichen Bilanzierungs- und Konsolidierungsrichtlinie sind folgende Punkte bei der erstmaligen Konzeption zu beachten:

- Bereits vorhandene einzelgesellschaftliche Bilanzierungsregelungen sollten weitgehend integriert werden;

- Die konzernweiten Bilanzierungs- und Bewertungsvorschriften sollten einen gemeinsamen Nenner im Konzern abbilden;

- Für notwendige Umwertungen auf den Konzernstandard müssen Wesentlichkeitsgrenzen definiert werden (besser die wesentlichen Sachverhalte richtig umwerten, als zu viele Sachverhalte fehlerhaft);

- Die Richtlinie ist mit dem Konzernabschlussprüfer abzustimmen;

- Vor der endgültigen Verabschiedung sollten alle Rechnungswesenmitarbeiter eine Kommentarmöglichkeit haben.

Möglicher Aufbau einer Bilanzierungs- und Konsolidierungsrichtlinien in einem international tätigen Konzern:

VORWORT durch den Konzernvorstand

1. ALLGEMEINES

   1.1 Begriffsbestimmungen

   1.1.1 Konzernabschlussstichtag

   1.1.2 Konzernwährung

   1.1.3 Going concern Prinzip

   1.1.4 Verbundene Unternehmen

   1.1.5 Unternehmen mit denen ein Beteiligungsverhältnis besteht

   1.1.6 Handelsbilanz I (HB I)

   1.1.7.1 Handelsbilanz II (HB II)

   1.1.7.2 Wesentlichkeitsgrenzen für die HB II-Umwertung

   1.1.7.3 Nachträgliche Änderungen nach Abgabe Formpackage (HB II)

   1.1.8 Zeitpunkt der Gewinnrealisierung

   1.1.9 Drohende Verluste

   1.1.10 Bewertungsstetigkeit

   1.1.11 Ansatzwahlrechte

   1.1.12 Grundsatz der Einzelbewertung

   1.1.13 Grundsatz der Stichtagsbewertung

   1.1.13.1 Wertaufhellende Tatbestände

   1.1.13.2 Ereignisse nach dem Bilanzstichtag

   1.1.14 Berichterstattung durch den lokalen Abschlussprüfer

   1.2 Gliederung

   1.3 Formpackage

   1.4 Saldenabstimmung innerhalb des Konzerns

   1.5 Fremdwährungsumrechnung - Einheitliche Verrechnungskurse

1.6 Zahlungssperrfrist

1.7 Saldenabstimmung mit externen Unternehmen

1.8 Bankenabstimmung, Rechtsanwaltsbrief

2. ANLAGEVERMÖGEN

2.1 Wirtschaftliches Eigentum

2.2 Bewertung

2.3 Positionen Anlagevermögen

3. UMLAUFVERMÖGEN

3.1 Allgemeines

3.2 Bewertung

3.3 Positionen des Umlaufvermögens

4. PASSIVA

4.1 Eigenkapital

4.2 Unversteuerte Rücklagen

4.3 Sonderfinanzierungsinstrumente

4.4 Rückstellungen

4.5 Verbindlichkeiten

4.6 Rechnungsabgrenzungsposten

5. EVENTUALVERBINDLICHKEITEN

6. GEWINN- UND VERLUSTRECHNUNG

7. ANHANGSANGABEN

8. DAS INTERNE KONTROLLSYSTEM (IKS)

15.3 Grundsätze der Datenbereitstellung

Der wesentlichste Teilbereich der Konzernabschlusserstellung ist die Datenbereitstellung von den Tochtergesellschaften. Werden die Daten sämtlicher einbezogener Tochtergesellschaften vollständig, fehlerfrei, termingerecht und vom Wirtschaftsprüfer geprüft in einer weiterzuverarbeitenden Struktur (EDV-Berichtssystem) angeliefert, so können die eigentlichen Konsolidierungsarbeiten sehr rasch und automatisiert erfolgen.

Die Datenbereitstellung geschieht in mittelgroßen und großen Konzernen idR durch ein mehrsprachiges, EDV-gestütztes Formularwesen. Im Idealfall können die jeweiligen Tochtergesellschaften aus ihrem lokalen EDV-Buchhaltungssystem die Daten automatisiert in das Konzern-Berichtswesen übernehmen. Der erstmaligen Erarbeitung des Konzern-Berichtswesens sollte höchste Aufmerksamkeit geschenkt werden, da nachträgliche Datenabfragen, mangelnde Bedienerfreundlichkeit und EDV-Systemfehler die spätere zentrale Konsolidierungsarbeit erheblich beeinträchtigen.

Das EDV-gestützte Formularwesen sollte folgende Aufgaben und Funktionen beinhalten:

- Vollständige Abfrage sämtlicher relevanter Daten (sämtliche Eventualitäten müssen abgedeckt sein)

- Eingabe- und Fehlerkontrollen

- Hilfefunktionen

- Speicherungs- und Ausdruckmöglichkeiten

- Vermeidung von Datenredundanz (Doppelerfassung von Daten)

- Bedienerfreundlich

- Mehrsprachig

- Datentransfer (Standleitung, e-mail, Diskette)

Voraussetzung für die Erarbeitung des Berichtswesens ist eine einheitliche Konzernabschlussgliederung. Sämtliche eingeforderten Einzelabschlüsse müssen in einem konzerneinheitlichen Gliederungsschema angeliefert werden. Das Konzerngliederungsschema (Bilanz und GuV) hat zumindest sämtliche Positionen der Bilanz- und GuV-Gliederung der §§ 224 u 231 HGB zu enthalten. Im Vorfeld ist somit auch eine Entscheidung notwendig, ob die Konzern-GuV nach dem Gesamtkostenverfahren oder dem Umsatzkostenverfahren erstellt wird. Ratsam ist eine Erweiterung des Konzerngliederungsschemas gegenüber den Mindesterfordernissen des HGB, da ansonsten auf Konzernebene nur mehr schwer Aussagen über den Inhalt von einzelnen Bilanz- oder GuV-Positionen gemacht werden können. So sollten bspw die sonstigen übrigen betrieblichen Erträge oder Aufwendungen, die sonstigen Forderungen und Verbindlichkeiten oder die sonstigen Rückstellungen tiefer untergliedert werden, um spätere Informationsbedürfnisse der Konzernbilanzadressaten befriedigen zu können. Erfahrungen aus der Praxis zeigen, dass tlw über 200 Positionen für Bilanz und GuV vergeben werden (WEISS, S. 520 in HdK). Zahlreiche Bilanz- und GuV-Positionen bestehen gegenüber oder resultieren aus anderen Konzernunternehmen (zB Beteiligungen, Forderungen, Verbindlichkeiten, Umsatzerlöse etc.). Diese Verbundbeziehungen sollten ebenfalls bereits direkt in der Konzernabschlussgliederung abgefragt werden. Bei Bilanz- oder GuV-Positionen mit möglichen Verbundbeziehungen sollte die berichtende Tochtergesellschaft sofort in der Bilanz oder GuV eine Aufsplittung in die jeweiligen Konzerngesellschaften mit Betrag und Kennung des anderen Konzernunternehmens anführen.

Ein Berichtssystem eines internationalen Großkonzerns könnte bspw folgenden Inhalt haben:

- GuV nach Konzerngliederungsschema inkl Aufsplittung von Verbundbeziehungen

- Bilanz nach Konzerngliederungsschema inkl Aufsplittung von Verbundbeziehungen

- Erfassungsformular zur Steuerabgrenzung

- Beteiligungsspiegel

- Anlagenspiegel

- Eigenkapitalentwicklung bzw -verprobung

- Rückstellungsspiegel
- Verkäufe (Anlage- und Umlaufvermögen) von Konzernunternehmen
- Käufe (Anlage- und Umlaufvermögen) von Konzernunternehmen
- Anhangsangaben (Fristigkeitsspiegel, Mitarbeiter, Leasing etc. etc.)
- Finanzinstrumente
- Wirtschaftsprüferbestätigung

Die Konsolidierungsmeldungen erfolgen idR in der lokalen Währung der Tochtergesellschaft und werden in der zentralen Konsolidierungsstelle automatisiert in die Konzernwährung umgerechnet. Im Zuge einer ordnungsgemäßen Konzernabschlusserstellung sollten zahlreiche Plausibilitätsprüfungen während der gesamten Datenanlieferung stattfinden. Sämtliche Detailinformationen (Anlagenspiegel, Anhangsangaben etc) müssen mit der Bilanz und GuV abgestimmt sein (idR automatisierte Kontrollen). Das Berichtssystem des Konzernrechnungswesens sollte möglichst integriert, dh mit Berichtssystemen anderer Bereiche abgestimmt sein. Die häufigsten Probleme im Bereich der Datenbeschaffung ergeben sich durch konzernintern nicht abgestimmte Salden (Saldendifferenzen), mangelndes Bilanzierungs- und Konzernrechnungswesen-Know-how bei den Tochtergesellschaften, Akzeptanz des umfangreichen Berichtspaketes bei den Tochtergesellschaften und technische Probleme.

15.4 EDV-Umsetzung

Neben dem Einsatz von Bilanzierungs- und Konsolidierungshandbüchern, Terminplänen und Schulungsveranstaltungen kommt dem Einsatz einer geeigneten Software-Lösung für die erfolgreiche Konzernbilanzierung hohe Bedeutung zu.

Das Softwarepaket sollte im Idealfall dabei folgende Aufgaben erfüllen:

- Dezentral installiertes Berichtswesen für die Datenbereitstellung von den Tochterunternehmungen an die Muttergesellschaft (uU mehrsprachig)

15.4 EDV-Umsetzung

- Analyse und Kontrollfunktion der übermittelten Daten und der Möglichkeit fehlerhafte Daten kommentiert zu korrigieren

- Automatisierte Währungsumrechnung

- Summenabschlusserstellung inkl. anteiliger Übernahme bei Gemeinschaftsunternehmen

- Automatisierte Durchführung der Kapital-, Schulden-, Aufwands- und Ertrags-, Equity- und Zwischenergebniseliminierung samt dazugehörigen Steuerabgrenzungen

- Automatisierte Erstellung von Anlagenspiegel, Rückstellungsspiegel und Anhangsangaben

- Analyseinstrumente

Die Art und der Umfang der eingesetzten Software ist abhängig von den Bedürfnissen und der Struktur des Konzerns. Kleine inländische Konzerne werden uU mit einer PC-gestützten Tabellenkalkulation (zB Excel) das Auslangen finden. Internationale Großkonzerne benötigen idR weltweit vernetzte EDV-Systeme, die neben unterjähriger Konsolidierung auch die Möglichkeit bieten, Planabschlüsse für mehrere Perioden bzw. sonstige Controllinginstrumente (Monatsberichtserstattung, Investitionscontrolling, etc.) zu bearbeiten. Das eingesetzte EDV-System in international tätigen Großkonzernen muss in jedem Fall sowohl im internen (Kostenrechnung, Controlling) als auch im externen (Bilanzierung, Konzernabschluss) Rechnungswesen einsetzbar sein bzw zumindest einen einfachen Datentransfer zwischen verschiedenen Systemen ermöglichen.

Die am häufigsten eingesetzten PC-gestützten Softwarepakete werden von folgenden Produzenten angeboten (JANSCHEK, Konzernrechnungslegung, S. 110f; ISIS-PC-REPORT, NOMINA-Verlag, München):

PC-Konsol	Schitag Ernst & Young
CONCEPT	KPMG Deutsche Treuhand-Gesellschaft
AA-WELT	CORITEL Informatik Andersen Consulting GmbH
FRANGO	Frango AG

15.4 EDV-Umsetzung

Durch den hohen vorhandenen Standard an Konsolidierungs-EDV-Systemen ist von einer In-Haus-Entwicklung einer eigenen EDV-Lösung Abstand zu nehmen, da dies idR fehleranfälliger, zeit- und kostenintensiver als die externe Anschaffung ist.

Trotz des Einsatzes einer geeigneten EDV-Lösung gibt es keine „Konsolidierung auf Knopfdruck". EDV-Systeme können nur wiederkehrende Abläufe automatisieren, der manuelle Eingriff in das System bei Sonderproblemen (zB konzerninternen Umgründungen, Korrektur von Fehlern in den übermittelten Daten) ist niemals zu vermeiden. Der reibungslose EDV-Einsatz ist auch nur dann möglich, wenn sowohl die Mitarbeiter in der zentralen Konsolidierungsstelle als auch die berichtenden Mitarbeiter in den Tochtergesellschaften laufend geschult werden und das EDV-System gemeinsam mit dem Systemanbieter laufend verbessert und an neue EDV-Entwicklungen angepasst wird.

16 Gesetzliche Grundlagen

16.1 Auszug aus dem Handelsgesetzbuch*

Eröffnungsbilanz, Jahresabschluss, Pflicht zur Aufstellung

§ 193. (1) Der Kaufmann hat zu Beginn seines Handelsgewerbes eine Eröffnungsbilanz nach den Grundsätzen ordnungsmäßiger Buchführung aufzustellen.

(2) Er hat sodann für den Schluß eines jeden Geschäftsjahrs in den ersten neun Monaten des Geschäftsjahrs für das vorangegangene Geschäftsjahr einen Jahresabschluß aufzustellen.

(3) Die Dauer des Geschäftsjahrs darf zwölf Monate nicht überschreiten.

(4) Der Jahresabschluß besteht aus der Bilanz und der Gewinn- und Verlustrechnung; er ist in Euro und in deutscher Sprache unbeschadet der volksgruppenrechtlichen Bestimmungen in der jeweils geltenden Fassung aufzustellen.

Unterzeichnung

§ 194. Der Jahresabschluß ist vom Kaufmann unter Beisetzung des Datums zu unterzeichnen. Sind mehrere persönlich haftende Gesellschafter vorhanden, so haben sie alle zu unterzeichnen.

Inhalt des Jahresabschlusses

§ 195. Der Jahresabschluß hat den Grundsätzen ordnungsmäßiger Buchführung zu entsprechen. Er ist klar und übersichtlich aufzustellen. Er hat dem Kaufmann ein möglichst getreues Bild der Vermögens- und Ertragslage des Unternehmens zu vermitteln.

Vollständigkeit, Verrechnungsverbot

§ 196. (1) Der Jahresabschluß hat sämtliche Vermögensgegenstände, Rückstellungen, Verbindlichkeiten, Rechnungsabgrenzungsposten, Aufwendungen und Erträge zu enthalten, soweit gesetzlich nichts anderes bestimmt ist.

Handelsgesetzbuch idF. BGBl. I Nr. 187/1999

(2) Posten der Aktivseite dürfen nicht mit Posten der Passivseite, Aufwendungen dürfen nicht mit Erträgen, Grundstücksrechte nicht mit Grundstückslasten verrechnet werden.

Bilanzierungsverbote

§ 197. (1) Aufwendungen für die Gründung des Unternehmens und für die Beschaffung des Eigenkapitals dürfen nicht als Aktivposten in die Bilanz eingestellt werden.

(2) Für immaterielle Gegenstände des Anlagevermögens, die nicht entgeltlich erworben wurden, darf ein Aktivposten nicht angesetzt werden.

Inhalt der Bilanz

§ 198. (1) In der Bilanz sind das Anlage- und das Umlaufvermögen, das Eigenkapital, die unversteuerten Rücklagen, die Rückstellungen, die Verbindlichkeiten sowie die Rechnungsabgrenzungsposten gesondert auszuweisen und unter Bedachtnahme auf die Grundsätze des § 195 aufzugliedern.

(2) Als Anlagevermögen sind die Gegenstände auszuweisen, die bestimmt sind, dauernd dem Geschäftsbetrieb zu dienen.

(3) Die Aufwendungen für das Ingangsetzen und Erweitern eines Betriebes dürfen als Aktivposten ausgewiesen werden. Der Posten ist in der Bilanz vor dem Posten „Anlagevermögen" unter der Bezeichnung „Aufwendungen für das Ingangsetzen und Erweitern eines Betriebes" auszuweisen.

(4) Als Umlaufvermögen sind die Gegenstände auszuweisen, die nicht bestimmt sind, dauernd dem Geschäftsbetrieb zu dienen.

(5) Als Rechnungsabgrenzungsposten sind auf der Aktivseite Ausgaben vor dem Abschlußstichtag auszuweisen, soweit sie Aufwand für eine bestimmte Zeit nach diesem Tag sind.

(6) Als Rechnungsabgrenzungsposten sind auf der Passivseite Einnahmen vor dem Abschlußstichtag auszuweisen, soweit sie Ertrag für eine bestimmte Zeit nach diesem Tag sind.

(7) Ist der Rückzahlungsbetrag einer Verbindlichkeit zum Zeitpunkt ihrer Begründung höher als der Ausgabebetrag, so darf der Unterschiedsbetrag in den

Rechnungsabgrenzungsposten auf der Aktivseite aufgenommen und muß dann gesondert ausgewiesen werden. Der eingesetzte Betrag ist durch planmäßige jährliche Abschreibung zu tilgen.

(8) Für Rückstellungen gilt folgendes:

1. Rückstellungen sind für ungewisse Verbindlichkeiten und für drohende Verluste aus schwebenden Geschäften zu bilden, die am Abschlußstichtag wahrscheinlich oder sicher, aber hinsichtlich ihrer Höhe oder dem Zeitpunkt ihres Eintritts unbestimmt sind.

2. Rückstellungen dürfen außerdem für ihrer Eigenart nach genau umschriebene, dem Geschäftsjahr oder einem früheren Geschäftsjahr zuzuordnende Aufwendungen gebildet werden, die am Abschlußstichtag wahrscheinlich oder sicher, aber hinsichtlich ihrer Höhe oder dem Zeitpunkt ihres Eintritts unbestimmt sind. Derartige Rückstellungen sind zu bilden, soweit dies den Grundsätzen ordnungsmäßiger Buchführung entspricht.

3. Andere Rückstellungen als die gesetzlich vorgesehenen dürfen nicht gebildet werden. Eine Verpflichtung zur Rückstellungsbildung besteht nicht, soweit es sich um Beträge von untergeordneter Bedeutung handelt.

4. Rückstellungen sind insbesondere zu bilden für
   a) Anwartschaften auf Abfertigungen,
   b) laufende Pensionen und Anwartschaften auf Pensionen,
   c) Kulanzen, nicht konsumierten Urlaub, Jubiläumsgelder, Heimfallasten und Produkthaftungsrisken.

(9) Ist der dem Geschäftsjahr und früheren Geschäftsjahren zuzurechnende Steueraufwand zu niedrig, weil der nach den steuerrechtlichen Vorschriften zu versteuernde Gewinn niedriger als das handelsrechtliche Ergebnis ist, und gleicht sich der zu niedrige Steueraufwand in späteren Geschäftsjahren voraussichtlich aus, so ist in Höhe der voraussichtlichen Steuerbelastung nachfolgender Geschäftsjahre eine Rückstellung zu bilden und in der Bilanz gesondert auszuweisen oder im Anhang gesondert anzugeben. Soweit eine unversteuerte Rücklage (§ 205) ausgewiesen ist, bedarf es einer solchen Rückstellung nicht. Die Rückstellung ist aufzulösen, sobald die höhere Steuerbelastung eintritt oder mit ihr voraussichtlich nicht mehr zu rechnen ist.

16 Gesetzliche Grundlagen
16.1 Auszug aus dem Handelsgesetzbuch

(10) Ist der dem Geschäftsjahr und früheren Geschäftsjahren zuzurechnende Steueraufwand zu hoch, weil der nach den steuerrechtlichen Vorschriften zu versteuernde Gewinn höher als das handelsrechtliche Ergebnis ist, und gleicht sich der zu hohe Steueraufwand in späteren Geschäftsjahren voraussichtlich aus, so darf in Höhe der voraussichtlichen Steuerentlastung nachfolgender Geschäftsjahre ein Abgrenzungsposten auf der Aktivseite der Bilanz gebildet werden, der gesondert auszuweisen ist. Der Betrag ist aufzulösen, sobald die Steuerentlastung eintritt oder mit ihr voraussichtlich nicht mehr zu rechnen ist.

Haftungsverhältnisse
§ 199. Unter der Bilanz sind Verbindlichkeiten aus der Begebung und Übertragung von Wechseln, Bürgschaften, Garantien sowie sonstigen vertraglichen Haftungsverhältnissen, soweit sie nicht auf der Passivseite auszuweisen sind, zu vermerken, auch wenn ihnen gleichwertige Rückgriffsforderungen gegenüberstehen.

Inhalt der Gewinn- und Verlustrechnung
§ 200. In der Gewinn- und Verlustrechnung sind die Erträge und Aufwendungen unter Bedachtnahme auf die Grundsätze des § 195 aufzugliedern. Der Jahresüberschuß (Jahresfehlbetrag) und der Bilanzgewinn (Bilanzverlust) sind gesondert auszuweisen.

Bewertungsvorschriften

Allgemeine Grundsätze der Bewertung
§ 201. (1) Die Bewertung hat den Grundsätzen ordnungsmäßiger Buchführung zu entsprechen.

(2) Insbesondere gilt folgendes:

1. Die auf den vorhergehenden Jahresabschluss angewendeten Bewertungsmethoden sind beizubehalten.

2. Bei der Bewertung ist von der Fortführung des Unternehmens auszugehen, solange dem nicht tatsächliche oder rechtliche Gründe entgegenstehen.

3. Die Vermögensgegenstände und Schulden sind zum Abschlußstichtag einzeln zu bewerten.

4. Der Grundsatz der Vorsicht ist einzuhalten, insbesondere sind
   a) nur die am Abschlußstichtag verwirklichten Gewinne auszuweisen,
   b) erkennbare Risken und drohende Verluste, die in dem Geschäftsjahr oder einem früheren Geschäftsjahr entstanden sind, zu berücksichtigen, selbst wenn die Umstände erst zwischen dem Abschlußstichtag und dem Tag der Aufstellung des Jahresabschlusses bekannt geworden sind,
   c) Wertminderungen unabhängig davon zu berücksichtigen, ob das Geschäftsjahr mit einem Gewinn oder einem Verlust abschließt.

5. Aufwendungen und Erträge des Geschäftsjahrs sind unabhängig vom Zeitpunkt der entsprechenden Zahlungen im Jahresabschluß zu berücksichtigen.

6. Die Eröffnungsbilanz des Geschäftsjahrs muß mit der Schlußbilanz des vorhergehenden Geschäftsjahrs übereinstimmen. Ein Abweichen von diesen Grundsätzen ist nur bei Vorliegen besonderer Umstände zulässig.

Bewertung von Einlagen und Zuwendungen sowie Entnahmen
§ 202. (1) Einlagen und Zuwendungen sowie Entnahmen sind mit dem Wert anzusetzen, der ihnen im Zeitpunkt ihrer Leistung beizulegen ist, soweit sich nicht aus der Nutzungsmöglichkeit im Unternehmen ein geringerer Wert ergibt. Werden Betriebe oder Teilbetriebe eingelegt oder zugewendet, so gilt § 203 Abs. 5 sinngemäß.

(2) Bei Umgründungen (Verschmelzungen, Umwandlungen, Einbringungen, Zusammenschlüssen, Realteilungen und Spaltungen) gilt folgendes:

1. Abweichend von Abs. 1 dürfen die Buchwerte aus dem letzten Jahresabschluß oder einer Zwischenbilanz, die nach den auf den letzten Jahresabschluß angewandten Bilanzierungs- und Bewertungsmethoden zu erstellen ist, fortgeführt werden. Der Stichtag der zugrundegelegten Bilanz darf höchstens neun Monate vor der Anmeldung zum Firmenbuch liegen; ist eine Anmeldung zum Firmenbuch nicht vorgesehen, so ist der Tag des Abschlusses der zugrundeliegenden Vereinbarung maßgeblich. War der Rechtsvorgänger (der Übertragende) zur Führung von Büchern nicht verpflichtet, dürfen die steuerrechtlichen Werte angesetzt werden.

2. Übersteigt der Gesamtbetrag der Gegenleistung die fortgeführten Werte nach Z 1, so darf der Unterschiedsbetrag unter die Posten des Anlagevermö-

16 Gesetzliche Grundlagen
16.1 Auszug aus dem Handelsgesetzbuch

gens aufgenommen werden; der Gesamtbetrag der Gegenleistung ergibt sich aus dem Gesamtausgabebetrag der neuen Anteile, dem Buchwert eigener oder untergehender Anteile und den baren Zuzahlungen.

3. Jener Teil des Unterschiedsbetrags, der den Aktiven und Passiven des übertragenen Vermögens zugeordnet werden kann, ist als Umgründungsmehrwert gesondert auszuweisen; auf diesen Wert sind die für Vermögensgegenstände und Schulden geltenden Bestimmungen anzuwenden. Ein danach verbleibender Restbetrag darf als Firmenwert angesetzt werden.

Wertansätze für Gegenstände des Anlagevermögens; Anschaffungs- und Herstellungskosten

§ 203. (1) Gegenstände des Anlagevermögens sind mit den Anschaffungs- oder Herstellungskosten, vermindert um Abschreibungen gemäß § 204, anzusetzen.

(2) Anschaffungskosten sind die Aufwendungen, die geleistet werden, um einen Vermögensgegenstand zu erwerben und ihn in einen betriebsbereiten Zustand zu versetzen, soweit sie dem Vermögensgegenstand einzeln zugeordnet werden können. Zu den Anschaffungskosten gehören auch die Nebenkosten sowie die nachträglichen Anschaffungskosten. Anschaffungspreisminderungen sind abzusetzen.

(3) Herstellungskosten sind die Aufwendungen, die für die Herstellung eines Vermögensgegenstandes, seine Erweiterung oder für eine über seinen ursprünglichen Zustand hinausgehende wesentliche Verbesserung entstehen. Bei der Berechnung der Herstellungskosten dürfen auch angemessene Teile der Materialgemeinkosten und der Fertigungsgemeinkosten eingerechnet werden. Sind die Gemeinkosten durch offenbare Unterbeschäftigung überhöht, so dürfen nur die einer durchschnittlichen Beschäftigung entsprechenden Teile dieser Kosten eingerechnet werden. Aufwendungen für Sozialeinrichtungen des Betriebes, für freiwillige Sozialleistungen, für betriebliche Altersversorgung und Abfertigungen dürfen eingerechnet werden. Kosten der allgemeinen Verwaltung und des Vertriebes dürfen nicht in die Herstellungskosten einbezogen werden.

(4) Zinsen für Fremdkapital, das zur Finanzierung der Herstellung eines Vermögensgegenstands verwendet wird, dürfen im Rahmen der Herstellungskosten angesetzt werden, soweit sie auf den Zeitraum der Herstellung entfallen.

(5) Als Geschäfts(Firmen)wert darf der Unterschiedsbetrag angesetzt werden, um den die Gegenleistung für die Übernahme eines Betriebes die Werte der einzelnen Vermögensgegenstände abzüglich der Schulden im Zeitpunkt der Übernahme übersteigt. Die Abschreibung des Geschäfts(Firmen)werts ist planmäßig längstens auf die Geschäftsjahre, in denen er voraussichtlich genutzt wird, zu verteilen.

Abschreibungen im Anlagevermögen

§ 204. (1) Die Anschaffungs- oder Herstellungskosten sind bei den Gegenständen des Anlagevermögens, deren Nutzung zeitlich begrenzt ist, um planmäßige Abschreibungen zu vermindern. Der Plan muß die Anschaffungs- oder Herstellungskosten auf die Geschäftsjahre verteilen, in denen der Vermögensgegenstand voraussichtlich wirtschaftlich genutzt werden kann.

(2) Gegenstände des Anlagevermögens sind bei voraussichtlich dauernder Wertminderung ohne Rücksicht darauf, ob ihre Nutzung zeitlich begrenzt ist, außerplanmäßig auf den niedrigeren Wert abzuschreiben, der ihnen am Abschlußstichtag unter Bedachtnahme auf die Nutzungsmöglichkeit im Unternehmen beizulegen ist. Bei Finanzanlagen dürfen solche Abschreibungen auch vorgenommen werden, wenn die Wertminderung voraussichtlich nicht von Dauer ist.

(3) (Anm.: aufgehoben durch BGBl. Nr. 304/1996)

Unversteuerte Rücklagen

§ 205. (1) Sonderabschreibungen von Vermögensgegenständen des Anlagevermögens, die auf Grund steuerlicher Vorschriften vorgenommen worden sind (Bewertungsreserve), und sonstige unversteuerte Rücklagen sind unter Angabe der Vorschriften, nach denen sie gebildet sind, auf der Passivseite auszuweisen. Bei Vollabschreibung geringwertiger Vermögensgegenstände des Anlagevermögens ist nur dann entsprechend diesen Bestimmungen eine Rücklage zu bilden, wenn die Abschreibung betragsmäßig von wesentlichem Umfang ist.

(2) Die Bewertungsreserve ist insoweit aufzulösen, als die Vermögensgegenstände, für die sie gebildet wurde, aus dem Vermögen ausscheiden oder die steuerliche Wertminderung durch handelsrechtliche Abschreibungen zu ersetzen ist.

16 Gesetzliche Grundlagen
16.1 Auszug aus dem Handelsgesetzbuch

Wertansätze für Gegenstände des Umlaufvermögens

§ 206. (1) Gegenstände des Umlaufvermögens sind mit den Anschaffungs- oder Herstellungskosten, vermindert um Abschreibungen gemäß § 207, anzusetzen.

(2) Auf die Feststellung der Anschaffungs- und Herstellungskosten ist § 203 Abs. 2 bis 4 sinngemäß anzuwenden.

(3) Bei Aufträgen, deren Ausführung sich über mehr als zwölf Monate erstreckt, dürfen angemessene Teile der Verwaltungs- und Vertriebskosten angesetzt werden, falls eine verläßliche Kostenrechnung vorliegt und soweit aus der weiteren Auftragsabwicklung keine Verluste drohen.

Abschreibungen auf Gegenstände des Umlaufvermögens

§ 207. (1) Bei Gegenständen des Umlaufvermögens sind Abschreibungen vorzunehmen, um diese mit dem Wert anzusetzen, der sich aus einem niedrigeren Börsenkurs oder Marktpreis am Abschlußstichtag ergibt. Ist ein Börsenkurs oder Marktpreis nicht festzustellen und übersteigen die Anschaffungs- oder Herstellungskosten den Wert, der dem Vermögensgegenstand am Abschlußstichtag beizulegen ist, so ist der Vermögensgegenstand auf diesen Wert abzuschreiben.

(2) Außerdem dürfen Gegenstände des Umlaufvermögens abgeschrieben werden, soweit dies nach vernünftiger kaufmännischer Beurteilung notwendig ist, um zu verhindern, daß in der nächsten Zukunft der Wertansatz dieses Vermögensgegenstands auf Grund von Wertschwankungen geändert werden muß. Der Betrag dieser Abschreibungen ist in der Gewinn- und Verlustrechnung gesondert auszuweisen.

(3) (Anm.: aufgehoben durch BGBl. Nr. 304/1996)

Wertaufholung

§ 208. (1) Wird bei einem Vermögensgegenstand eine Abschreibung gemäß § 204 Abs. 2 oder § 207 vorgenommen und stellt sich in einem späteren Geschäftsjahr heraus, daß die Gründe dafür nicht mehr bestehen, so ist der Betrag dieser Abschreibung im Umfang der Werterhöhung unter Berücksichtigung der Abschreibungen, die inzwischen vorzunehmen gewesen wären, zuzuschreiben.

(2) Von der Zuschreibung gemäß Abs. 1 darf abgesehen werden, wenn ein niedrigerer Wertansatz bei der steuerrechtlichen Gewinnermittlung unter der Vor-

aussetzung beibehalten werden kann, daß er auch im Jahresabschluß beibehalten wird.

(3) Im Anhang ist der Betrag der im Geschäftsjahr aus steuerrechtlichen Gründen unterlassenen Zuschreibungen anzugeben und hinreichend zu begründen. Ferner ist das Ausmaß erheblicher künftiger steuerlicher Belastungen, die sich aus einer solchen Bewertung ergeben, anzuführen.

Bewertungsvereinfachungsverfahren
§ 209. (1) Gegenstände des Sachanlagevermögens sowie Roh-, Hilfs- und Betriebsstoffe können, wenn sie regelmäßig ersetzt werden und ihr Gesamtwert von untergeordneter Bedeutung ist, mit einem gleichbleibenden Wert angesetzt werden, sofern ihr Bestand voraussichtlich in seiner Größe, seinem Wert und seiner Zusammensetzung nur geringen Veränderungen unterliegt. Jedoch ist mindestens alle fünf Jahre eine Bestandsaufnahme durchzuführen. Ergibt sich dabei eine wesentliche Änderung des mengenmäßigen Bestandes, so ist insoweit der Wert anzupassen.

(2) Gleichartige Gegenstände des Finanzanlage- und des Vorratsvermögens, Wertpapiere (Wertrechte) sowie andere gleichartige oder annähernd gleichwertige bewegliche Vermögensgegenstände können jeweils zu einer Gruppe zusammengefaßt und mit dem gewogenen Durchschnittswert angesetzt werden. Soweit es den Grundsätzen ordnungsmäßiger Buchführung entspricht, kann für den Wertansatz gleichartiger Vermögensgegenstände des Vorratsvermögens unterstellt werden, daß die zuerst oder zuletzt angeschafften oder hergestellten Vermögensgegenstände zuerst oder in einer sonstigen bestimmten Folge verbraucht oder veräußert worden sind.

Abschreibung der Aufwendungen für das Ingangsetzen und Erweitern eines Betriebes
§ 210. Die für das Ingangsetzen und Erweitern eines Betriebes aktivierten Beträge sind für jedes Geschäftsjahr zu mindestens einem Fünftel abzuschreiben. Bei der Bemessung des Abschreibungszeitraums ist auf den Grundsatz der Vorsicht (§ 201 Abs. 2 Z 4) Bedacht zu nehmen.

16 Gesetzliche Grundlagen
16.1 Auszug aus dem Handelsgesetzbuch

Wertansätze von Passivposten

§ 211. (1) Verbindlichkeiten sind zu ihrem Rückzahlungsbetrag, Rentenverpflichtungen zum Barwert der zukünftigen Auszahlungen anzusetzen. Rückstellungen sind in der Höhe anzusetzen, die nach vernünftiger kaufmännischer Beurteilung notwendig ist. Im Rahmen der Bewertung ist auf den Grundsatz der Vorsicht (§ 201 Abs. 2 Z 4) Bedacht zu nehmen.

(2) Rückstellungen für laufende Pensionen und Anwartschaften auf Pensionen sowie ähnliche Verpflichtungen sind mit dem sich nach versicherungsmathematischen Grundsätzen ergebenden Betrag anzusetzen. Anwartschaften auf Abfertigungen sind entsprechend zu bewerten, wobei jedoch vereinfachend auch ein bestimmter Prozentsatz der fiktiven Ansprüche zum jeweiligen Bilanzstichtag angesetzt werden darf, sofern dagegen im Einzelfall keine erheblichen Bedenken bestehen.

Aufbewahrung und Vorlage von Unterlagen, Aufbewahrungspflicht, Aufbewahrungsfrist

§ 212. (1) Der Kaufmann hat seine Handelsbücher, Inventare, Eröffnungsbilanzen, Jahresabschlüsse samt den Lageberichten, Konzernabschlüsse samt den Konzernlageberichten, empfangene Handelsbriefe, Abschriften der abgesendeten Handelsbriefe und Belege für Buchungen in den von ihm gemäß § 189 Abs. 1 zu führenden Büchern (Buchungsbelege) sieben Jahre lang geordnet aufzubewahren; darüber hinaus noch solange, als sie für ein anhängiges gerichtliches oder behördliches Verfahren, in dem der Kaufmann Parteistellung hat, von Bedeutung sind.

(2) Die Frist läuft vom Schluß des Kalenderjahrs an, für das die letzte Eintragung in das Handelsbuch vorgenommen, das Inventar aufgestellt, die Eröffnungsbilanz und der Jahresabschluß festgestellt, der Konzernabschluß aufgestellt oder der Handelsbrief empfangen oder abgesendet worden ist.

Vorlage im Rechtsstreit

§ 213. (1) Im Laufe eines Rechtsstreits kann das Gericht auf Antrag oder von Amts wegen die Vorlage der Handelsbücher einer Partei anordnen.

(2) Die Vorschriften der Zivilprozeßordnung über die Verpflichtung des Prozeßgegners zur Vorlage von Urkunden bleiben unberührt.

Auszug bei Vorlage im Rechtsstreit

§ 214. Werden in einem Rechtsstreit Handelsbücher vorgelegt, so ist in sie, soweit sie den Streitpunkt betreffen, unter Zuziehung der Parteien Einsicht zu nehmen und geeignetenfalls ein Auszug davon anzufertigen. Der übrige Inhalt der Bücher ist dem Gericht insoweit offenzulegen, als es zur Prüfung ihrer ordnungsmäßigen Führung notwendig ist.

Vorlage bei Vermögensauseinandersetzungen

§ 215. Bei Vermögensauseinandersetzungen, insbesondere in Erbschafts-, Gütergemeinschafts- und Gesellschaftsteilungssachen, darf das Gericht die Vorlage der Handelsbücher zur Kenntnisnahme von ihrem ganzen Inhalt anordnen.

Vorlage von Unterlagen auf Datenträgern

§ 216. Wer Eintragungen oder Aufbewahrungen in der Form des § 189 Abs. 3 vorgenommen hat muß, soweit er zur Einsichtgewährung verpflichtet ist, auf seine Kosten innerhalb angemessener Frist diejenigen Hilfsmittel zur Verfügung stellen, die notwendig sind, um die Unterlagen lesbar zu machen, und, soweit erforderlich, die benötigte Anzahl ohne Hilfsmittel lesbarer, dauerhafter Wiedergaben beibringen.

Ergänzende Vorschriften für Kapitalgesellschaften (Aktiengesellschaften und Gesellschaften mit beschränkter Haftung)

Größenklassen, Umschreibung

§ 221. (1) Kleine Kapitalgesellschaften sind solche, die mindestens zwei der drei nachstehenden Merkmale nicht überschreiten:

1. 37 Millionen Schilling Bilanzsumme;

2. 74 Millionen Schilling Umsatzerlöse in den zwölf Monaten vor dem Abschlußstichtag;

3. im Jahresdurchschnitt 50 Arbeitnehmer.

(2) Mittelgroße Kapitalgesellschaften sind solche, die mindestens zwei der drei in Abs. 1 bezeichneten Merkmale überschreiten und mindestens zwei der drei nachstehenden Merkmale nicht überschreiten:

1. 150 Millionen Schilling Bilanzsumme;

2. 300 Millionen Schilling Umsatzerlöse in den zwölf Monaten vor dem Abschlußstichtag;

3. im Jahresdurchschnitt 250 Arbeitnehmer.

(3) Große Kapitalgesellschaften sind solche, die mindestens zwei der drei in Abs. 2 bezeichneten Merkmale überschreiten. Eine Kapitalgesellschaft gilt stets als groß, wenn Aktien oder andere von ihr ausgegebene Wertpapiere an einer Börse in einem Mitgliedstaat der Europäischen Union oder eines Vertragsstaats des Abkommens über die Schaffung eines Europäischen Wirtschaftsraumes, BGBl. Nr. 909/1993, zum amtlichen Handel zugelassen oder in den geregelten Freiverkehr einbezogen sind.

(4) Die Rechtsfolgen der Größenmerkmale (Abs. 1 bis Abs. 3 erster Satz) treten ab dem folgenden Geschäftsjahr ein, wenn diese Merkmale

1. an den Abschlußstichtagen von zwei aufeinanderfolgenden Geschäftsjahren überschritten beziehungsweise nicht mehr überschritten werden;

2. bei Umgründungen (Verschmelzung, Umwandlung, Einbringung, Zusammenschluß, Realteilung oder Spaltung) und Neugründungen am ersten Abschlußstichtag nach der Umgründung oder Neugründung vorliegen; dies gilt auch bei der Aufgabe eines Betriebes oder eines Teilbetriebes, wenn die Größenmerkmale um mindestens die Hälfte unterschritten werden.

(5) Ist bei einer Personengesellschaft des Handelsrechts kein persönlich haftender Gesellschafter mit Vertretungsbefugnis eine natürliche Person, so unterliegt die Personengesellschaft hinsichtlich der in den §§ 222 bis 243 und §§ 268 bis 283 geregelten Tatbestände den der Rechtsform ihres vertretungsbefugten Gesellschafters entsprechenden Rechtsvorschriften; ist dieser keine Kapitalgesellschaft, so gelten die Vorschriften für Gesellschaften mit beschränkter Haftung.

(6) Der Durchschnitt der Arbeitnehmeranzahl bestimmt sich nach der Arbeitnehmeranzahl an den jeweiligen Monatsletzten innerhalb des Geschäftsjahrs.

(7) Der Bundesminister für Justiz wird ermächtigt, zur Erfüllung der die Republik Österreich nach den Rechtsvorschriften der Europäischen Union treffenden

Verpflichtungen durch Verordnung an Stelle der in Abs. 1 und 2 angeführten Merkmale andere Zahlen festzusetzen.

Allgemeine Vorschriften über den Jahresabschluß und den Lagebericht

Inhalt des Jahresabschlusses

§ 222. (1) Die gesetzlichen Vertreter einer Kapitalgesellschaft haben in den ersten fünf Monaten des Geschäftsjahrs für das vorangegangene Geschäftsjahr den um den Anhang erweiterten Jahresabschluß sowie einen Lagebericht aufzustellen und den Mitgliedern des Aufsichtsrats vorzulegen.

(2) Der Jahresabschluß hat ein möglichst getreues Bild der Vermögens-, Finanz- und Ertragslage des Unternehmens zu vermitteln. Wenn dies aus besonderen Umständen nicht gelingt, sind im Anhang die erforderlichen zusätzlichen Angaben zu machen.

Allgemeine Grundsätze für die Gliederung

§ 223. (1) Die einmal gewählte Form der Darstellung, insbesondere die Gliederung der aufeinanderfolgenden Bilanzen und Gewinn- und Verlustrechnungen, ist beizubehalten. Ein Abweichen von diesem Grundsatz ist nur unter Beachtung der im § 222 Abs. 2 umschriebenen Zielsetzung zulässig. Die Abweichungen sind im Anhang anzugeben und zu begründen.

(2) Im Jahresabschluß ist zu jedem Posten der entsprechende Betrag des vorangegangenen Geschäftsjahrs zumindest in vollen 100 Euro anzugeben; dies gilt auch für die gesondert anzumerkenden Posten. Sind die Beträge nicht vergleichbar, so ist dies im Anhang anzugeben und zu erläutern. Wird der Vorjahresbetrag angepaßt, so ist auch dies im Anhang anzugeben und zu erläutern.

(3) Betreibt eine Gesellschaft mehrere Geschäftszweige und bedingt dies die Gliederung des Jahresabschlusses nach verschiedenen Gliederungsvorschriften, so hat die Gesellschaft den Jahresabschluß nach der für den wirtschaftlich bedeutendsten Geschäftszweig vorgeschriebenen Gliederung aufzustellen und nach der für seine anderen Geschäftszweige jeweils vorgeschriebenen Gliederung zu ergänzen; dies ist zu begründen. Die Abweichung ist im Anhang anzugeben und zu begründen.

(4) Eine weitere Untergliederung der Posten ist zulässig; dabei ist jedoch die vorgeschriebene Gliederung zu beachten. Zusätzliche Posten dürfen hinzugefügt werden, wenn ihr Inhalt nicht von einem vorgeschriebenen Posten gedeckt wird. Die Aufnahme weiterer zusätzlicher Posten ist geboten, soweit es zur Erreichung der im § 222 Abs. 2 umschriebenen Zielsetzung erforderlich ist. Die Postenbezeichnungen sind auf die tatsächlichen Inhalte zu verkürzen.

(5) Fällt ein Vermögensgegenstand oder eine Verbindlichkeit unter mehrere Posten der Bilanz, so ist die Zugehörigkeit auch zu anderen Posten bei dem Posten, unter dem der Ausweis erfolgt ist, zu vermerken oder im Anhang anzugeben, wenn dies zur Aufstellung eines klaren und übersichtlichen Jahresabschlusses erforderlich ist.

(6) Die mit arabischen Zahlen versehenen Posten der Bilanz und die mit Buchstaben gekennzeichneten Posten der Gewinn- und Verlustrechnung können zusammengefaßt werden, wenn

1. sie einen Betrag enthalten, der für die Vermittlung eines möglichst getreuen Bildes der Vermögens-, Finanz- und Ertragslage der Gesellschaft nicht wesentlich ist, oder

2. dadurch die Klarheit der Darstellung verbessert wird; in diesem Fall müssen die zusammengefaßten Posten jedoch im Anhang ausgewiesen werden.

(7) Ein Posten der Bilanz oder der Gewinn- und Verlustrechnung, der keinen Betrag ausweist, braucht nicht angeführt zu werden, es sei denn, daß im vorangegangenen Geschäftsjahr unter diesem Posten ein Betrag ausgewiesen wurde.

(8) Gliederung und Bezeichnung der mit arabischen Zahlen versehenen Posten der Bilanz und der Gewinn- und Verlustrechnung sind zu ändern, wenn dies wegen Besonderheiten der Kapitalgesellschaft zur Aufstellung eines klaren und übersichtlichen Jahresabschlusses erforderlich ist. Der Bundesminister für Justiz kann im Einvernehmen mit dem in seinem Wirkungsbereich berührten Bundesminister verbindliche Formblätter durch Verordnung festlegen.

Bilanz

Gliederung

§ 224. (1) In der Bilanz sind, unbeschadet einer weiteren Gliederung, die in den Abs. 2 und 3 angeführten Posten gesondert und in der vorgeschriebenen Reihenfolge auszuweisen.

(2) Aktivseite:
A. Anlagevermögen:
  I. Immaterielle Vermögensgegenstände:
    1. Konzessionen, gewerbliche Schutzrechte und ähnliche Rechte und Vorteile sowie daraus abgeleitete Lizenzen;
    2. Geschäfts(Firmen)wert
    3. geleistete Anzahlungen;
  II. Sachanlagen:
    1. Grundstücke, grundstücksgleiche Rechte und Bauten, einschließlich der Bauten auf fremdem Grund;
    2. technische Anlagen und Maschinen;
    3. andere Anlagen, Betriebs- und Geschäftsausstattung;
    4. geleistete Anzahlungen und Anlagen in Bau;
  III. Finanzanlagen:
    1. Anteile an verbundenen Unternehmen;
    2. Ausleihungen an verbundene Unternehmen;
    3. Beteiligungen;
    4. Ausleihungen an Unternehmen, mit denen ein Beteiligungsverhältnis besteht;
    5. Wertpapiere (Wertrechte) des Anlagevermögens;
    6. sonstige Ausleihungen.
B. Umlaufvermögen:
  I. Vorräte:
    1. Roh-, Hilfs- und Betriebsstoffe;
    2. unfertige Erzeugnisse;
    3. fertige Erzeugnisse und Waren;
    4. noch nicht abrechenbare Leistungen;
    5. geleistete Anzahlungen;

16 Gesetzliche Grundlagen
16.1 Auszug aus dem Handelsgesetzbuch

II. Forderungen und sonstige Vermögensgegenstände:
1. Forderungen aus Lieferungen und Leistungen;
2. Forderungen gegenüber verbundenen Unternehmen;
3. Forderungen gegenüber Unternehmen, mit denen ein Beteiligungsverhältnis besteht;
4. sonstige Forderungen und Vermögensgegenstände;

III. Wertpapiere und Anteile:
1. Anteile an verbundenen Unternehmen;
2. sonstige Wertpapiere und Anteile;

IV. Kassenbestand, Schecks, Guthaben bei Kreditinstituten.

C. Rechnungsabgrenzungsposten.

(3) Passivseite:

A. Eigenkapital:

I. Nennkapital (Grund-, Stammkapital);

II. Kapitalrücklagen:
1. gebundene;
2. nicht gebundene;

III. Gewinnrücklagen:
1. gesetzliche Rücklage;
2. satzungsmäßige Rücklagen;
3. andere Rücklagen (freie Rücklagen);

IV. Bilanzgewinn (Bilanzverlust), davon Gewinnvortrag/Verlustvortrag.

B. Unversteuerte Rücklagen:
1. Bewertungsreserve auf Grund von Sonderabschreibungen;
2. sonstige unversteuerte Rücklagen.

C. Rückstellungen:
1. Rückstellungen für Abfertigungen;
2. Rückstellungen für Pensionen;
3. Steuerrückstellungen;
4. sonstige Rückstellungen.

D. Verbindlichkeiten:
1. Anleihen, davon konvertibel;
2. Verbindlichkeiten gegenüber Kreditinstituten;
3. erhaltene Anzahlungen auf Bestellungen;
4. Verbindlichkeiten aus Lieferungen und Leistungen;
5. Verbindlichkeiten aus der Annahme gezogener Wechsel und der Ausstellung eigener Wechsel;
6. Verbindlichkeiten gegenüber verbundenen Unternehmen;
7. Verbindlichkeiten gegenüber Unternehmen, mit denen ein Beteiligungsverhältnis besteht;
8. sonstige Verbindlichkeiten, davon aus Steuern, davon im Rahmen der sozialen Sicherheit.

E. Rechnungsabgrenzungsposten.

Vorschriften zu einzelnen Posten der Bilanz

§ 225. (1) Ist das Eigenkapital durch Verluste aufgebraucht, so lautet dieser Posten „negatives Eigenkapital". Im Anhang ist zu erläutern, ob eine Überschuldung im Sinne des Insolvenzrechts vorliegt.

(2) Forderungen und Verbindlichkeiten gegenüber verbundenen Unternehmen und gegenüber Unternehmen, mit denen ein Beteiligungsverhältnis besteht, sind in der Regel als solche vermerken.

(3) Der Betrag der Forderungen mit einer Restlaufzeit von mehr als einem Jahr ist bei jedem gesondert ausgewiesenen Posten in der Bilanz anzumerken oder im Anhang anzugeben. Sind unter dem Posten „sonstige Forderungen und Vermögensgegenstände" Erträge enthalten, die erst nach dem Abschlußstichtag zahlungswirksam werden, so müssen diese Beträge, soweit sie wesentlich sind, im Anhang erläutert werden.

(4) Wechsel dürfen als Wertpapiere nur ausgewiesen werden, wenn dem Unternehmen nicht die der Ausstellung zugrunde liegende Forderung zusteht; anderenfalls ist bei Forderungen die wechselmäßige Verbriefung im Anhang anzugeben.

(5) Eigene Anteile, Anteile an herrschenden oder mit Mehrheit beteiligten Unternehmen sind je nach ihrer Zweckbestimmung im Anlagevermögen oder im

16 Gesetzliche Grundlagen
16.1 Auszug aus dem Handelsgesetzbuch

Umlaufvermögen in einem gesonderten Posten „eigene Anteile, Anteile an herrschenden oder mit Mehrheit beteiligten Unternehmen" auszuweisen. In gleicher Höhe ist auf der Passivseite eine Rücklage gesondert auszuweisen. Diese Rücklage darf durch Umwidmung frei verfügbarer Kapital- und Gewinnrücklagen gebildet werden, soweit diese einen Verlustvortrag übersteigen. Sie ist insoweit aufzulösen, als diese Anteile aus dem Vermögen ausgeschieden oder für sie ein niedrigerer Betrag angesetzt wird.

(6) Der Betrag der Verbindlichkeiten mit einer Restlaufzeit bis zu einem Jahr ist bei jedem gesondert ausgewiesenen Posten in der Bilanz anzumerken oder im Anhang anzugeben. Erhaltene Anzahlungen auf Bestellungen sind, soweit Anzahlungen auf Vorräte nicht von einzelnen Posten der „Vorräte" offen abgesetzt werden, unter den Verbindlichkeiten gesondert auszuweisen. Sind unter dem Posten „sonstige Verbindlichkeiten" Aufwendungen enthalten, die erst nach dem Abschlußstichtag zahlungswirksam werden, so sind sie, wenn sie wesentlich sind, im Anhang zu erläutern.

(7) Bei Grundstücken ist der Grundwert in der Bilanz anzumerken oder im Anhang anzugeben.

Entwicklung des Anlagevermögens, Pauschalwertberichtigung

§ 226. (1) In der Bilanz oder im Anhang ist die Entwicklung der einzelnen Posten des Anlagevermögens und des Postens „Aufwendungen für das Ingangsetzen und Erweitern eines Betriebes" (§ 210) darzustellen. Dabei sind, ausgehend von den gesamten Anschaffungs- und Herstellungskosten, die Zugänge, Abgänge, Umbuchungen und Zuschreibungen des Geschäftsjahrs sowie die Abschreibungen in ihrer gesamten Höhe gesondert aufzuführen. Die Abschreibungen des Geschäftsjahrs sind entweder in der Bilanz bei dem betreffenden Posten zu vermerken oder im Anhang in einer der Gliederung des Anlagevermögens entsprechenden Aufgliederung anzugeben.

(2) Werden Aufwendungen für das Ingangsetzen und Erweitern eines Betriebes in der Bilanz ausgewiesen, so sind diese im Anhang zu erläutern. Gewinne dürfen im Fall der Aktivierung von Aufwendungen für das Ingangsetzen und Erweitern eines Betriebs oder eines Abgrenzungspostens gemäß § 198 Abs. 10 nur ausgeschüttet werden, soweit die danach verbleibenden jederzeit auflösbaren Rück-

lagen zuzüglich eines Gewinnvortrags und abzüglich eines Verlustvortrags dem ausgewiesenen Betrag mindestens entsprechen.

(3) Werden Vermögensgegenstände des Anlagevermögens im Hinblick auf ihre Geringwertigkeit im Jahre ihrer Anschaffung oder Herstellung vollständig abgeschrieben und ist gemäß § 205 Abs. 1 diesbezüglich kein Ausweis einer unversteuerten Rücklage notwendig, dann dürfen diese Vermögensgegenstände als Abgang bebandelt werden.

(4) Ein Geschäfts(Firmen)wert ist in die Darstellung der Entwicklung des Anlagevermögens aufzunehmen. Ein voll abgeschriebener Geschäfts(Firmen)wert ist als Abgang zu behandeln.

(5) Der Betrag einer Pauschalwertberichtigung zu Forderungen ist für den entsprechenden Posten der Bilanz im Anhang anzugeben. Einzelwertberichtigungen zum Umlaufvermögen sind vom entsprechenden Aktivposten abzusetzen.

Ausleihungen

§ 227. Forderungen mit einer Laufzeit von mindestens fünf Jahren sind jedenfalls als Ausleihungen auszuweisen. Ausleihungen mit einer Restlaufzeit bis zu einem Jahr sind im Anhang anzugeben.

Beteiligungen, verbundene Unternehmen

§ 228. (1) Beteiligungen sind Anteile an anderen Unternehmen, die bestimmt sind, dem eigenen Geschäftsbetrieb durch eine dauernde Verbindung zu diesen Unternehmen zu dienen. Dabei ist es unerheblich, ob die Anteile in Wertpapieren verbrieft sind oder nicht. Als Beteiligungen gelten im Zweifel Anteile an einer Kapitalgesellschaft oder an einer Genossenschaft, die insgesamt den fünften Teil des Nennkapitals dieser Gesellschaft erreichen.

(2) Die Beteiligung als persönlich haftender Gesellschafter an einer Personengesellschaft des Handelsrechts gilt stets als Beteiligung; für andere Beteiligungen an Personengesellschaften des Handelsrechts gilt Abs. 1 sinngemäß.

(3) Verbundene Unternehmen im Sinne dieser Vorschriften sind solche Unternehmen, die nach den Vorschriften über die vollständige Zusammenfassung der Jahresabschlüsse verbundener Unternehmen (Vollkonsolidierung) in den Konzernabschluß eines Mutterunternehmens gemäß § 244 einzubeziehen sind, das

als oberstes Mutterunternehmen den am weitestgehenden Konzernabschluß gemäß §§ 244 bis 267 aufzustellen hat, auch wenn die Aufstellung unterbleibt. Dies gilt sinngemäß, wenn das oberste Mutterunternehmen seinen Sitz im Ausland hat. Tochterunternehmen, die gemäß §§ 248 oder 249 nicht einbezogen werden, sind ebenfalls verbundene Unternehmen.

Eigenkapital

§ 229. (1) Das Nennkapital ist auf der Passivseite mit dem Betrag der übernommenen Einlagen anzusetzen. Die nicht eingeforderten ausstehenden Einlagen sind von diesem Posten offen abzusetzen. Der eingeforderte, aber noch nicht eingezahlte Betrag ist unter den Forderungen gesondert auszuweisen und entsprechend zu bezeichnen.

(2) Als Kapitalrücklage sind auszuweisen:

1. der Betrag, der bei der ersten oder einer späteren Ausgabe von Anteilen für einen höheren Betrag als den Nennbetrag oder den dem anteiligen Betrag des Grundkapitals entsprechenden Betrag über diesen hinaus erzielt wird;

2. der Betrag, der bei der Ausgabe von Schuldverschreibungen für Wandlungsrechte und Optionsrechte zum Erwerb von Anteilen erzielt wird;

3. der Betrag von Zuzahlungen, die Gesellschafter gegen Gewährung eines Vorzugs für ihre Anteile leisten;

4. die Beträge, die bei der Kapitalherabsetzung gemäß den §§ 185, 192 Abs. 5 AktG und § 59 GmbHG zu binden sind;

5. der Betrag von sonstigen Zuzahlungen, die durch gesellschaftsrechtliche Verbindungen veranlaßt sind.

(3) Als Gewinnrücklagen dürfen nur Beträge ausgewiesen werden, die im Geschäftsjahr oder in einem früheren Geschäftsjahr aus dem Jahresüberschuß nach Berücksichtigung der Veränderung unversteuerter Rücklagen gebildet worden sind.

Ausweis unversteuerter Rücklagen

§ 230. (1) Die Bewertungsreserve auf Grund steuerlicher Sonderabschreibungen ist entsprechend den Posten des Anlagevermögens aufzugliedern.

(2) In der Bilanz oder im Anhang sind die Zuweisung und die Auflösung entsprechend den Posten des Anlagevermögens gesondert anzuführen.

Gewinn- und Verlustrechnung

Gliederung

§ 231. (1) Die Gewinn- und Verlustrechnung ist in Staffelform nach dem Gesamtkostenverfahren oder dem Umsatzkostenverfahren aufzustellen. In ihr sind unbeschadet einer weiteren Gliederung die nachstehend bezeichneten Posten in der angegebenen Reihenfolge gesondert auszuweisen, sofern nicht eine abweichende Gliederung vorgeschrieben ist.

(2) Bei Anwendung des Gesamtkostenverfahrens sind auszuweisen:

1. Umsatzerlöse;

2. Veränderung des Bestands an fertigen und unfertigen Erzeugnissen sowie an noch nicht abrechenbaren Leistungen;

3. andere aktivierte Eigenleistungen;

4. sonstige betriebliche Erträge:
   a) Erträge aus dem Abgang vom und der Zuschreibung zum Anlagevermögen mit Ausnahme der Finanzanlagen;
   b) Erträge aus der Auflösung von Rückstellungen,
   c) übrige;

5. Aufwendungen für Material und sonstige bezogene Herstellungsleistungen:
   a) Materialaufwand,
   b) Aufwendungen für bezogene Leistungen;

6. Personalaufwand:
   a) Löhne,
   b) Gehälter,
   c) Aufwendungen für Abfertigungen,
   d) Aufwendungen für Altersversorgung,
   e) Aufwendungen für gesetzlich vorgeschriebene Sozialabgaben sowie vom Entgelt abhängige Abgaben und Pflichtbeiträge,
   f) sonstige Sozialaufwendungen;

7. Abschreibungen:
   a) auf immaterielle Gegenstände des Anlagevermögens und Sachanlagen sowie auf aktivierte Aufwendungen für das Ingangsetzen und Erweitern eines Betriebes,
   b) auf Gegenstände des Umlaufvermögens, soweit diese die im Unternehmen üblichen Abschreibungen überschreiten;

8. sonstige betriebliche Aufwendungen:
   a) Steuern, soweit sie nicht unter Z 21 fallen,
   b) übrige;

9. Zwischensumme aus Z 1 bis 8;

10. Erträge aus Beteiligungen, davon aus verbundenen Unternehmen;

11. Erträge aus anderen Wertpapieren und Ausleihungen des Finanzanlagevermögens, davon aus verbundenen Unternehmen;

12. sonstige Zinsen und ähnliche Erträge, davon aus verbundenen Unternehmen;

13. Erträge aus dem Abgang von und der Zuschreibung zu Finanzanlagen und Wertpapieren des Umlaufvermögens;

14. Aufwendungen aus Finanzanlagen und aus Wertpapieren des Umlaufvermögens, davon sind gesondert auszuweisen:
    a) Abschreibungen
    b) Aufwendungen aus verbundenen Unternehmen;

15. Zinsen und ähnliche Aufwendungen, davon betreffend verbundene Unternehmen;

16. Zwischensumme aus Z 10 bis 15;

17. Ergebnis der gewöhnlichen Geschäftstätigkeit;

18. außerordentliche Erträge;

19. außerordentliche Aufwendungen;

20. außerordentliches Ergebnis;

21. Steuern vom Einkommen und vom Ertrag;

16 Gesetzliche Grundlagen
16.1 Auszug aus dem Handelsgesetzbuch

22. Jahresüberschuß/Jahresfehlbetrag;

23. Auflösung unversteuerter Rücklagen;

24. Auflösung von Kapitalrücklagen;

25. Auflösung von Gewinnrücklagen;

26. Zuweisung zu unversteuerten Rücklagen;

27. Zuweisung zu Gewinnrücklagen. Die Auflösungen und Zuweisungen gemäß Z 23 bis 27 sind entsprechend den in der Bilanz ausgewiesenen Unterposten aufzugliedern;

28. Gewinnvortrag/Verlustvortrag aus dem Vorjahr;

29. Bilanzgewinn/Bilanzverlust.

(3) Bei Anwendung des Umsatzkostenverfahrens sind auszuweisen:

1. Umsatzerlöse;

2. Herstellungskosten der zur Erzielung der Umsatzerlöse erbrachten Leistungen;

3. Bruttoergebnis vom Umsatz;

4. sonstige betriebliche Erträge:
   a) Erträge aus dem Abgang vom und der Zuschreibung zum Anlagevermögen mit Ausnahme der Finanzanlagen,
   b) Erträge aus der Auflösung von Rückstellungen,
   c) übrige;

5. Vertriebskosten;

6. Verwaltungskosten;

7. sonstige betriebliche Aufwendungen;

8. Zwischensumme aus Z 1 bis 7;

9. Erträge aus Beteiligungen, davon aus verbundenen Unternehmen;

16 Gesetzliche Grundlagen
16.1 Auszug aus dem Handelsgesetzbuch

10. Erträge aus anderen Wertpapieren und Ausleihungen des Finanzanlagevermögens, davon aus verbundenen Unternehmen;

11. sonstige Zinsen und ähnliche Erträge, davon aus verbundenen Unternehmen;

12. Erträge aus dem Abgang von und der Zuschreibung zu Finanzanlagen und Wertpapieren des Umlaufvermögens;

13. Aufwendungen aus Finanzanlagen und aus Wertpapieren des Umlaufvermögens, davon sind gesondert auszuweisen:
    a) Abschreibungen
    b) Aufwendungen aus verbundenen Unternehmen;

14. Zinsen und ähnliche Aufwendungen, davon betreffend verbundene Unternehmen;

15. Zwischensumme aus Z 9 bis 14;

16. Ergebnis der gewöhnlichen Geschäftstätigkeit;

17. außerordentliche Erträge;

18. außerordentliche Aufwendungen;

19. außerordentliches Ergebnis;

20. Steuern vom Einkommen und vom Ertrag;

21. Jahresüberschuß/Jahresfehlbetrag;

22. Auflösung unversteuerter Rücklagen;

23. Auflösung von Kapitalrücklagen;

24. Auflösung von Gewinnrücklagen;

25. Zuweisung zu unversteuerten Rücklagen;

26. Zuweisung zu Gewinnrücklagen. Die Auflösungen und Zuweisungen gemäß Z 22 bis 26 sind entsprechend den in der Bilanz ausgewiesenen Unterposten aufzugliedern;

27. Gewinnvortrag/Verlustvortrag aus dem Vorjahr;

28. Bilanzgewinn/Bilanzverlust.

Vorschriften zu einzelnen Posten der Gewinn- und Verlustrechnung
§ 232. (1) Als Umsatzerlöse sind die für die gewöhnliche Geschäftstätigkeit des Unternehmens typischen Erlöse aus dem Verkauf und der Nutzungsüberlassung von Erzeugnissen und Waren sowie aus Dienstleistungen nach Abzug von Erlösschmälerungen und Umsatzsteuer auszuweisen.

(2) Als Bestandsveränderungen sind außer Änderungen der Menge auch solche des Wertes zu berücksichtigen; letztere jedoch nur, soweit sie nicht unter § 233 fallen.

(3) Ist die Gesellschaft vertraglich verpflichtet, ihren Gewinn oder Verlust ganz oder teilweise an andere Personen zu überrechnen, so ist der überrechnete Betrag unter entsprechender Bezeichnung vor dem Posten gemäß § 231 Abs. 2 Z 28 oder § 231 Abs. 3 Z 27 gesondert auszuweisen.

(4) In der Gewinn- und Verlustrechnung oder im Anhang sind die gemäß § 205 Abs. 1 notwendigen Zuführungen zu unversteuerten Rücklagen sowie die Erträge aus deren Auflösung unter Hinweis auf die maßgebliche steuerliche Rechtsgrundlage gesondert anzuführen. Umgliederungen innerhalb der unversteuerten Rücklagen dürfen verrechnet werden.

(5) Außerplanmäßige Abschreibungen gemäß § 204 Abs. 2 sind gesondert auszuweisen.

Außerordentliche Erträge und Aufwendungen
§ 233. Unter den Posten „außerordentliche Erträge" (§ 231 Abs. 2 Z 18 und Abs. 3 Z 17) und „außerordentliche Aufwendungen" (§ 231 Abs. 2 Z 19 und Abs. 3 Z 18) sind Erträge und Aufwendungen auszuweisen, die außerhalb der gewöhnlichen Geschäftstätigkeit des Unternehmens anfallen. Sind diese Beträge für die Beurteilung der Ertragslage nicht von untergeordneter Bedeutung, so sind sie hinsichtlich ihres Betrages und ihrer Art im Anhang zu erläutern. Dies gilt auch für Erträge und Aufwendungen, die einem anderen Geschäftsjahr zuzurechnen sind.

Steuern
§ 234. Im Posten „Steuern vom Einkommen und vom Ertrag" sind die Beträge auszuweisen, die das Unternehmen als Steuerschuldner vom Einkommen und Ertrag zu entrichten hat. Dabei sind Erträge aus Steuergutschriften sowie aus der

16 Gesetzliche Grundlagen
16.1 Auszug aus dem Handelsgesetzbuch

Auflösung von nicht bestimmungsgemäß verwendeten Rückstellungen gesondert auszuweisen, soweit sie für die Beurteilung der Ertragslage nicht von untergeordneter Bedeutung sind.

Beschränkung der Ausschüttung

§ 235. Der ausschüttbare Gewinn eines Geschäftsjahres darf nicht vermehrt werden:

1. um einen Zuschreibungsbetrag auf Grund einer im Geschäftsjahr vorgenommenen Zuschreibung gemäß § 208 Abs. 1 in Verbindung mit § 204 Abs. 2,

2. um Erträge auf Grund einer im Geschäftsjahr vorgenommenen Auflösung der Bewertungsreserve aus anderen als den im § 205 Abs. 2 genannten Gründen,

3. um Erträge auf Grund der Auflösung von Kapitalrücklagen, die durch Umgründungen unter Ansatz des beizulegenden Wertes gemäß § 202 Abs. 2 Z 1 in Höhe des Unterschiedsbetrags zwischen dem Buchwert und dem höheren beizulegenden Wert entstanden sind.

Anhang und Lagebericht

Erläuterung der Bilanz und der Gewinn- und Verlustrechnung

§ 236. Im Anhang sind die Bilanz und die Gewinn- und Verlustrechnung sowie die darauf angewandten Bilanzierungs- und Bewertungsmethoden so zu erläutern, daß ein möglichst getreues Bild der Vermögens-, Finanz- und Ertragslage des Unternehmens vermittelt wird.

Insbesondere sind anzugeben:

1. Abweichungen von Bilanzierungs- und Bewertungsmethoden; diese sind zu begründen und ihr Einfluß auf die Vermögens-, Finanz- und Ertragslage ist gesondert darzustellen;

2. bei Inanspruchnahme von § 203 Abs. 4 der insgesamt nach dieser Bestimmung aktivierte Betrag;

3. die Gründe für die gewählte Abschreibungsdauer und Abschreibungsmethode gemäß § 203 Abs. 5 letzter Satz;

4. bei Inanspruchnahme von § 206 Abs. 3 der im Geschäftsjahr und der insgesamt über die Herstellungskosten hinaus angesetzte Betrag.

Ergänzende Angaben zur Erläuterung der Bilanz und der Gewinn- und Verlustrechnung

§ 237. Im Anhang sind ferner anzugeben:

1. zu den in der Bilanz ausgewiesenen Verbindlichkeiten
   a) der Gesamtbetrag der Verbindlichkeiten mit einer Restlaufzeit von mehr als fünf Jahren,
   b) der Gesamtbetrag der Verbindlichkeiten mit einer Restlaufzeit von mehr als einem Jahr,
   c) der Gesamtbetrag der Verbindlichkeiten, für die dingliche Sicherheiten bestellt sind, unter Angabe von Art und Form der Sicherheiten;

   die in lit. a bis c verlangten Angaben sind jeweils für jeden Posten der Verbindlichkeiten nach dem vorgeschriebenen Gliederungsschema zu machen, sofern sich diese Angaben nicht aus der Bilanz ergeben;

2. die Grundlagen für die Umrechnung in Euro, sofern der Jahresabschluß Posten enthält, denen Beträge zugrunde liegen, die auf fremde Währung lauten oder ursprünglich auf fremde Währung gelautet haben;

3. die gemäß § 199 ausgewiesenen Haftungsverhältnisse unter Angabe der Pfandrechte und sonstigen dinglichen Sicherheiten; diese Haftungsverhältnisse sind aufzugliedern und zu erläutern; Haftungen gegenüber verbundenen Unternehmen sind jeweils gesondert anzugeben;

4. bei Anwendung des Umsatzkostenverfahrens (§ 231 Abs. 3)
   a) der Materialaufwand und Aufwendungen für bezogene Leistungen des Geschäftsjahrs gemäß § 231 Abs. 2 Z 5,
   b) der Personalaufwand des Geschäftsjahrs, gegliedert gemäß § 231 Abs. 2 Z 6;

5. wesentliche Verluste aus dem Abgang von Vermögensgegenständen des Anlagevermögens;

6. zum in der Gewinn- und Verlustrechnung ausgewiesenen Posten „Steuern vom Einkommen und vom Ertrag"

a) die Auswirkung der Veränderung der unversteuerten Rücklagen auf den Posten „Steuern vom Einkommen und vom Ertrag" des Geschäftsjahrs,

b) in welchem Umfang die Steuern vom Einkommen und vom Ertrag das Ergebnis der gewöhnlichen Geschäftstätigkeit und das außerordentliche Ergebnis belasten,

c) der gemäß § 198 Abs. 10 aktivierbare Betrag, wenn er in der Bilanz nicht gesondert ausgewiesen wird;

7. Rückstellungen, die in der Bilanz nicht gesondert ausgewiesen werden, wenn sie einen erheblichen Umfang haben; diese Rückstellungen sind zu erläutern;

8. der Gesamtbetrag der sonstigen finanziellen Verpflichtungen, die nicht in der Bilanz ausgewiesen und auch nicht gemäß § 199 anzugeben sind, sofern diese Angabe für die Beurteilung der Finanzlage von Bedeutung ist, davon sind gesondert auszuweisen

a) Verpflichtungen gegenüber verbundenen Unternehmen,

b) Verpflichtungen aus der Nutzung von in der Bilanz nicht ausgewiesenen Sachanlagen (§ 224 Abs. 2 A II), wobei der Betrag der Verpflichtungen des folgenden Geschäftsjahrs und der Gesamtbetrag der folgenden fünf Jahre anzugeben ist;

9. die Aufgliederung der Umsatzerlöse nach Tätigkeitsbereichen sowie nach geographisch bestimmten Märkten, soweit sich, unter Berücksichtigung der Organisation des Verkaufs von für die gewöhnliche Geschäftstätigkeit des Unternehmens typischen Erzeugnissen und der für die gewöhnliche Geschäftstätigkeit des Unternehmens typischen Dienstleistungen, die Tätigkeitsbereiche und geographisch bestimmten Märkte untereinander erheblich unterscheiden; die Umsatzerlöse brauchen jedoch nicht aufgegliedert zu werden, soweit die Aufgliederung nach vernünftiger kaufmännischer Beurteilung geeignet ist, dem Unternehmen oder einem Unternehmen, von dem das Unternehmen mindestens den fünften Teil der Anteile besitzt einen erheblichen Nachteil zuzufügen; die Anwendung dieser Ausnahme ist im Anhang anzugeben;

10. der in der Bilanz nicht gesondert ausgewiesene Betrag der Einlagen von stillen Gesellschaftern;

11. bei der Anwendung einer Bewertungsmethode gemäß § 209 Abs. 2 die Unterschiedsbeträge für die jeweilige Gruppe, wenn die Bewertung im Vergleich zu einer Bewertung auf der Grundlage des letzten vor dem Abschlußstichtag bekannten Börsenkurses oder Marktpreises einen erheblichen Unterschied aufweist;

12. Name und Sitz des Mutterunternehmens der Gesellschaft, das den Konzernabschluß für den größten Kreis von Unternehmen aufstellt, und ihres Mutterunternehmens, das den Konzernabschluß für den kleinsten Kreis von Unternehmen aufstellt, sowie im Fall der Offenlegung der von diesen Mutterunternehmen aufgestellten Konzernabschlüsse der Ort, wo diese erhältlich sind.

Weitere Angaben im Anhang
§ 238. Im Anhang sind auch anzugeben:

1. in der Bilanz ausgewiesene immaterielle Vermögensgegenstände, die von einem verbundenen Unternehmen oder von einem Gesellschafter, dessen Anteil den zehnten Teil des Nennkapitals erreicht, erworben wurden;

2. Namen und Sitz anderer Unternehmen, von denen das Unternehmen oder für dessen Rechnung eine andere Person mindestens den fünften Teil der Anteile besitzt; außerdem sind die Höhe des Anteils am Kapital, das Eigenkapital und das Ergebnis des letzten Geschäftsjahrs dieser Unternehmen anzugeben, für das ein Jahresabschluß vorliegt; § 244 Abs. 4 und 5 über die Berechnung der Anteile ist entsprechend anzuwenden, gleichgültig unter welchem Posten diese ausgewiesen sind; ferner Name, Sitz und Rechtsform der Unternehmen, deren unbeschränkt haftender Gesellschafter die Gesellschaft ist;

3. die Beziehungen zu verbundenen Unternehmen; hiebei ist auch über Verträge zu berichten, die die Gesellschaft verpflichten, ihren Gewinn oder Verlust ganz oder teilweise an andere Personen zu überrechnen oder einen solchen von anderen Personen zu übernehmen;

4. die im § 231 Abs. 2 Z 10 und Abs. 3 Z 9 enthaltenen Erträge sowie die im § 231 Abs. 2 Z 14 und Abs. 3 Z 13 enthaltenen Aufwendungen aus Gewinngemeinschaften.

16 Gesetzliche Grundlagen
16.1 Auszug aus dem Handelsgesetzbuch

Pflichtangaben über Organe und Arbeitnehmer
§ 239. (1) Der Anhang hat über Organe und Arbeitnehmer insbesondere anzuführen:

1. die durchschnittliche Zahl der Arbeitnehmer während des Geschäftsjahrs und die Aufgliederung der durchschnittlichen Zahl der Arbeitnehmer getrennt nach Arbeitern und Angestellten;

2. die Beträge der den Mitgliedern des Vorstands und des Aufsichtsrats unter Bezeichnung der der einzelnen Einrichtung gewährten Vorschüsse und Kredite unter Angabe der Zinsen, der wesentlichen Bedingungen und der gegebenenfalls im Geschäftsjahr zurückgezahlten Beträge sowie die zugunsten dieser Personen eingegangenen Haftungsverhältnisse;

3. die Aufwendungen für Abfertigungen und Pensionen, getrennt nach solchen für Vorstandsmitglieder und leitende Angestellte gemäß § 80 Abs. 1 AktG 1965 und für andere Arbeitnehmer;

4. die Bezüge der Mitglieder des Vorstands, des Aufsichtsrats oder ähnlicher Einrichtungen gesondert für jede Personengruppe, und zwar:
   a) die für die Tätigkeit im Geschäftsjahr gewährten Gesamtbezüge (Gehälter, Gewinnbeteiligungen, Aufwandsentschädigungen, Versicherungsentgelte, Provisionen und Nebenleistungen jeder Art). In die Gesamtbezüge sind auch Bezüge einzurechnen, die nicht ausgezahlt, sondern in Ansprüche anderer Art umgewandelt oder zur Erhöhung anderer Ansprüche verwendet werden. Erhalten Mitglieder des Vorstands von verbundenen Unternehmen für ihre Tätigkeit für das Unternehmen oder für ihre Tätigkeit als gesetzliche Vertreter oder Angestellte des verbundenen Unternehmens Bezüge, so sind diese Bezüge gesondert anzugeben;
   b) die Gesamtbezüge (Abfindungen, Ruhegehälter, Hinterbliebenenbezüge und Leistungen verwandter Art) der früheren Mitglieder der bezeichneten Organe und ihrer Hinterbliebenen; lit. a ist entsprechend anzuwenden.

(2) Im Anhang sind alle im Geschäftsjahr tätigen Mitglieder des Vorstands und des Aufsichtsrats, auch wenn sie im Geschäftsjahr oder später ausgeschieden sind, mit dem Familiennamen und mindestens einem ausgeschriebenen Vornamen anzugeben. Der Vorsitzende des Aufsichtsrats, seine Stellvertreter und ein etwaiger Vorsitzender des Vorstands sind als solche zu bezeichnen.

Pflichtangaben bei Aktiengesellschaften

§ 240. Im Anhang sind von Aktiengesellschaften auch Angaben zu machen über

1. den auf jede Aktiengattung entfallenden Betrag des Grundkapitals, bei Nennbetragsaktien die Nennbeträge und die Zahl der Aktien jeden Nennbetrags, bei Stückaktien deren Zahl sowie, wenn mehrere Gattungen bestehen, die Zahl der Aktien jeder Gattung;

2. den Bestand und den Zugang an Aktien, die ein Aktionär für Rechnung der Gesellschaft oder eines abhängigen oder eines Mehrheitsbesitz der Gesellschaft stehenden Unternehmens oder ein abhängiges oder im Mehrheitsbesitz der Gesellschaft stehendes Unternehmen als Gründer oder Zeichner oder in Ausübung eines bei einer bedingten Kapitalerhöhung eingeräumten Umtausch- oder Bezugsrechts übernommen hat; sind solche Aktien im Geschäftsjahr verwertet worden, so ist auch über die Verwertung unter angabe des Erlöses und der Verwendung des Erlöses zu berichten.

3. den Bestand an eigenen Aktien der Gesellschaft, die sie, ein abhängiges oder im Mehrheitsbesitz der Gesellschaft stehendes Unternehmen oder eine andere Person für Rechnung der Gesellschaft oder eines abhängigen oder eines im Mehrheitsbesitz der Gesellschaft stehenden Unternehmens erworben oder als Pfand genommen hat; dabei sind die Zahl dieser Aktien, der auf sie entfallende Betrag des Grundkapitals sowie ihr Anteil am Grundkapital für erworbene Aktien ferner der Zeitpunkt des Erwerbs und die Gründe für den Erwerb anzugeben. Sind solche Aktien im Geschäftsjahr erworben oder veräußert worden, so ist auch über den Erwerb oder die Veräußerung unter Angabe der Zahl dieser Aktien, des auf sie entfallenden Betrags des Grundkapitals, des Anteils am Grundkapital und des Erwerbs- oder Veräußerungspreises sowie über die Verwendung des Erlöses zu berichten;

4. Aktien, die aus einer bedingten Kapitalerhöhung oder einem genehmigten Kapital im Geschäftsjahr gezeichnet wurden;

5. das genehmigte Kapital;

6. die Zahl der Wandelschuldverschreibungen und vergleichbaren Wertpapiere unter Angabe der Rechte, die sie verbriefen;

7. Genußrechte, Rechte aus Besserungsscheinen und ähnliche Rechte unter Angabe der Art und Zahl der jeweiligen Rechte sowie der im Geschäftsjahr neu entstandenen Rechte;

8. den Betrag des unter den Verbindlichkeiten ausgewiesenen nachrangigen Kapitals;

9. das Bestehen einer wechselseitigen Beteiligung (§ 228 Abs. 1) unter Angabe des beteiligten Unternehmens.

Unterlassen von Angaben
§ 241. (1) Die Berichterstattung kann ausnahmsweise unterbleiben, soweit es die nationale Sicherheit des Bundes oder das wirtschaftliche Wohl des Bundes, der Länder, der Gemeinden oder Gemeindeverbände erfordert.

(2) Die Angaben gemäß § 238 Z 2 können unterbleiben, soweit sie

1. für die Darstellung der Vermögens-, Finanz- und Ertragslage des Unternehmens von untergeordneter Bedeutung sind oder

2. nach vernünftiger kaufmännischer Beurteilung geeignet sind, dem Unternehmen oder dem anderen Unternehmen einen erheblichen Nachteil zuzufügen. Die Angabe des Eigenkapitals und des Jahresergebnisses kann unterbleiben, wenn das Unternehmen, über das gemäß § 238 Z 2 zu berichten ist, seinen Jahresabschluß nicht offenzulegen hat und das berichtende Unternehmen weniger als die Hälfte der Anteile besitzt. Die Anwendung der Ausnahmeregelung gemäß Z 2 ist im Anhang anzugeben.

(3) Bei der Berichterstattung gemäß § 238 Z 3 brauchen Einzelheiten nicht angegeben zu werden, soweit die Angaben nach vernünftiger kaufmännischer Beurteilung geeignet sind, dem Unternehmen oder einem verbundenen Unternehmen einen erheblichen Nachteil zuzufügen. Die Anwendung der Ausnahmeregelung ist im Anhang anzugeben.

(4) Betrifft die Aufschlüsselung gemäß § 239 Abs. 1 Z 3 und 4 weniger als drei Personen, so kann sie unterbleiben.

Größenabhängige Erleichterung

§ 242. (1) § 237 Z 9 braucht von kleinen Aktiengesellschaften (§ 221 Abs. 1) und mittelgroßen Gesellschaften mit beschränkter Haftung (§ 221 Abs. 2) nicht angewendet zu werden.

(2) Kleine Gesellschaften mit beschränkter Haftung (§ 221 Abs. 1) brauchen in ihren Anhang nur die Angaben gemäß § 222 Abs. 2, § 223 Abs. 1 bis 3 sowie Abs. 5, § 225 Abs. 1, § 226 Abs. 1, § 230 Abs. 2, § 236, § 237 Z 2 bis 4, 10 und 12, § 238 Z 2, § 239 Abs. 1 Z 1 und 2 und Abs. 2 sowie § 241 Abs. 2 letzter Satz aufzunehmen; die Angaben gemäß § 237 Z 1 sind zusammengefaßt für alle betroffenen Posten zu machen. Auf schriftliches Verlangen einer Minderheit, deren Anteile den zehnten Teil des Nennkapitals oder den anteiligen Betrag von 1 400 000 Euro erreichen, ist ein vollständiger Anhang zu erstellen. Dieses Verlangen muß vor Ablauf des Geschäftsjahrs bei der Gesellschaft einlangen.

Lagebericht

§ 243. (1) Im Lagebericht sind der Geschäftsverlauf und die Lage des Unternehmens so darzustellen, daß ein möglichst getreues Bild der Vermögens-, Finanz- und Ertragslage vermittelt wird.

(2) Der Lagebericht hat auch einzugehen auf:

1. Vorgänge von besonderer Bedeutung, die nach dem Schluß des Geschäftsjahrs eingetreten sind;

2. die voraussichtliche Entwicklung des Unternehmens;

3. den Bereich Forschung und Entwicklung;

4. bestehende Zweigniederlassungen der Gesellschaft.

(3) Kleine Gesellschaften mit beschränkter Haftung (§ 221 Abs. 1) brauchen den Lagebericht nicht aufzustellen.

16 Gesetzliche Grundlagen

16.1 Auszug aus dem Handelsgesetzbuch

Konzernabschluß und Konzernlagebericht

Anwendungsbereich

Pflicht zur Aufstellung

§ 244. (1) Stehen Unternehmen unter der einheitlichen Leitung einer Kapitalgesellschaft (Mutterunternehmen) mit Sitz im Inland und gehört dem Mutterunternehmen eine Beteiligung gemäß § 228 an dem oder den anderen unter der einheitlichen Leitung stehenden Unternehmen (Tochterunternehmen), so haben die gesetzlichen Vertreter des Mutterunternehmens einen Konzernabschluß und einen Konzernlagebericht aufzustellen sowie dem Aufsichtsrat und der Hauptversammlung (Generalversammlung) des Mutterunternehmens innerhalb der für die Vorlage des Jahresabschlusses geltenden Fristen vorzulegen. Der Konzernabschluß und der Konzernlagebericht sind der Hauptversammlung zusammen mit dem Jahresabschluß des Mutterunternehmens vorzulegen.

(2) Eine Kapitalgesellschaft mit Sitz im Inland ist stets zur Aufstellung eines Konzernabschlusses und eines Konzernlageberichtes verpflichtet (Mutterunternehmen), wenn ihr bei einem Unternehmen (Tochterunternehmen)

1. die Mehrheit der Stimmrechte der Gesellschafter zusteht,

2. das Recht zusteht, die Mehrheit der Mitglieder des Verwaltungs-, Leitungs- oder Aufsichtsorgans zu bestellen oder abzuberufen, und sie gleichzeitig Gesellschafter ist oder

3. das Recht zusteht, einen beherrschenden Einfluß auszuüben, oder

4. auf Grund eines Vertrages mit einem oder mehreren Gesellschaftern des Tochterunternehmens das Recht zur Entscheidung zusteht, wie Stimmrechte der Gesellschafter, soweit sie mit ihren eigenen Stimmrechten zur Erreichung der Mehrheit aller Stimmen erforderlich sind, bei Bestellung oder Abberufung der Mehrheit der Mitglieder des Leitungs- oder eines Aufsichtsorgans auszuüben sind.

(3) Ist bei einer Personengesellschaft des Handelsrechts kein persönlich haftender Gesellschafter mit Vertretungsbefugnis eine natürliche Person, so unterliegt die Personengesellschaft hinsichtlich der in §§ 244 bis 267 geregelten Tatbestände den der Rechtsform ihres vertretungsbefugten Gesellschafters entspre-

chenden Rechtsvorschriften; ist dieser keine Kapitalgesellschaft, so gelten die Vorschriften für Gesellschaften mit beschränkter Haftung.

(4) Als Rechte, die einem Mutterunternehmen zustehen, gelten auch die einem Tochterunternehmen zustehenden Rechte und die für Rechnung des Mutterunternehmens oder der Tochterunternehmen anderer Personen zustehenden Rechte. Abzuziehen sind die Rechte, die

1. mit Anteilen verbunden sind, die von dem Mutterunternehmen oder vom Tochterunternehmen für Rechnung einer anderen Person gehalten werden, oder

2. mit Anteilen verbunden sind, die als Sicherheit gehalten werden, sofern diese Rechte nach Weisung des Sicherungsgebers oder in dessen Interesse auszuüben sind.

(5) Bei Ermittlung der Mehrheit der Stimmrechte sind von der Zahl aller Stimmrechte die Stimmrechte aus eigenen Anteilen abzuziehen, die dem Tochterunternehmen selbst, einem seiner Tochterunternehmen oder einer anderen Person für Rechnung dieser Unternehmen gehören.

(6) Beteiligungen im Sinn des Abs. 1 müssen bei Kapitalgesellschaften und Genossenschaften den fünften Teil des Nennkapitals erreichen.

(7) Bei Meinungsverschiedenheiten über das Vorliegen einer Verpflichtung zur Aufstellung des Konzernabschlusses und des Konzernlageberichts entscheidet der für den Sitz des Unternehmens zuständige, zur Ausübung der Gerichtsbarkeit in Handelssachen berufene Gerichtshof erster Instanz im Verfahren außer Streitsachen. Vom Mutter- als auch vom Tochterunternehmen sind antragsberechtigt: jedes Vorstands- und Aufsichtsratsmitglied, der Abschlußprüfer und eine Minderheit, deren Anteile den zwanzigsten Teil des Nennkapitals oder den anteiligen Betrag von 700 000 Euro erreichen. Diese Regelung gilt sinngemäß für Personengesellschaften des Handelsrechts.

Befreiende Konzernabschlüsse und Konzernlageberichte

§ 245. (1) Tochterunternehmen, die in Österreich ihren Sitz haben und in einen Konzernabschluß samt Konzernlagebericht einbezogen sind, der nach österreichischen oder diesen gleichwertigen ausländischen Vorschriften aufgestellt und geprüft worden ist, haben nur dann einen Teilkonzernabschluß aufzustellen, wenn dies spätestens sechs Monate vor Ablauf des Konzerngeschäftsjahres vom Aufsichtsrat oder von einer Minderheit, deren Anteile den zehnten Teil des Nennkapitals oder den anteiligen Betrag von 1 400 000 Euro erreichen, verlangt wird; ist eine inländische Tochtergesellschaft nur in einen ausländischen Konzernabschluß einbezogen, so können Anteilsberechtigte, die über den zwanzigsten Teil des Nennkapitals oder den Nennbetrag von anteiligen Betrag von 700 000 Euro verfügen, das Verlangen stellen.

(2) Ist nach ausländischem Recht ein Zwischenabschluß im Sinne des § 252 Abs. 2 nicht aufzustellen, so ist dennoch der ausländische Konzernabschluß gleichwertig, wenn der Abschlußstichtag um höchstens drei Monate vor dem Stichtag des Konzernabschlusses liegt.

(3) Bei Wegfall der Befreiung gemäß Abs. 1 gilt § 246 Abs. 2 sinngemäß.

(4) Der Bundesminister für Justiz wird ermächtigt, durch Verordnung festzustellen, ob die in einem anderen Staat geltenden Vorschriften für die Konzernabschlüsse und Konzernlageberichte gleichwertig sind, welche Voraussetzungen im Ausland aufgestellte Konzernabschlüsse und Konzernlageberichte erfüllen müssen und wie die Befähigung von Abschlußprüfern beschaffen sein muß, damit der Konzernabschluß nach Abs. 1 gleichwertig ist. Erforderlichenfalls sind zusätzliche Angaben und Erläuterungen zum Konzernabschluß vorzuschreiben, um die Gleichwertigkeit dieser Konzernabschlüsse und Konzernlageberichte mit solchen nach diesem Gesetz herzustellen.

Konzernabschlüsse nach international anerkannten Rechnungslegungsgrundsätzen

§ 245a. (1) Ein Mutterunternehmen, das einen Konzernabschluß und einen Konzernlagebericht nach international anerkannten Rechnungslegungsgrundsätzen aufstellt, muß die Bestimmungen der §§ 248 bis 267 für diesen Konzernabschluß und Konzernlagebericht nicht anwenden, wenn

1. der Konzernabschluß und der Konzernlagebericht im Einklang mit der Richtlinie 83/349/EWG über den konsolidierten Abschluß, Abl. Nr. L 193 vom 18. Juli 1983, S 1, stehen;

2. der Anhang oder die Erläuterungen zum Konzernabschluß die Bezeichnung der angewandten Rechnungslegungsgrundsätze sowie eine Erläuterung der

vom österreichischen Recht abweichenden Bilanzierungs-, Bewertungs- und Konsolidierungsmethoden enthalten;

3. die Aussagekraft des nach international anerkannten Rechnungslegungsgrundsätzen aufgestellten Konzernabschlusses und Konzernlageberichts der Aussagekraft eines nach den Bestimmungen dieses Abschnitts aufgestellten Konzernabschlusses und Konzernlageberichts mindestens gleichwertig ist;

4. der gemäß § 268 Abs. 2 bestellte Abschlußprüfer bestätigt, daß die in Z 1 bis 3 genannten Voraussetzungen erfüllt sind; und wenn

5. der Bestätigungsvermerk des Abschlußprüfers in einer dem § 274 Abs. 1 bis 4 mindestens gleichwertigen Art über das Ergebnis der Prüfung des Konzernabschlusses und des Konzernlageberichts berichtet.

(2) Bei der Offenlegung ist ausdrücklich darauf hinzuweisen, daß es sich um einen nach international anerkannten Rechnungslegungsgrundsätzen erstellten Konzernabschluß und Konzernlagebericht handelt; die angewandten Rechnungslegungsgrundsätze sind dabei anzugeben.

(3) Der Bundesminister für Justiz kann durch Verordnung feststellen, welche Voraussetzungen Konzernabschlüsse und Konzernlageberichte im einzelnen erfüllen müssen, um Abs. 1 Z 3 zu entsprechen. Dies kann auch durch die Bezeichnung bestimmter Rechnungslegungsgrundsätze geschehen, bei deren Anwendung Abs. 1 Z 3 entsprochen wird.

Größenabhängige Befreiungen

§ 246. (1) Ein Mutterunternehmen ist von der Pflicht, einen Konzernabschluß und einen Konzernlagebericht aufzustellen, befreit, wenn

1. am Abschlußstichtag seines Jahresabschlusses und am vorhergehenden Abschlußstichtag mindestens zwei der drei nachstehenden Merkmale zutreffen:
   a) Die Bilanzsummen in den Bilanzen des Mutterunternehmens und der Tochterunternehmen, die in den Konzernabschluß einzubeziehen wären, übersteigen insgesamt nicht 450 Millionen Schilling.
   b) Die Umsatzerlöse des Mutterunternehmens und der Tochterunternehmen, die in den Konzernabschluß einzubeziehen wären, übersteigen in den zwölf Monaten vor dem Abschlußstichtag insgesamt nicht 900 Millionen Schilling.

c) Das Mutterunternehmen und die Tochterunternehmen, die in den Konzernabschluß einzubeziehen wären, haben in den zwölf Monaten vor dem Abschlußstichtag im Jahresdurchschnitt nicht mehr als 500 Arbeitnehmer beschäftigt; oder

2. am Abschlußstichtag eines von ihm aufzustellenden Konzernabschlusses und am vorhergehenden Abschlußstichtag mindestens zwei der drei nachstehenden Merkmale zutreffen:

a) Die Bilanzsumme übersteigt nicht 375 Millionen Schilling.

b) Die Umsatzerlöse in den zwölf Monaten vor dem Abschlußstichtag übersteigen nicht 750 Millionen Schilling.

c) Das Mutterunternehmen und die in den Konzernabschluß einbezogenen Tochterunternehmen haben in den zwölf Monaten vor dem Abschlußstichtag im Jahresdurchschnitt nicht mehr als 500 Arbeitnehmer beschäftigt.

(2) Die Rechtsfolgen der Merkmale gemäß Abs. 1 Z 1 und 2 treten, wenn diese Merkmale an den Abschlußstichtagen von zwei aufeinanderfolgenden Geschäftsjahren zutreffen, ab dem folgenden Geschäftsjahr ein.

(3) Abs. 1 ist nicht anzuwenden, wenn am Abschlußstichtag Aktien oder andere von dem Mutterunternehmen oder einem in den Konzernabschluß des Mutterunternehmens einbezogenen Tochterunternehmens ausgegebene Wertpapiere an einer Börse in einem Mitgliedstaat der Europäischen Union oder eines Vertragsstaats des Abkommens über die Schaffung eines Europäischen Wirtschaftsraumes, BGBl. Nr. 909/1993, zum amtlichen Handel zugelassen oder in den geregelten Freiverkehr einbezogen sind.

(4) § 221 Abs. 7 gilt sinngemäß für die in Abs. 1 Z 1 und 2 angeführten Merkmale.

Umfang der einzubeziehenden Unternehmen (Konsolidierungskreis)

Einzubeziehende Unternehmen, Vorlage- und Auskunftspflichten
§ 247. (1) In den Konzernabschluß sind das Mutterunternehmen und alle Tochterunternehmen ohne Rücksicht auf den Sitz der Tochterunternehmen einzubeziehen, sofern die Einbeziehung nicht gemäß den §§ 248 ff. unterbleibt.

(2) Hat sich die Zusammensetzung der in den Konzernabschluß einbezogenen Unternehmen im Laufe des Geschäftsjahrs wesentlich geändert, so sind in den Konzernabschluß Angaben aufzunehmen, die es ermöglichen, die aufeinanderfolgenden Konzernabschlüsse sinnvoll zu vergleichen. Dieser Verpflichtung kann auch dadurch entsprochen werden, daß die entsprechenden Beträge des vorhergehenden Konzernabschlusses an die Änderung angepaßt werden.

(3) Die Tochterunternehmen haben dem Mutterunternehmen ihre Jahresabschlüsse, Lageberichte, Konzernabschlüsse, Konzernlageberichte und, wenn eine Prüfung des Jahresabschlusses oder des Konzernabschlusses stattgefunden hat, die Prüfungsberichte sowie, wenn ein Zwischenabschluß aufzustellen ist, einen auf den Stichtag des Konzernabschlusses aufgestellten Abschluß unverzüglich einzureichen. Das Mutterunternehmen kann von jedem Tochterunternehmen alle Aufklärungen und Nachweise verlangen, welche die Aufstellung des Konzernabschlusses und des Konzernlageberichts erfordert.

Verbot der Einbeziehung

§ 248. (1) Ein Tochterunternehmen darf in den Konzernabschluß nicht einbezogen werden, wenn sich seine Tätigkeit von der Tätigkeit der anderen einbezogenen Unternehmen derart unterscheidet, daß die Einbeziehung in den Konzernabschluß mit der Verpflichtung, ein möglichst getreues Bild der Vermögens-, Finanz- und Ertragslage des Konzerns zu vermitteln, unvereinbar ist; § 263 über die Einbeziehung von assoziierten Unternehmen bleibt unberührt.

(2) Abs. 1 ist nicht allein deshalb anzuwenden, weil die in den Konzernabschluß einbezogenen Unternehmen teils Industrie-, teils Handels- und teils Dienstleistungsunternehmen sind oder weil diese Unternehmen unterschiedliche Erzeugnisse herstellen, mit unterschiedlichen Erzeugnissen Handel treiben oder Dienstleistungen unterschiedlicher Art erbringen.

(3) Die Anwendung des Abs. 1 ist im Konzernanhang anzugeben und zu begründen.

(4) Wird der Jahresabschluß oder der Konzernabschluß eines gemäß Abs. 1 nicht einbezogenen Unternehmens im Geltungsbereich dieses Gesetzes nicht offengelegt, so ist er gemeinsam mit dem Konzernabschluß zum Firmenbuch einzureichen.

16 Gesetzliche Grundlagen
16.1 Auszug aus dem Handelsgesetzbuch

Verzicht auf die Einbeziehung

§ 249. (1) Ein Tochterunternehmen braucht in den Konzernabschluß nicht einbezogen zu werden, wenn

1. erhebliche und andauernde Beschränkungen die Ausübung der Rechte des Mutterunternehmens in bezug auf das Vermögen oder die Geschäftsführung dieses Unternehmens nachhaltig beeinträchtigen oder

2. die für die Aufstellung des Konzernabschlusses erforderlichen Angaben nicht ohne unverhältnismäßige Verzögerungen oder ohne unverhältnismäßig hohe Kosten zu erhalten sind, wobei auf die Größe des Unternehmens Bedacht zu nehmen ist.

(2) Ein Tochterunternehmen braucht in den Konzernabschluß nicht einbezogen zu werden, wenn es für die Verpflichtung, ein möglichst getreues Bild der Vermögens-, Finanz- und Ertragslage des Konzerns zu vermitteln, von untergeordneter Bedeutung ist. Entsprechen mehrere Tochterunternehmen diesen Voraussetzungen, so sind diese Unternehmen in den Konzernabschluß einzubeziehen, wenn sie zusammen nicht von untergeordneter Bedeutung sind.

(3) Die Anwendung der Abs. 1 und 2 ist im Konzernanhang, falls kein Konzernanhang aufzustellen ist, im Anhang des Jahresabschlusses der Muttergesellschaft anzugeben und zu begründen.

Inhalt und Form des Konzernabschlusses

Inhalt

§ 250. (1) Der Konzernabschluß besteht aus der Konzernbilanz, der Konzern-Gewinn- und Verlustrechnung und dem Konzernanhang.

(2) Der Konzernabschluß hat den Grundsätzen ordnungsmäßiger Buchführung zu entsprechen. Er ist klar und übersichtlich aufzustellen. Er hat ein möglichst getreues Bild der Vermögens-, Finanz- und Ertragslage des Konzerns zu vermitteln. Wenn dies aus besonderen Umständen nicht gelingt, sind im Konzernanhang die erforderlichen zusätzlichen Angaben zu machen.

(3) Im Konzernabschluß ist die Vermögens-, Finanz- und Ertragslage der einbezogenen Unternehmen so darzustellen, als ob diese Unternehmen insgesamt ein einziges Unternehmen wären. Die auf den vorhergehenden Konzernabschluß an-

gewandten Zusammenfassungs(Konsolidierungs)methoden sind beizubehalten. Ein Abweichen von diesem Grundsatz ist nur bei Vorliegen besonderer Umstände zulässig; der Grund und die Auswirkungen auf die Vermögens-, Finanz- und Ertragslage sind im Konzernanhang darzustellen.

Anzuwendende Vorschriften; Erleichterungen
§ 251. (1) Auf den Konzernabschluß sind, soweit seine Eigenart keine Abweichung bedingt oder in den folgenden Vorschriften nichts anderes bestimmt ist, § 193 Abs. 3, §§ 194 bis 211,223 bis 235 über den Jahresabschluß und die für die Rechtsform und den Geschäftszweig der in den Konzernabschluß einbezogenen Unternehmen mit dem Sitz im Geltungsbereich dieses Gesetzes geltenden Vorschriften entsprechend anzuwenden.

(2) In der Gliederung der Konzernbilanz dürfen die Vorräte in einem Posten zusammengefaßt werden, wenn deren Aufgliederung wegen besonderer Umstände mit einem unverhältnismäßigen Aufwand verbunden wäre.

(3) Der Konzernanhang und der Anhang des Jahresabschlusses des Mutterunternehmens dürfen zusammengefaßt werden. In diesem Falle müssen der Konzernabschluß und der Jahresabschluß des Mutterunternehmens gemeinsam offengelegt und dürfen auch die Prüfungsberichte und die Bestätigungsvermerke zusammengefaßt werden.

Stichtag für die Aufstellung
§ 252. (1) Der Konzernabschluß ist auf den Stichtag des Jahresabschlusses des Mutterunternehmens oder auf den hievon abweichenden Stichtag der Jahresabschlüsse der bedeutendsten oder der Mehrzahl der in den Konzernabschluß einbezogenen Unternehmen aufzustellen; die Abweichung vom Abschlußstichtag des Mutterunternehmens ist im Konzernanhang anzugeben und zu begründen.

(2) Die Jahresabschlüsse der in den Konzernabschluß einbezogenen Unternehmen sollen auf den Stichtag des Konzernabschlusses aufgestellt werden. Liegt der Abschlußstichtag eines Unternehmens um mehr als drei Monate vor dem Stichtag des Konzernabschlusses, so ist dieses Unternehmen auf Grund eines auf den Stichtag und den Zeitraum des Konzernabschlusses aufgestellten Zwischenabschlusses in den Konzernabschluß einzubeziehen.

(3) Wird bei abweichenden Abschlußstichtagen ein Unternehmen nicht auf der Grundlage eines auf den Stichtag und den Zeitraum des Konzernabschlusses aufgestellten Zwischenabschlusses einbezogen, so sind Vorgänge von besonderer Bedeutung für die Vermögens-, Finanz- und Ertragslage eines in den Konzernabschluß einbezogenen Unternehmens, die zwischen dem Abschlußstichtag dieses Unternehmens und dem Abschlußstichtag des Konzernabschlusses eingetreten sind, in der Konzernbilanz und der Konzern-Gewinn- und Verlustrechnung zu berücksichtigen oder im Konzernanhang anzugeben.

Vollständige Zusammenfassung der Jahresabschlüsse verbundener Unternehmen (Vollkonsolidierung)

Grundsätze, Vollständigkeitsgebot

§ 253. (1) In dem Konzernabschluß ist der Jahresabschluß des Mutterunternehmens mit den Jahresabschlüssen der Tochterunternehmen zusammenzufassen. An die Stelle der dem Mutterunternehmen gehörenden Anteile an den einbezogenen Tochterunternehmen treten die Vermögensgegenstände, unversteuerten Rücklagen, Rückstellungen, Verbindlichkeiten und Rechnungsabgrenzungsposten der Tochterunternehmen, soweit sie nach dem Recht des Mutterunternehmens bilanzierbar sind und die Eigenart des Konzernabschlusses keine Abweichungen bedingt oder in den folgenden Vorschriften nichts anderes bestimmt ist.

(2) Die Vermögensgegenstände, unversteuerten Rücklagen, Rückstellungen, Verbindlichkeiten und Rechnungsabgrenzungsposten sowie die Erträge und Aufwendungen der in den Konzernabschluß einbezogenen Unternehmen sind unabhängig von ihrer Berücksichtigung in den Jahresabschlüssen dieser Unternehmen vollständig aufzunehmen, soweit nach dem Recht des Mutterunternehmens nicht ein Bilanzierungsverbot oder ein Bilanzierungswahlrecht besteht. Nach dem Recht des Mutterunternehmens zulässige Bilanzierungswahlrechte dürfen im Konzernabschluß unabhängig von ihrer Ausübung in den Jahresabschlüssen der in den Konzernabschluß einbezogenen Unternehmen ausgeübt werden.

(3) Die unversteuerten Rücklagen gemäß § 205 dürfen nach Abzug der Steuerabgrenzung als Gewinnrücklagen ausgewiesen werden.

Zusammenfassung von Eigenkapital und Beteiligungen (Kapitalkonsolidierung)

§ 254. (1) Der Wertansatz der dem Mutterunternehmen gehörenden Anteile an einem in den Konzernabschluß einbezogenen Tochterunternehmen wird mit dem auf diese Anteile entfallenden Betrag des Eigenkapitals des Tochterunternehmens verrechnet. Das Eigenkapital ist anzusetzen

1. entweder mit dem Betrag, der dem Buchwert der in den Konzernabschluß aufzunehmen den Vermögensgegenstände, unversteuerten Rücklagen, Rückstellungen, Verbindlichkeiten und Rechnungsabgrenzungsposten, gegebenenfalls nach Anpassung der Wertansätze gemäß § 260 Abs. 2, entspricht oder

2. mit dem Betrag, der dem Wert der in den Konzernabschluß aufzunehmenden Vermögensgegenstände, unversteuerten Rücklagen, Rückstellungen, Verbindlichkeiten und Rechnungsabgrenzungsposten entspricht, der diesen an dem für die Verrechnung gemäß Abs. 2 gewählten Zeitpunkt beizulegen ist. Bei Ansatz mit dem Buchwert gemäß Z 1 ist ein sich ergebender Unterschiedsbetrag den Wertansätzen von in der Konzernbilanz anzusetzenden Vermögensgegenständen und Schulden des jeweiligen Tochterunternehmens insoweit zuzuschreiben oder mit diesen zu verrechnen, als deren Wert höher oder niedriger ist als der bisherige Wertansatz. Bei Ansatz mit den Werten gemäß Z 2 darf das anteilige Eigenkapital nicht mit einem Betrag angesetzt werden, der die Anschaffungskosten des Mutterunternehmens für die Anteile an dem einbezogenen Tochterunternehmen überschreitet. Die angewandte Methode ist im Konzernanhang anzugeben.

(2) Die Verrechnung gemäß Abs. 1 wird auf der Grundlage der Wertansätze zum Zeitpunkt des Erwerbs der Anteile oder der erstmaligen Einbeziehung des Tochterunternehmens in den Konzernabschluß oder, beim Erwerb der Anteile zu verschiedenen Zeitpunkten, zu dem Zeitpunkt, zu dem das Unternehmen Tochterunternehmen geworden ist, durchgeführt. Der gewählte Zeitpunkt ist im Konzernanhang anzugeben.

(3) Ein bei der Verrechnung gemäß Abs. 1 Z 2 entstehender oder ein nach Zuschreibung oder Verrechnung gemäß Abs. 1 dritter Satz verbleibender Unterschiedsbetrag ist in der Konzernbilanz, wenn er auf der Aktivseite entsteht, als Geschäfts(Firmen)wert und, wenn er auf der Passivseite steht, als Unterschieds-

16 Gesetzliche Grundlagen
16.1 Auszug aus dem Handelsgesetzbuch

betrag aus der Zusammenfassung von Eigenkapital und Beteiligungen (Kapitalkonsolidierung) auszuweisen. Dieser Posten und wesentliche Änderungen gegenüber dem Vorjahr sind im Anhang zu erläutern. Werden Unterschiedsbeträge der Aktivseite mit solchen der Passivseite verrechnet, so sind die verrechneten Beträge im Anhang anzugeben.

(4) Anteile an dem Mutterunternehmen, die diesem oder einem in den Konzernabschluß einbezogenen Tochterunternehmen gehören, sind in der Konzernbilanz als eigene Anteile im Umlaufvermögen gesondert auszuweisen.

Zusammenfassung von Forderungen und Schulden verbundener Unternehmen (Schuldenkonsolidierung)

§ 255. (1) Ausleihungen und andere Forderungen, Rückstellungen und Verbindlichkeiten aus Beziehungen zwischen den in den Konzernabschluß einbezogenen Unternehmen sowie entsprechende Rechnungsabgrenzungsposten sind wegzulassen.

(2) Abs. 1 braucht nicht angewendet zu werden, wenn die wegzulassenden Beträge für die Vermittlung eines möglichst getreuen Bildes der Vermögens-, Finanz- und Ertragslage des Konzerns von nur untergeordneter Bedeutung sind.

Behandlung der Zwischenergebnisse

§ 256. (1) In den Konzernabschluß zu übernehmende Vermögensgegenstände, die ganz oder teilweise auf Lieferungen oder Leistungen zwischen in den Konzernabschluß einbezogenen Unternehmen beruhen, sind in der Konzernbilanz mit dem Betrag anzusetzen, zu dem sie in der auf den Stichtag des Konzernabschlusses aufgestellten Bilanz dieses Unternehmens anzusetzen wären, wenn die in den Konzernabschluß einbezogenen Unternehmen auch rechtlich ein einziges Unternehmen bildeten.

(2) Abs. 1 braucht nicht angewendet zu werden,

1. wenn die Lieferung oder Leistung zu üblichen Marktbedingungen vorgenommen worden ist und die Ermittlung des gemäß Abs. 1 vorgeschriebenen Wertansatzes einen unverhältnismäßig hohen Aufwand erfordert, oder

2. wenn die Behandlung der Zwischenergebnisse gemäß Abs. 1 für die Vermittlung eines möglichst getreuen Bildes der Vermögens-, Finanz- und Er-

tragslage des Konzerns von nur untergeordneter Bedeutung ist. Die Anwendung der Z 1 ist im Konzernanhang anzugeben und, wenn der Einfluß auf die Vermögens-, Finanz- und Ertragslage des Konzerns wesentlich ist, zu erläutern.

Zusammenfassung von Aufwendungen und Erträgen verbundener Unternehmen (Aufwands- und Ertragskonsolidierung)
§ 257. (1) In der Konzern-Gewinn- und Verlustrechnung sind

1. bei den Umsatzerlösen die Erlöse aus Lieferungen und Leistungen zwischen den in den Konzernabschluß einbezogenen Unternehmen mit den auf sie entfallenden Aufwendungen zu verrechnen, soweit sie nicht als Erhöhung des Bestands an fertigen und unfertigen Erzeugnissen oder als andere aktivierte Eigenleistungen auszuweisen sind,

2. andere Erträge aus Lieferungen und Leistungen zwischen den in den Konzernabschluß einbezogenen Unternehmen mit den auf sie entfallenden Aufwendungen zu verrechnen, soweit sie nicht als andere aktivierte Eigenleistungen auszuweisen sind.

(2) Aufwendungen und Erträge brauchen gemäß Abs. 1 nicht weggelassen zu werden, wenn die wegzulassenden Beträge für die Vermittlung eines möglichst getreuen Bildes der Vermögens-, Finanz- und Ertragslage des Konzerns von nur untergeordneter Bedeutung sind.

Steuerabgrenzung
§ 258. Ist das im Konzernabschluß ausgewiesene Jahresergebnis auf Grund von Maßnahmen, die nach den Vorschriften des dritten Abschnitts durchgeführt worden sind, niedriger oder höher als die Summe der Einzelergebnisse der in den Konzernabschluß einbezogenen Unternehmen, so ist der sich für das Geschäftsjahr und frühere Geschäftsjahre ergebende Steueraufwand, wenn er im Verhältnis zum Jahresergebnis zu hoch ist, durch Bildung eines Abgrenzungspostens auf der Aktivseite oder, wenn er im Verhältnis zum Jahresergebnis zu niedrig ist, durch Bildung einer Rückstellung anzupassen, soweit sich der zu hohe oder der zu niedrige Steueraufwand in späteren Geschäftsjahren voraussichtlich ausgleicht. Der Posten ist in der Konzernbilanz oder im Konzernanhang gesondert anzugeben. Die Steuerabgrenzung braucht nicht vorgenommen zu werden, wenn

sie für die Vermittlung eines möglichst getreuen Bildes der Vermögens-, Finanz- und Ertragslage des Konzerns von nur untergeordneter Bedeutung ist.

Anteile anderer Gesellschafter

§ 259. (1) In der Konzernbilanz ist für die nicht dem Mutterunternehmen oder einem einbezogenen Tochterunternehmen gehörenden Anteile an den in den Konzernabschluß einbezogenen Tochterunternehmen ein Ausgleichsposten für die Anteile der anderen Gesellschafter in Höhe ihres Anteils am Eigenkapital unter entsprechender Bezeichnung innerhalb des Eigenkapitals gesondert auszuweisen. In den Ausgleichsposten sind auch die Beträge einzubeziehen, die bei Anwendung der bei der Zusammenfassung von Eigenkapital und Beteiligungen (Kapitalkonsolidierung) angewandten Methoden gemäß § 254 Abs. 1 Z 2 dem Anteil der anderen Gesellschafter am Eigenkapital entsprechen.

(2) In der Konzern-Gewinn- und Verlustrechnung ist der im Jahresergebnis enthaltene, anderen Gesellschaftern zustehende Gewinn und der auf sie entfallende Verlust nach dem Posten „Jahresüberschuß/Jahresfehlbetrag" unter entsprechender Bezeichnung gesondert auszuweisen.

Bewertungsvorschriften

Einheitliche Bewertung

§ 260. (1) Die in den Konzernabschluß gemäß § 253 Abs. 2 übernommenen Vermögensgegenstände und Schulden der in den Konzernabschluß einbezogenen Unternehmen sind nach den auf den Jahresabschluß des Mutterunternehmens anwendbaren Bewertungsmethoden einheitlich zu bewerten; zulässige Bewertungswahlrechte können im Konzernabschluß unabhängig von ihrer Ausübung in den Jahresabschlüssen der in den Konzernabschluß einbezogenen Unternehmen ausgeübt werden. Abweichungen von den auf den Jahresabschluß des Mutterunternehmens angewandten Bewertungsmethoden sind im Konzernanhang anzugeben und zu begründen.

(2) Sind in den Konzernabschluß aufzunehmende Vermögensgegenstände oder Schulden des Mutterunternehmens oder der Tochterunternehmen in den Jahresabschlüssen dieser Unternehmen nach Methoden bewertet worden, die sich von denen unterscheiden, die auf den Konzernabschluß anzuwenden sind oder die von den gesetzlichen Vertretern des Mutterunternehmens in Ausübung von Be-

wertungswahlrechten auf den Konzernabschluß angewendet werden, so sind die abweichend bewerteten Vermögensgegenstände oder Schulden nach den auf den Konzernabschluß angewandten Bewertungsmethoden neu zu bewerten und mit den neuen Wertansätzen in den Konzernabschluß zu übernehmen. Wertansätze, die auf Sondervorschriften für Kreditinstitute oder Versicherungsunternehmen beruhen, sind beizubehalten; auf die Anwendung dieser Ausnahme ist im Konzernanhang hinzuweisen. Eine einheitliche Bewertung nach dem ersten Satz braucht nicht vorgenommen zu werden, wenn ihre Auswirkungen für die Vermittlung eines möglichst getreuen Bildes der Vermögens-, Finanz- und Ertragslage des Konzerns von nur untergeordneter Bedeutung sind. Darüber hinaus ist ein Abweichen bei Vorliegen besonderer Umstände zulässig; der Grund und die Auswirkungen auf die Vermögens-, Finanz- und Ertragslage sind im Konzernanhang darzustellen.

(3) Wurden in den Konzernabschluß zu übernehmende Vermögensgegenstände oder Schulden im Jahresabschluß eines in den Konzernabschluß einbezogenen Unternehmens mit einem nur nach Steuerrecht zulässigen Wert angesetzt, weil dieser Wertansatz sonst nicht bei der steuerrechtlichen Gewinnermittlung berücksichtigt werden würde, so darf dieser Wertansatz unverändert in den Konzernabschluß übernommen werden. Der Betrag, der sich aus Abweichungen der angewandten Bewertungsmethoden ergibt, ist im Konzernanhang anzugeben und zu erläutern.

Behandlung des Unterschiedsbetrags
§ 261. (1) Ein gemäß § 254 Abs. 3 auszuweisender Unterschiedsbetrag ist in jedem Geschäftsjahr zu mindestens einem Fünftel durch Abschreibungen zu tilgen. Der Unterschiedsbetrag darf auch offen mit jeder Kapital- oder Gewinnrücklage verrechnet werden. Die Abschreibung des Unterschiedsbetrags kann auch – soweit er einem erworbenen Geschäfts(Firmen)wert im Sinne des § 203 entspricht – planmäßig auf die Geschäftsjahre, in denen er voraussichtlich genutzt wird, verteilt werden.

(2) Ein gemäß § 254 Abs. 3 auf der Passivseite auszuweisender Unterschiedsbetrag darf ergebniswirksam aufgelöst werden,

1. soweit eine zum Zeitpunkt des Erwerbs der Anteile oder der erstmaligen Zusammenfassung der Jahresabschlüsse verbundener Unternehmen (Konsoli-

dierung) erwartete ungünstige Entwicklung der künftigen Ertragslage des Unternehmens eingetreten ist oder zu diesem Zeitpunkt erwartete Aufwendungen zu berücksichtigen sind oder

2. am Abschlußstichtag feststeht, daß er einem verwirklichten Gewinn entspricht; in diesem Fall darf der Unterschiedsbetrag auch in die Rücklagen eingestellt werden.

Anteilmäßige Zusammenfassung der Jahresabschlüsse verbundener Unternehmen (anteilmäßige Konsolidierung)

Begriff

§ 262. (1) Führt ein in einen Konzernabschluß einbezogenes Mutter- oder Tochterunternehmen ein anderes Unternehmen gemeinsam mit einem oder mehreren nicht in den Konzernabschluß einbezogenen Unternehmen, so darf das andere Unternehmen in den Konzernabschluß entsprechend den Anteilen am Kapital einbezogen werden, die dem Mutter- oder dem Tochterunternehmen gehören.

(2) Auf die anteilmäßige Zusammenfassung der Jahresabschlüsse verbundener Unternehmen (anteilmäßige Konsolidierung) sind die §§ 250 bis 258, 260 und 261 entsprechend anzuwenden.

Angeschlossene (assoziierte) Unternehmen

Begriff, Befreiung

§ 263. (1) Wird von einem in den Konzernabschluß einbezogenen Unternehmen ein maßgeblicher Einfluß auf die Geschäfts- und Finanzpolitik eines nicht einbezogenen Unternehmens, an dem das Unternehmen entsprechend § 244 Abs. 6 beteiligt ist, ausgeübt (angeschlossenes oder assoziiertes Unternehmen), so ist diese Beteiligung in der Konzernbilanz unter einem besonderen Posten mit entsprechender Bezeichnung auszuweisen.

(2) Auf eine Beteiligung an einem angeschlossenen (assoziierten) Unternehmen brauchen Abs. 1 und § 264 nicht angewendet zu werden, wenn die Beteiligung für die Vermittlung eines möglichst getreuen Bildes der Vermögens-, Finanz- und Ertragslage des Konzerns von nur untergeordneter Bedeutung ist.

16 Gesetzliche Grundlagen
16.1 Auszug aus dem Handelsgesetzbuch

Wertansatz der Beteiligung und Behandlung des Unterschiedsbetrags

§ 264. (1) Eine Beteiligung an einem angeschlossenen (assoziierten) Unternehmen ist in der Konzernbilanz

1. entweder mit dem Buchwert oder

2. mit dem Betrag, der dem anteiligen Eigenkapital des angeschlossenen (assoziierten) Unternehmens entspricht, anzusetzen. Bei Ansatz mit dem Buchwert gemäß Z 1 ist der Unterschiedsbetrag zwischen diesem Wert und dem anteiligen Eigenkapital des angeschlossenen (assoziierten) Unternehmens bei erstmaliger Anwendung in der Konzernbilanz zu vermerken oder im Konzernanhang anzugeben. Bei Ansatz mit dem anteiligen Eigenkapital gemäß Z 2 ist das Eigenkapital mit dem Betrag anzusetzen, der sich ergibt, wenn die Vermögensgegenstände, unversteuerten Rücklagen, Rückstellungen, Verbindlichkeiten und Rechnungsabgrenzungsposten des angeschlossenen (assoziierten) Unternehmens mit dem Wert angesetzt werden, der ihnen an dem gemäß Abs. 3 gewählten Zeitpunkt beizulegen ist, jedoch darf dieser Betrag die Anschaffungskosten für die Anteile an dem angeschlossenen (assoziierten) Unternehmen nicht überschreiten; der Unterschiedsbetrag zwischen diesem Wertansatz und dem Buchwert der Beteiligung ist bei erstmaliger Anwendung in der Konzernbilanz gesondert auszuweisen oder im Konzernanhang anzugeben. Die angewandte Methode ist im Konzernanhang anzugeben.

(2) Der Unterschiedsbetrag gemäß Abs. 1 zweiter Satz ist den Wertansätzen von Vermögensgegenständen und Schulden des angeschlossenen (assoziierten) Unternehmens insoweit zuzuordnen, als deren Wert höher oder niedriger ist als der bisherige Wertansatz. Der nach dem ersten Satz zugeordnete oder der sich gemäß Abs. 1 Z 2 ergebende Betrag ist entsprechend der Behandlung der Wertansätze dieser Vermögensgegenstände und Schulden im Jahresabschluß des angeschlossenen (assoziierten) Unternehmens im Konzernabschluß fortzuführen, abzuschreiben oder aufzulösen. Auf einen nach Zuordnung nach dem ersten Satz verbleibenden Unterschiedsbetrag und einen Unterschiedsbetrag gemäß Abs. 1 dritter Satz zweiter Halbsatz ist § 261 entsprechend anzuwenden.

(3) Der Wertansatz der Beteiligung und die Unterschiedsbeträge werden auf der Grundlage der Wertansätze zum Zeitpunkt des Erwerbs der Anteile oder der erstmaligen Einbeziehung des angeschlossenen (assoziierten) Unternehmens in den

Konzernabschluß oder beim Erwerb der Anteile zu verschiedenen Zeitpunkten zu dem Zeitpunkt, zu dem das Unternehmen angeschlossenes (assoziiertes) Unternehmen geworden ist, ermittelt. Der gewählte Zeitpunkt ist im Konzernanhang anzugeben.

(4) Der gemäß Abs. 1 ermittelte Wertansatz einer Beteiligung ist in den Folgejahren um den Betrag der Eigenkapitalveränderungen, die den dem Mutterunternehmen gehörenden Anteilen am Kapital des angeschlossenen (assoziierten) Unternehmens entsprechen, zu erhöhen oder zu vermindern; auf die Beteiligung entfallende Gewinnausschüttungen sind abzusetzen. In der Konzern-Gewinn- und Verlustrechnung ist das auf angeschlossene (assoziierte) Beteiligungen entfallende Ergebnis unter einem gesonderten Posten auszuweisen.

(5) Wendet das angeschlossene (assoziierte) Unternehmen in seinem Jahresabschluß vom Konzernabschluß abweichende Bewertungsmethoden an, so können abweichend bewertete Vermögensgegenstände oder Schulden für die Zwecke der Abs. 1 bis 4 nach den auf den Konzernabschluß angewandten Bewertungsmethoden bewertet werden. Wird die Bewertung nicht angepaßt, so ist dies im Konzernanhang anzugeben. § 256 über die Behandlung der Zwischenergebnisse ist entsprechend anzuwenden, soweit die für die Beurteilung maßgeblichen Sachverhalte bekannt oder zugänglich sind. Die Zwischenergebnisse dürfen auch anteilig entsprechend den dem Mutterunternehmen gehörenden Anteilen am Kapital des angeschlossenen (assoziierten) Unternehmens weggelassen werden.

(6) Es ist jeweils der letzte Jahresabschluß des angeschlossenen (assoziierten) Unternehmens zu Grunde zu legen. Stellt das angeschlossene (assoziierte) Unternehmen einen Konzernabschluß auf, so ist von diesem und nicht vom Jahresabschluß des angeschlossenen (assoziierten) Unternehmens auszugehen.

Konzernanhang

Erläuterung der Konzernbilanz und der Konzern-Gewinn- und Verlustrechnung, Angaben zum Beteiligungsbesitz

§ 265. (1) Im Konzernanhang sind die Konzernbilanz und die Konzern-Gewinn- und Verlustrechnung sowie die darauf angewandten Bilanzierungs- und Bewertungsmethoden so zu erläutern, daß ein möglichst getreues Bild der Vermögens-, Finanz- und Ertragslage des Konzerns vermittelt wird. Insbesondere sind anzugeben:

1. die auf die Posten der Konzernbilanz und der Konzern-Gewinn- und Verlustrechnung angewandten Bilanzierungs- und Bewertungsmethoden;

2. die Grundlagen für die Umrechnung in Euro, sofern der Konzernabschluß Posten enthält, denen Beträge zugrunde liegen, die auf fremde Währung lauten oder ursprünglich auf fremde Währung lauteten;

3. Änderungen der Bilanzierungs-, Bewertungs- und Zusammenfassungs(Konsolidierungs)methoden; diese sind zu begründen und ihr Einfluß auf die Vermögens-, Finanz- und Ertragslage des Konzerns ist gesondert darzustellen.

(2) Im Konzernanhang sind ferner anzugeben:

1. Name und Sitz der in den Konzernabschluß einbezogenen Unternehmen, der Anteil am Kapital der Tochterunternehmen, der dem Mutterunternehmen und den in den Konzernabschluß einbezogenen Tochterunternehmen gehört oder für Rechnung dieser Unternehmen von einer anderen Person gehalten wird, sowie der zur Einbeziehung in den Konzernabschluß verpflichtende Sachverhalt, sofern die Einbeziehung nicht auf einer der Kapitalbeteiligung entsprechenden Mehrheit der Stimmrechte beruht. Diese Angaben sind auch für Tochterunternehmen zu machen, die gemäß den §§ 248 ff. nicht einbezogen worden sind;

2. Name und Sitz der angeschlossenen (assoziierten) Unternehmen, der Anteil am Kapital der angeschlossenen (assoziierten) Unternehmen, der dem Mutterunternehmen und den in den Konzernabschluß einbezogenen Tochter unternehmen gehört oder für Rechnung dieser Unternehmen von einer anderen Person gehalten wird. Die Anwendung des § 263 Abs. 2 ist jeweils anzugeben und zu begründen;

3. Name und Sitz der Unternehmen, die gemäß § 262 nur anteilmäßig in den Konzernabschluß einbezogen worden sind, der Tatbestand, aus dem sich die Anwendung dieser Vorschrift ergibt, sowie der Anteil am Kapital dieser Unternehmen, der dem Mutterunternehmen und den in den Konzernabschluß einbezogenen Tochterunternehmen gehört oder für Rechnung dieser Unternehmen von einer anderen Person gehalten wird;

4. Name und Sitz anderer als der unter den Z 1 bis 3 bezeichneten Unternehmen, bei denen das Mutterunternehmen, ein Tochterunternehmen oder für

Rechnung eines dieser Unternehmen eine andere Person mindestens den fünften Teil der Anteile besitzt, unter Angabe des Anteils am Kapital sowie der Höhe des Eigenkapitals und des Ergebnisses des letzten Geschäftsjahrs, für das ein Abschluß aufgestellt worden ist. Diese Angaben brauchen nicht gemacht zu werden, wenn sie für die Vermittlung eines möglichst getreuen Bildes der Vermögens-, Finanz- und Ertragslage des Konzerns von untergeordneter Bedeutung sind. Das Eigenkapital und das Ergebnis brauchen nicht angegeben zu werden, wenn das in Anteilsbesitz stehende Unternehmen seinen Jahresabschluß nicht offenzulegen hat und das Mutterunternehmen, das Tochterunternehmen oder die andere Person weniger als die Hälfte der Anteile an diesem Unternehmen besitzt.

(3) Die in Abs. 2 verlangten Angaben können insoweit unterlassen werden, soweit die Angaben nach vernünftiger kaufmännischer Beurteilung geeignet sind, dem Mutterunternehmen, einem Tochterunternehmen oder einem anderen in Abs. 2 bezeichneten Unternehmen einen erheblichen Nachteil zuzufügen. Die Anwendung der Ausnahmeregelung ist im Konzernanhang anzugeben.

(4) Die Angaben gemäß Abs. 2 dürfen statt im Anhang auch in einer Aufstellung des Anteilsbesitzes gesondert gemacht werden. Die Aufstellung ist Bestandteil des Anhangs. Auf die besondere Aufstellung des Anteilsbesitzes und den Ort ihrer Hinterlegung ist im Anhang hinzuweisen.

Weitere Angaben

§ 266. Im Konzernanhang sind ferner anzugeben:

1. zu den in der Konzernbilanz ausgewiesenen Verbindlichkeiten
    a) der Gesamtbetrag der Verbindlichkeiten mit einer Restlaufzeit von mehr als fünf Jahren,
    b) der Gesamtbetrag der Verbindlichkeiten, mit einer Restlaufzeit von mehr als einem Jahr,
    c) der Gesamtbetrag der Verbindlichkeiten, für die von den in den Konzernabschluß einbezogenen Unternehmen dingliche Sicherheiten bestellt sind, unter Angabe von Art und Form der Sicherheiten;

    die in lit. a bis c verlangten Angaben sind jeweils für jeden Posten der Verbindlichkeiten nach dem vorgeschriebenen Gliederungsschema zu machen, sofern sich diese Angaben nicht aus der Konzernbilanz ergeben;

2. der Gesamtbetrag der sonstigen finanziellen Verpflichtungen, die nicht in der Konzernbilanz aufscheinen oder nicht gemäß § 251 Abs. 1 in Verbindung mit § 199 und § 237 Z 3 anzugeben sind, sofern diese Angabe für die Beurteilung der Finanzlage des Konzerns von Bedeutung ist, davon sind gesondert anzugeben
   a) Verpflichtungen gegenüber Tochterunternehmen, die nicht in den Konzernabschluß einbezogen werden,
   b) Verpflichtungen aus der Nutzung von in der Konzernbilanz nicht ausgewiesenen Sachanlagen, wobei der Betrag der Verpflichtungen des folgenden Geschäftsjahrs und der Gesamtbetrag der folgenden fünf Jahre gesondert anzugeben ist;

3. die Aufgliederung der Umsatzerlöse nach Tätigkeitsbereichen sowie nach geographisch bestimmten Märkten, soweit sich, unter Berücksichtigung der Organisation des Verkaufs von für die gewöhnliche Geschäftstätigkeit des Konzerns typischen Erzeugnissen und von für die gewöhnliche Geschäftstätigkeit typischen Dienstleistungen, die Tätigkeitsbereiche und geographisch bestimmten Märkte untereinander erheblich unterscheiden; die Umsatzerlöse brauchen jedoch nicht aufgegliedert zu werden, soweit die Aufgliederung nach vernünftiger kaufmännischer Beurteilung geeignet ist, dem Unternehmen oder einem Unternehmen, von dem das Unternehmen mindestens den fünften Teil der Anteile besitzt einen erheblichen Nachteil zuzufügen; die Anwendung dieser Ausnahme ist im Konzernanhang anzugeben;

4. die durchschnittliche Zahl der Arbeitnehmer der in den Konzernabschluß einbezogenen Unternehmen während des Geschäftsjahrs, getrennt nach Arbeitern und Angestellten, sowie der in dem Geschäftsjahr verursachte Personalaufwand, sofern er nicht gesondert in der Konzern-Gewinn- und Verlustrechnung ausgewiesen ist; die durchschnittliche Zahl der Arbeitnehmer von gemäß § 262 nur anteilmäßig einbezogenen Unternehmen ist gesondert anzugeben;

5. die Beträge der den Mitgliedern des Vorstands, des Aufsichtsrats oder ähnlicher Einrichtungen gesondert für jede Personengruppe vom Mutterunternehmen und den Tochterunternehmen gewährten Vorschüsse und Kredite unter Angabe der Zinsen, der wesentlichen Bedingungen und der gegebe-

nenfalls im Geschäftsjahr zurückgezahlten Beträge sowie die zugunsten dieser Personen eingegangenen Haftungsverhältnisse;

6. die Aufwendungen für Abfertigungen und Pensionen an die Beschäftigten des Mutterunternehmens und der Tochterunternehmen getrennt nach solchen für Vorstandsmitglieder und leitende Angestellte gemäß § 80 Abs. 1 AktG 1965 und für andere Arbeitnehmer;

7. die Bezüge für die Mitglieder des Vorstands, des Aufsichtsrats oder ähnlicher Einrichtungen gesondert für jede Personengruppe, und zwar:
   a) die für die Wahrnehmung ihrer Aufgaben im Mutterunternehmen und den Tochterunternehmen im Geschäftsjahr gewährten Gesamtbezüge (Gehälter, Gewinnbeteiligungen, Aufwandsentschädigungen, Versicherungsentgelte, Provisionen und Nebenleistungen jeder Art). In die Gesamtbezüge sind auch Bezüge einzurechnen, die nicht ausgezahlt, sondern in Ansprüche anderer Art umgewandelt oder zur Erhöhung anderer Ansprüche verwendet werden. Außer den Bezügen für das Geschäftsjahr sind die weiteren Bezüge anzugeben, die im Geschäftsjahr gewährt, bisher aber in keinem Konzernabschluß angegeben worden sind;
   b) die für die Wahrnehmung ihrer Aufgaben im Mutterunternehmen und den Tochterunternehmen im Geschäftsjahr gewährten Gesamtbezüge (Abfindungen, Ruhegehälter, Hinterbliebenenbezüge und Leistungen verwandter Art) der früheren Mitglieder der bezeichneten Organe und ihrer Hinterbliebenen; lit. a ist entsprechend anzuwenden.

   Betrifft diese Aufschlüsselung weniger als drei Personen, so kann sie unterbleiben.

8. der Bestand an Anteilen an dem Mutterunternehmen, die das Mutterunternehmen oder ein Tochterunternehmen oder ein anderer für Rechnung eines in den Konzernabschluß einbezogenen Unternehmens erworben oder als Pfand genommen hat; dabei sind die Zahl dieser Anteile, der auf sie entfallende Betrag des Grundkapitals sowie ihr Anteil am Grundkapital anzugeben.

Konzernlagebericht

Begriff

§ 267. (1) Im Konzernlagebericht sind der Geschäftsverlauf und die Lage des Konzerns so darzustellen, daß ein möglichst getreues Bild der Vermögens-, Finanz- und Ertragslage vermittelt wird.

(2) Der Konzernlagebericht hat auch einzugehen auf:

1. Vorgänge von besonderer Bedeutung, die nach dem Schluß des Konzerngeschäftsjahrs eingetreten sind;

2. die voraussichtliche Entwicklung des Konzerns;

3. den Bereich Forschung und Entwicklung des Konzerns.

(3) § 251 Abs. 3 über die Zusammenfassung von Konzernanhang und Anhang ist entsprechend anzuwenden.

16 Gesetzliche Grundlagen
16.1 Auszug aus dem Handelsgesetzbuch

Anhang

Liste der IAS

Liste der aktuellen International Accounting Standards (IAS)

Zum Zeitpunkt der Drucklegung dieses Buches waren folgende Standards in Geltung:

IAS		Anzuwenden ab/seit
IAS 1 (revised 1997)	Presentation of financial sataements	1. Juli 1998
IAS 2 (revised 1993)	Inventories	1. Jänner 1995
IAS 3	Consolidated financial statements	Ersetzt durch IASs 27 & 28
IAS 4 (reformatted 1994)	Depreciation accounting	1. Jänner 1995
IAS 5 (reformatted 1994)	Information to be disclosed in financial statements (superseded by IAS 1 (revised) effective on or after 1. July 1998)	1. Jänner 1995
IAS 6	Accounting responses to changing prices	Ersetzt durch IAS 15
IAS 7 (revised 1992)	Cash flow statements	1. Jänner 1994
IAS 8 (revised 1993)	Net profit or loss for the period, fundamental errors and changes in accounting policies	1. Jänner 1995
IAS 8 (updated 1998)	Net profit or loss for the period,, fundamental errors and changes in accounting policies	1. Jänner 1999
IAS 9 (revised 1993)	Research and development costs	Ersetzt durch IAS 38
IAS 10 (reformatted 1994)	Contingencies and events occurring after the balance sheet date (the provisions regarding contingencies are superseded by IAS 37 effective on or after 1. July 1999).	teilweise ersetzt durch IAS 37
IAS 10 (revised 1999)	Events after the balance sheet date	1. Jänner 2000
IAS 11 (revised 1993)	Construction contracts	1. Jänner 1995
IAS 12 (revised 1996)	Income taxes	1. Jänner 1998
IAS 13	Presentation of current assets and current liabilities	Ersetzt durch IAS 1
IAS 14 (reformatted 1994)	Reporting financial information by segment	Ersetzt durch IAS 1
IAS 14 (revised 1997)	Segment reporting	1. Juli 1998
IAS 15 (reformatted 1994)	Information reflecting the effects of changing prices	1. Jänner 1995
IAS 16 (revised 1993)	Property, plant and equipment	Ersetzt durch IAS 16

Anhang
Liste der IAS

IAS		Anzuwenden ab/seit
IAS 16 (revised 1998)	Property, plant and equipment	1. Juli 1999
IAS 17 (reformatted 1994)	Accounting for leases (superseded by IAS 17 (revised) effective on or after 1. January 1999)	1. Jänner 1984
IAS 17 (revised 1997)	Leases	1. Jänner 1999
IAS 18 (revised 1993)	Revenue	1. Jänner 1995
IAS 19 (revised 1993)	Retirement benefits costs (superseded by IAS 19 (revised) effective on or after 1. January 1999)	1. Jänner 1995
IAS 19 (revised 1998)	Employee Benefits	1. Jänner 1999
IAS 20 (reformatted 1994)	Accounting for government grants and disclosure of government assistance	1. Jänner 1984
IAS 21 (revised 1993)	The effects of changes in foreign exchange rates	1. Jänner 1995
IAS 22 (revised 1993)	Business combinations	Ersetzt durch IAS 22
IAS 22 (revised 1998)	Business combinations	1. Juli 1999
IAS 23 (revised 1993)	Borrowing costs	1. Jänner 1995
IAS 24 (reformatted 1994)	Related party disclosures	1. Jänner 1995
IAS 25 (reformatted 1994)	Accounting for investments	1. Jänner 1995
IAS 26 (reformatted 1994)	Accounting and reporting by retirement benefit plans	1. Jänner 1995
IAS 27 (reformatted 1994)	Consolidated financial statements and accounting for investments in subsidiaries	1. Jänner 1995
IAS 28 (reformatted 1994)	Accounting for investments in associates	Ersetzt durch IAS 28
IAS 28 (revised 1998)	Accounting for investments in associates	1. Juli 1999
IAS 29 (reformatted 1994)	Financial reporting in hyperinflationary economies	1. Jänner 1995
IAS 30 (reformatted 1994)	Disclosures in the financial statements of banks and similar financial institutions	1. Jänner 1995
IAS 31 (reformatted 1994)	Financial reporting of interests in joint ventures (superseded by IAS 31 (revised) effective on or after 1. July 1999)5	1. Jänner 199
IAS 31 (revised 1998)	Financial reporting of interests in joint ventures	1. Juli 1999
IAS 32	Financial instruments: disclosure and presentation	1. Jänner 1996
IAS 33	Earnings per share	1. Jänner 1998
IAS 34	Interim financial reporting	1. Jänner 1999
IAS 35	Discontinuing operations	1. Jänner 1999
IAS 36	Impairment of assets	1. Juli 1999

IAS		Anzuwenden ab/seit
IAS 37	Provisions, contingent liabilities and contingent assets	1. Juli 1999
IAS 38	Intangible assets	1. Juli 1999
IAS 39	Financial Instruments: Recognition and Measurement	1. Jänner 2001

Liste der aktuellen SIC Interpretationen		Anzuwenden ab/seit
SIC 1	Consistency – Different Cost Formulas for Inventories	1. Jänner 1999
SIC 2	Consistency – Capitalisation of Borrowing Costs	1. Jänner 1998
SIC 3	Elimination of unrealised profits and losses on transactions with associates	1. Jänner 1998
SIC 5	Classification of Financial Instruments – Contingent Settlement Provisions	1. Juni 1998
SIC 6	Costs of modifying existing software	1. Juni 1998
SIC 7	Introduction of the Euro	1. Juni 1998
SIC 8	First time application of IASs as the primary basis of accounting	1. August 1998
SIC 9	Business Combinations – Classification either as acquisitions or unitings of interests	1. August 1998
SIC 10	Government Assistance – No specific relation to operating activities	1. August 1998
SIC 11	Foreign exchange – Capitalisation of losses resulting from severe currency devaluations	1. August 1998
SIC 12	Consolidation – Special purpose entities	1. Juli 1999
SIC 13	Jointly controlled entities – Non-monetary contributions by venturers	1. Jänner 1999
SIC 14	Property,, plant and equipment – Compensation for the impairment or loss of items	1. Juli 1999
SIC 15	Operating leases – Incentives	1. Jänner 1999
SIC 16	Share capital – Reacquired own equity instruments (Treasury shares)	1. Juli 1999

Anhang
Liste der IAS

STICHWORTVERZEICHNIS

Stichwort	Seite

A

Abgrenzung	205
– Latente Steuer	205
Abschlussbestandteil	70
Angelsächsische Methode	107
Anlagenspiegel	150
Anschaffungskostenbewertung	38
Anschaffungskostendefinition	176
Anschaffungskostenobergrenze	66
Anteile anderer Gesellschafter	126
Asset deal	83, 107
Assoziierte Unternehmen	38
– Equity-Bewertung	38
– Maßgeblicher Einfluss	38, 162
Aufrechnungsdifferenzen	188, 199
– Echte Aufrechnungsdifferenzen	189, 200
– Unechte Aufrechnungsdifferenzen	200
– Unechte Schuldenkonsolidierungsdifferenzen	189
– Zeitliche Aufrechnungsdifferenzen	189
Aufstellungspflicht	25
– Privatstiftung	26
Aufwandskonsolidierung	195
– siehe Ertragskonsolidierung	
Aufzurechnender Anteil	86
– Ausgleichsposten für Minderheitenanteile	87
– Control-Tatbestand	86
– Eigener Anteil	88
– Sprungkonsolidierung	90
– Wirtschaftliches Eigentum	89
Ausschüttungsbemessungsfunktion	18, 60
Ausstehende Einlage	97
– Minderheitenanteil	97

Stichwort	Seite

B

Badwill	123
Bank	62
Befreiender Konzernabschluss	33, 222
– 4. EU-Richtlinie	33
– 7. EU-Richtlinie	33
– Internationaler Konzernabschluss	34
Befreiung	31
– Größenabhängig	31
– Größenkriterien	31
Beherrschender Einfluss	28
– Abberufungsrecht	29
– Beherrschungsrecht	29
– Bestellungsrecht	29
– Stimmrecht	29
Beherrschungsvertrag	29
Beizulegender Wert	107
– Definition	107
Besteuerungsbemessungsfunktion	60
Beteiligungsansatz	122
– Abschreibung auf	122
Beteiligungsertragseliminierung	200
– Beteiligungsertrag aus Kapitalgesellschaft mit Ergebnisabführungsvertrag	202
– Beteiligungsertrag aus Personengesellschaft	202
– Phasengleicher Beteiligungsertrag	201
– Phasenverschobener Beteiligungsertrag	201
Bewertungsmethoden	57
Bewertungsmethodenstetigkeit	61
Bewertungswahlrecht	60
– 7. EU-Richtlinie	60
Bilanzierungshandbuch	57, 238
Bilanzierungsrichtlinien	57
Bilanzierungswahlrecht	60
Buchwertmethode	106

C

Control-Konzept	28

Stichwort	Seite
D	
Datenbereitstellung	242
– Berichtssystem	243
– EDV-Berichtssystem	242
– Formularwesen	242
– Konzerngliederungsschema	243
Dualabschluss	221
E	
EDV-Umsetzung	244
– Software-Lösung	244
– Softwarepaket	244
Eigener Anteil	88
Eigenkapital, Umfang des zu verrechnenden	92
– Erstkonsolidierung	92
– Erstkonsolidierungsstichtag	93
– Erstmalige Einbeziehung	101
– Erwerbszeitpunkt	100
– Unternehmen wird Tochterunternehmen	102
– Zeitpunkt der Verrechnung	98
Einbeziehungswahlrecht	41
Einheitliche Bewertung	59, 66
Einheitliche Leitung	27
Einheitsgrundsatz	55
Einheitstheorie	18, 125
Endkonsolidierung	69, 145
– Anlagenspiegel	150
– Begriff	145
– Firmenwert	149
– Geschäftswert	149
– Gewinn- und Verlustrechnung	151
– Minderheitengesellschafter	147
– Neubewertungsmethode	147
– Passiver Unterschiedsbetrag	150
– Wesen	145
Endkonsolidierungsergebnis	152
Endkonsolidierungszeitpunkt	148

Stichwort	Seite
Equity-Beteiligungs-Bewertung	163
– Badwill	165
– Buchwertmethode	167
– Equity-Erstkonsolidierung	166
– Firmenwert	165
– Kapitalanteilsmethode	167
– Lucky buy	165
– Minderheitengesellschafter	167
– Spiegelbildmethode	163
– Stille Lasten	165
– Stille Reserven	165, 167
Equity-Bewertung	38, 161
– Assoziiertes Unternehmen	161
– Aufwands- und Ertragskonsolidierung	169
– Einheitliche Bewertung	168
– Gemeinschaftlich Führung	161
– Handelsbilanz II	168
– Maßgeblicher Einfluss	161, 168
– Negatives Eigenkapital	171
– Verfahren	163
– Vergleich Quotenkonsolidierung	158
– Zwischenergebniseliminierung	169
Erstkonsolidierung	85
– Aufzurechnender Anteil	86
Ertragskonsolidierung	195
– Eliminierung von Ertragsauswirkung	199
– Gegenstand	196
– Innenumsatzerlös	197
– Praxis	202
– Sonstiger Ertrag	198
– Umfang	196
– Umsatzerlös	197
Erwerbszeitpunkt	100
– Zwischenabschluss	100
EURO	74

Stichwort	Seite

F

Firmenbucheinreichung 217
Firmenwert 85, 119
  – Ergebnisneutrale Verrechnung 141
  – Folgebewertung 139
  – Minderheitengesellschafter 130
  – Verrechnung 140
Folgekonsolidierung 61, 137
  – Bilanzansatz 137
  – Erstkonsolidierungszeitpunkt 137
  – Firmenwert 139
  – Passiver Unterschiedsbetrag 142
Fremdgesellschafter 125
Fremdwährungsumrechnung 74

G

Gemeinschaftsunternehmen 37, 154
  – Gemeinsame Leitung 155
  – Gemeinschaftliche Führung 38, 155
  – Joint Venture 155
  – Quotenkonsolidierung 38
Generalnorm 20
Gewinnthesaurierung 122
Gliederungsgrundsatz 70
Gliederungsposition 70
Größenabhängige Befreiung 31
  – EU-Grenzwert 32
  – 4. EU-Richtlinie 32
  – Größenkriterien 31

H

Handelsbilanz I 56
Handelsbilanz II 56

Stichwort	Seite

I

IAS 221
– Umstellungspunkt 231
Informationsfunktion 18
Internationale Konzernrechnungslegung 221
– Dualabschluss 221
– IAS 221
– Konzernabschlussgesetz 221
– Parallelrechnungslegung 221
– US-GAAP 221
Internationaler Konzernabschluss 34

K

Kapitalkonsolidierung 44, 83
– Asset deal 83
– Erstkonsolidierung 85
– Share deal 83
Kauf- und Verkaufsoption 90
KIKO 184
Konkurs 40
Konsolidierungsgrundsatz 20
– Generalnorm 20
– Konsolidierungsstichtag 21
– Stetigkeit 20
– True and fair view 20
– Vollständigkeit 22
– Wesentlichkeit 22
– Wirtschaftlichkeit 22
Konsolidierungshandbuch 238
Konsolidierungskreis 38
Konsolidierungsmeldung 244
Konsolidierungsmethode 42
Konsolidierungspflicht 39
Konsolidierungsstichtag 21
Konsolidierungsverbot 40
Konsolidierungswahlrecht 40

Stichwort	Seite
Konzernabschluss	
– Aufstellungspflicht	25
– Befreiender	222
– Mutter-Tochter-Verhältnis	25
– Schrittfolge zur Aufstellung	35
Konzernabschlussbestandteil	73
Konzernabschlussgesetz	221
Konzernabschlussgliederung	70
Konzernabschlusspflicht	35
Konzernabschlussprüfungspflicht	215
Konzernanschaffungskosten	176
Konzernbilanzadressat	18
Konzernherstellungskosten	176
Konzernrechnungslegung	
– Aufgaben	18
– Definition	73
– Grundlagen	15
– Zweck	17
Konzernsteueraufwand	205
Konzernsteuersatz	209

L

Latente Steuer	205
– Abgrenzung	205
– Einzelabschluss	209
– Handelsbilanz II	210
– Konsolidierungsmaßnahme	211
– Konzernabschluss	208
– Permanent Difference	207
– Steuerabgrenzung	205
– Timing difference	207
– Ursache	206
– Zeitliche Differenz	206
– Zeitlicher Ergebnisunterschied	207

Stichwort	Seite

M

Mehrstufiger Konzern	30, 131
– Firmenwert	135
– Indirekter Minderheitenanteil	135
– Passiver Unterschiedsbetrag	135
Methodenstetigkeit	74
Minderheitenanteil	
– Ausgleichsposten	126
– Erstkonsolidierung	128
– Negativer Minderheitenanteil	127
Minderheitenbeteiligung	132
– Doppelstöckige	132
Minderheitenfirmenwert	130
Minderheitengesellschafter	125, 128
– Buchwertmethode	128
– Direkter	131
– Firmenwert	130
– Neubewertungsmethode	128
– Passiver Unterschiedsbetrag	130
Minderheitengewinn	127
Minderheitenkonsolidierung	126
Minderheitenverlust	127
Mutter-Tochter-Verhältnis	27

N

Negatives Eigenkapital	96, 171
Neubewertungsmethode	106, 129

O

Offenlegung	215
Organisationsgrundsatz	235
– Arbeitsschritt	235

Stichwort	Seite

P
Parallelrechnungslegung	221
Passiver Unterschiedsbetrag	85, 120
– Ausweis	122
– Badwill	123
– Entstehungsursache	120
– Folgekonsolidierung	142
– Lucky buy	121
– Minderheitenfirmenwert	130
– Minderheitengesellschafter	130
– Verrechnungsalternative	144
Pensionsgeschäft	90
Percentage of completion Methode	62
Personengesellschaft	98

Q
Quotenkonsolidierung	38, 153
– Anteilsmäßige Einbeziehung	156
– Aufrechnungsdifferenz	188
– Definition	153
– Handelsbilanz II	156
– Purchase Methode	156
– Vergleich Equity-Bewertung	158

R
Rechnungslegungsgesetz	16

S
Saldendifferenz	192
– Unechte	192
Saldierung	124
– Firmenwert	124
– Stille Lasten	124
– Stille Reserven	124
– Unterschiedsbetrag	124

Stichwort	Seite
Schuldenkonsolidierung	44, 185
– Gegenstand	185
– Praxis	190
– Quotenkonsolidierung	187
– Saldendifferenz	192
– Technik	187
– Umfang	185
Share deal	83, 107
Sprungkonsolidierung	90
Stetigkeit	20
Stetigkeitsgebot	61
Steuerbemessungsfunktion	18
Stichtagsumrechnungsdifferenzen	75
Stille Lasten	
– Anteilige Auflösung	129
– Definition	107
– Keine Aufdeckung	128
– Mögliche Vernachlässigung	117
– Saldierung	124
– Steuerabgrenzung	118
– Zuordnungsgrenze	109
– Zuordnungsmethode	112
Stille Reserven	
– Anteilige Auflösung	129
– Definition	107
– Keine Aufdeckung	128
– Mögliche Vernachlässigung	117
– Saldierung	124
– Steuerabgrenzung	118
– Zuordnungsgrenze	109
– Zuordnungsmethode	112
Stille Reserven und Lasten	66
Stimmrechtsbindungsvertrag	30
– Mehrstufiger Konzern	30
– Syndikatsvertrag	30
Stufenkonzeption	37
– Assoziierte Unternehmen	38
– Gemeinschaftsunternehmen	37
– Verbundene Unternehmen	37
Summenabschluss	44
Syndikatsvertrag	30

Stichwort	Seite
T	
Treuhandschaft	90
True and fair view	20
U	
Umbewertungspflicht	55
Unterschiedsbetrag	44, 104
– Aktiver	104
– Behandlung	104
– Firmenwert	105
– Passiver	104
– Stille Last	105
– Ursache	104
Unversteuerte Rücklage	96
US-GAAP	221
– Umstellungspunkt	231
V	
Verbundene Unternehmen	37
– Vollkonsolidierung	37
Veröffentlichung	215
– Wiener Zeitung	218
Verrechnungszeitpunkt	98
– Eigenkapital	98
Versicherung	62
Vollkonsolidierung	37
W	
Währungsumrechnung	74
Währungsumrechnungsmethode	75
– Fristigkeitsmethode	79
– Methode der funktionalen Währung	78
– Modifizierte Stichtagskursmethode	76
– Nominalwert-Sachwert-Methode	79
– Reine Stichtagskursmethode	75
– Zeitbezugsmethode	77
Wirtschaftliches Eigentum	89
– Kauf- und Verkaufsoption	90
– Pensionsgeschäft	90
– Treuhandschaft	90

Stichwort	Seite

Z
Zeitpunkt
- Erstmalige Einbeziehung 101
- Unternehmen wird Tochterunternehmen 102

Zentrale Konsolidierungsstelle 238

Zwischenergebniseliminierung 45, 173
- Anwendungsfall 174
- Aufwands- und Ertragskonsolidierung 174
- Ausnahme 181
- Konzernherstellungs- oder anschaffungskosten 173
- Praxis 183
- Technik 178
- Zwischenergebnis 173
- Zwischengewinn 173

WEKA – *Ihr Praxisverlag*

Aktuelles Bilanzierungshandbuch für die betriebliche Praxis

Österreichische Rechtsgrundlagen, direkt übernehmbare Musterformulare, Checklisten und praxisnahe Fallbeispiele ▶

Loseblattwerk + Diskette,

Format A5,

4 Bände,

ca. 2.800 Seiten,

ATS 2.980,–/Euro 216,56 (zzgl. MwSt. und Versandkosten),

Bestellnr. 30200,

ISBN 3-7018-3020-7

WEKA-Verlag Ges.m.b.H.
Linzer Straße 430, A-1140 Wien,
Tel.: 01/97000-100, Fax: 01/97000-43,
e-mail: kundenservice@weka.at

 WEKA – Eine klare Antwort